Kate **Bono**

Aynil 2022

Teil Drei

Feat.
Hans Phoenix

Bibliografische Information der Deutschen Nationalbibliothek: Die Deutsche Nationalbibliothek verzeichnet diese Publikation in der Deutschen Nationalbibliografie; detaillierte bibliografische Daten sind im Internet über http://dnb.dnb.de abrufbar.

© *2022 Kate Bono*

Autorin/Lektorat/Redaktion/Cover: **Kate Bono**

Co-Autor: **Hans Phoenix**

Illustration/Zeichnung/Coverdesign: **Cheyenne Klimaschewski**

Korrektur: Conny Zajoncek (Kommaqueen), Christian Frömbgen
Beratung: Sheila Klimaschewski

Coverbild-Urhebervermerk © **Kate Bono | katebono.com**

Premium Licenced for commercial use:
Font: *Jengkol* (Apalu) by Syafrizal a.k.a. Khurasan
and *Loveya* by fontbundles.net

Herstellung und Verlag:
BoD – Books on Demand, Norderstedt

ISBN: 978-3-7557-4909-7

für

Sylvia & Christian

Ihr habt mir die kürzeste Liebesgeschichte EVER
erzählt und mir mitten in der Apokalypse
ein Gefühl von „Zuhause" geschenkt!

Fiktive Kurzgeschichten nach **wahren Begebenheiten**
ausgeschmückt **und mit Happy End versehen**
oder doch nicht?

Alle Namen in diesem Buch sind frei erfunden und haben nur zufällig Ähnlichkeit mit lebenden Personen. Ebenso habe ich die Locations/Orte der Handlungen manchmal verändert, um die Identität von allen Beteiligten zu schützen. Alle Geschichten sind frei erzählt und angelehnt an wahre Begebenheiten.

Das vorliegende Buch ist sorgfältig erarbeitet worden. Dennoch folgen alle Angaben ohne Gewähr. Weder Autor noch Verlag können für eventuelle Nachteile oder Schäden, die aus den im Buch gemachten praktischen Hinweisen resultieren keine Haftung übernehmen.

Sollte dieses Buch Links auf Webseiten Dritter enthalten, so übernehme ich für deren Inhalte keine Haftung, da ich diese mir nicht zu eigen machen, sondern lediglich auf deren Stand zum Zeitpunkt der aktuellen Veröffentlichung hinweise.

Bei der Erwähnung von Locations, Restaurants, Filmen, Büchern, Produkten etc. in meinem Buch handelt es sich lediglich um meine eigenen Vorlieben und Erfahrungen damit, es handelt sich nicht um bezahlte Werbung!

Storyboard

Auf's Wiedersehen	10
Chris	15
Alex	69
Dunja	114
Marek	135
Tanja	165
Arthur	190
Eric	254
Nachwehen	292
Englisch-Deutsch	297

first of all

Don't forget to love youself!

Intro

Kate Bono

Auf´s Wiedersehen

Nein, nicht „Auf Wiedersehen", als Abschied, sondern die Überschrift heißt „Auf´s Wiedersehen" – denn wir feiern mit AYNIL Band 3 das Wiedersehen mit einigen Helden, vergangenen Lieben und spannenden Begegnungen. Deshalb empfehle ich, das Buch unbedingt von vorne bis hinten zu lesen, ein Kapitel nach dem anderen, denn ansonsten nimmt das manchen Geschichten den Zauber und Dir als Leser die Spannung.

Du musst nicht die ersten beiden AYNIL-Bände gelesen haben, allerdings wäre es von Vorteil, der Überraschungseffekte wegen. Es geht um Karma, um karmische Verbindungen, um „man sieht sich immer zweimal im Leben" oder um schicksalhafte Verbindungen oder Begegnungen. Ich habe davon so viele selbst erlebt und von anderen gehört, dass ich weiß, dass alles einem kosmischen Plan folgt.

Jede Begegnung, die nicht in „ewiger Liebe" endet ist entweder eine Lektion oder eine Aufgabe. Entweder lernen wir oder der andere. Manchmal gelingt es Partnern oder Freundschaften sogar *mit*einander und nicht nur *an*einander zu lernen.

Als ich mitten in der Geschichte *Alex* steckte, hatte ich eine Eingebung und bin ihr gefolgt. Ich startete einen Aufruf in meinem Telegram-Kanal, dass ich einen männlichen Autoren suche und ob nicht jemand Lust hätte, mir den männlichen Part eines Protagonisten zu schreiben!

Diese Idee strahlte so klar vor meinem inneren Auge und es gab für mich keinen Zweifel, dass ich jemanden finden würde. Das Universum macht keine Fehler. Wenn es mir solch eine Eingebung schickt und ich ihr Folge leiste, kommt immer ein Wunder dabei heraus. Ich sage ja: hier geht es um karmische Verbindungen oder darum, was der Kosmos zusammen bringt und dass alles seinen Sinn und Zweck hat.

Auf meinen Aufruf hin meldeten sich drei Männer und eine Frau. Der eine meinte direkt, dass er nicht tippen könne und gar nicht wisse, was er zu tun hätte. Das war mir zu kompliziert, denn ich wollte keinen Schüler, ich wollte einen „Gegner", einen Mitspieler. Mich, in männlicher Version sozusagen.

Die Frau wollte eine Vorgabe, eine Idee und teilte dann mit, dass sie gar keine Zeit hatte. Gut, ich wollte eh einen wahren Mann haben, denn interpretieren und mich als Mann ausgeben, kann ich selbst in meinen Geschichten. Ich wollte einen *echten* Mann haben, wie schon in Band Eins von AYNIL, als Raik seine Lovestory *„Am Arsch der Welt"*, die ich für ihn geschrieben hatte, aus seiner männlichen Sicht schrieb. Das war spannend zu lesen.

Ich setzte also Hoffnung auf die anderen beiden Männer und sendete ihnen unabhängig voneinander zwei verschiedene Geschichten, die ich angefangen, aber noch nicht zu Ende gebracht hatte, denn ich wollte ja, dass jetzt der männliche Part übernimmt.

Der erste von beiden war mir direkt sympathisch, er strotzte sofort vor Ideen und Vorstellungen. Ich spürte seine Leidenschaft und Vorstellungskraft, seine Liebe zum

Detail. Das hatte ich gar nicht erwartet. Der zweite war etwas verhaltener, doch beide lieferten fast zeitgleich. Ich las zuerst die Geschichte des etwas distanzierten Autoren. Die Story gestaltete sich etwas holprig und doch war sie eine gute Hommage an alle Machos, denn er beschrieb ein perfektes Arschloch in völlig emotionslosem Schreibstil. Allerdings musste ich lachen, als ich immer wieder das Wort *Brüste* las. Nach gefühlten 17 Mal habe ich aufgehört zu zählen. Das war schon eine Hausnummer für sich, auf gerade mal drei DinA4-Seiten.

Ich war froh, als er sich meldete und meinte, das sei nicht sein Metier und eine Zusammenarbeit wäre wohl nicht so gut. Danke trotzdem sehr für diese Erfahrung.

Ich hatte ehrlich gesagt nicht viel Hoffnung, dass sich *Mann Nummer Eins* als viel besser entpuppen würde, nahm mir seine Geschichte vor und tauchte völlig überrascht ein in eine wundervoll inszenierte Welt eines Protagonisten, wie ich es mir vorgestellt hatte. Ich erkannte etwas von mir in seiner Geschichte: Das völlige Miterleben der Helden und das Aufgehen in einer Story.

Nach drei Wochen saßen wir schon an der dritten Geschichte. Die erste war *Arthur* und ist in meinen Augen ein Meisterstück geworden. Ich hab noch nie geheult bei meinen eigenen Geschichten, außer bei *In Wahrheit gelogen*, als ich endlich Band 3 fertig gestellt hatte. Aber das war eher aus Erleichterung. Bei *Arthur* heulte ich, weil *Hans Phoenix* meinen Protagonisten, die es tatsächlich in den 90ern gegeben hatte, so viel Leben und Erfahrungen eingehaucht hatte, wie ich es gar nicht besser hätte tun können. Diese Geschichte ist für mich die bisher emotionalste, die ich je geschrieben und somit auch durchlebt habe. Um es authentischer zu machen, habe ich einige Unterhaltungen in Englisch geschrieben. Ich weiß, dass aber nicht jeder Englisch versteht, und so habe ich die Übersetzungen hinten im Buch angefügt.

Die Zusammenarbeit mit *Hans Phoenix* ist geprägt von tiefen Emotionen, von Authentizität und für uns beide völliges Neuland. Wir kennen uns nicht, noch nicht, doch unsere Musen verbanden sich zu einer Symbiose und man merkt es den Geschichten einfach an.

Es ist fast so, als wenn wir eine Liebesbeziehung führen. Wir haben keine echten Gefühle füreinander, sondern wir leben unsere Liebe und Leidenschaft in Form von Geschichten miteinander aus, lassen unsere Helden sich verlieben und miteinander agieren. Du siehst, wie wichtig es ist immer auf seine Intuition zu hören und ihr zu folgen.

Die Geschichten spielen alle mehr oder weniger in der aktuellen Zeit. Ich habe viel darüber nachgedacht, ob ich gewisse Thematiken hier überhaupt anspreche oder mit einbaue. Da ich jedoch immer so authentisch wie möglich bleibe und eine Menge von mir selbst in die Stories mit einbaue, blieb es nun einmal nicht aus. Ich habe es allerdings dabei belassen nur die Oberfläche anzukratzen. Behalte immer im Hinterkopf: Es sind alles Geschichten und Fiktion.

Koblenz im Januar 2022

Enjoy the love

All
YOU
need
is
LOVE

Kapitel 1
Kate Bono

„Du benimmst dich wie ein Teenie!", schimpfte Hilde amüsiert, während Andrea mir dabei half, meine Zöpfe zu flechten, weil ich viel zu nervös war, um es allein auch nur ansatzweise ordentlich hinzubekommen.

„Man meint nicht, dass du schon erwachsen bist und zwei Kinder in die Welt gesetzt hast", fügte Andrea lachend hinzu.

„Was denn? Ich hab´ eigentlich geheiratet, bis dass der Tod uns scheidet. Ich hab doch nie damit gerechnet, noch einmal ein Date zu haben. Entschuldigung, dass ich aus der Übung und nervös bin." Ich trank einen viel zu großen Schluck aus meinem Sektglas.

Ich konnte es ja selbst kaum glauben, alles fühlte sich so unwirklich an. Außerdem tat ich eigentlich etwas Verbotenes und ich wusste, wenn das rauskommt, würde nicht nur mein Noch-Ehemann ausrasten, sondern auch meine gesamte Familie. Aber wir waren getrennt! Paul war direkt nach der Trennung zu seiner Geliebten gezogen, also warum fühlte es sich für mich an, als würde *ich* einen Fehler machen? *Ich* hatte die Ehe nicht aufs Spiel gesetzt, sondern Paul. Ich trank noch einen Schluck von dem Prickelzeugs in meinem Glas.

„Sag mal, willst du total besoffen auf den Typen treffen?" Andrea nahm mir das Glas aus der Hand und ich schnaubte gespielt beleidigt.

Wie bin ich eigentlich zu diesem Date gekommen? Während Andrea und Hilde sich über belanglosere Dinge unterhielten um mich abzulenken und ich meine Augen schloss, weil Andrea mir das Gesicht schminkte, wanderte mein Verstand zu den Erinnerungen an meine virtuelle Begegnung mit Chris vor ein paar Monaten zurück.

Im letzten November hatte ich herausgefunden, dass Paul mich betrügt und ihn damit konfrontiert. Er hatte es abgestritten und versprochen, ein besserer Vater und Ehemann zu werden und sich mehr Mühe zu geben. Als wir am darauffolgenden Silvester mit vielen Freunden feierten, konnte ich ihm um Mitternacht nicht einmal einen Kuss geben. Ich war angewidert, aber ich wollte es wegen und für die Kinder unbedingt schaffen. Ende Januar hatte ich dann alle Hoffnung verloren. Ich roch die andere Frau jedes Mal, wenn er aus dem Dienst nach Hause kam. Und irgendwann war mir der Kragen geplatzt, meine Gefühle waren einfach nicht mehr vorhanden. Also beendete ich die Ehe mit den Worten: „Ich will die Scheidung!", und Paul war wortlos gegangen. Zu seiner Geliebten.

Fast zeitgleich lernte ich Chris kennen. Online. Nicht über eine Dating-App, das gab es damals Anfang des Millenniums noch gar nicht, sondern er hatte mir einen witzigen Eintrag in meinem Gästebuch hinterlassen. Ich hatte eine eigene Webseite mit meinen grafischen Arbeiten und außerdem einen Blog für Eltern mit Kindern.

Chris hatte mich durch meinen Gästebuch-Eintrag auf einer Webseite eines gemeinsamen Freundes entdeckt.

Hey Sister! Lasse Dir ein paar Grüße aus Bad Ems da, interessante Frau. Soll keine Anmache sein, wollte einfach nur meinen Respekt aussprechen. LG Chris, Bassmann

Sister war mein Spitzname. Nur meine Familie und mein Mann nannten mich bei meinem richtigen Namen. Im Netz kannte den keiner, das war auch gut so.

Ich klickte auf den Link seiner Website und gelangte auf eine dunkle, sehr coole Musikerpage. Er war Bassist und Handwerker, das zeigte er ganz stolz in vielen Fotografien. Anhand seiner Bilder konnte ich nicht einordnen, wie er aktuell gerade aussah, denn er hatte mehrere Bilder mit verschiedenen Haarlängen online – mal Glatze, mal Marke *langhaariger Bombenleger*, mal Strubbellook. Zudem trug er auf allen eine dunkle Sonnenbrille. Er wirkte enorm cool und sehr attraktiv, mit einem extremen Hauch von Arroganz. Die Bilder hatten alle den Sepia Effekt und waren sehr dunkel, könnte also alles bearbeitet sein.

Mit Bildbearbeitung kannte ich mich aus – man konnte mit etwas Finetuning sogar eine Kuh aussehen lassen wie eine Gazelle.

Chris war das genaue Gegenteil von Paul, der mit seinen zwei linken Beamtenhänden beim Anschrauben einer Deckenplatte seine eigenen Finger mitanschraubte. Paul war blond und muskulös, ein typischer BGSler, was man heute Bundespolizei nennt. Chris hingegen der klassische, lockere Musiker, dazu eher schlaksig und dunkelhaarig. So in etwa wie Vin Diesel neben Jonny Depp.

Auf einen neuen Mann hatte ich zwar weder Lust noch einen Kopf dafür, aber etwas Ablenkung tat mir bestimmt ganz gut. Das mit Paul hatte sich in den letzten zwei Jahren bereits abgezeichnet, aber es schmerzte mich, dass wir uns so auseinandergelebt hatten. Ich hatte immer an die große Liebe geglaubt.

Hey Bassmann, Grüße aus Burghaun an den coolen Typen zurück. Soll auch keine Anmache sein, bin nur ehrlich. Gruß Sister

Aus diesen zwei Gästebucheinträgen wurde völlig ungeplant eine Art Brieffreundschaft über E-Mail, die einfach als kleiner Selbstläufer begann und sich zu einem täglichen Austausch an Masseninformationen steigerte. Chris verstand mich, ich konnte ihm mein Herz ausschütten - über meine kaputte Ehe, meine Sorgen, alles was mich bewegte. Er war für mich da – der geheimnisvolle Unbekannte in einem unbekannten Ort weit weg. Chris steckte ebenfalls gerade in einer Trennung. Er war zwar nicht verheiratet, aber als er Schluss gemacht hatte, wurde die Mutter seiner Ex-Freundin sehr krank, bekam Krebs und es ging sehr schnell abwärts. Chris wollte diese Melanie mit ihren Sorgen nicht alleine lassen, also war er für sie da. Ich fand das sehr löblich; ein starker Mann, der seine Ex nicht einfach fallen ließ – immerhin hat man sich ja mal geliebt. Hatte ich bei Paul und mir auch einmal gedacht.

Meine Trennung von Paul wurde in den Wochen dann von Tag zu Tag heftiger. Ich war sehr dankbar, dass ich Chris hatte. Jeden Tag schrieben wir uns. Ich konnte immer kaum erwarten, dass er um halb fünf von der Arbeit kam und mir dann antwortete. Meist schrieben wir die halbe Nacht durch in einem Chat, bis wir todmüde ins Bett gingen. Er war mein Halt im Sturm, der um mich tobte. Nur ein Freund. Ich hatte nie daran gedacht, dass wir uns einmal sehen würden.

Doch dann eröffnete der gemeinsame Kumpel von uns, auf dessen Gästebuch wir uns kennen gelernt hatten, das *Kornhaus* in meinem Heimatort Hünfeld. Er hatte unsere ehemalige Diskothek *Popcorn* in einen Rock-Club verwandelt. Im *Popcorn* hatte ich meine ersten Disko-Erfahrungen gesammelt und mich unter dem Tisch versteckt, wenn die Polizei Razzia machte, weil ich mit sechzehn da gar nicht hätte drin sein dürfen. Außerdem hatte mir Mecky, ein Junge aus einem anderen Dorf, meinen ersten, richtigen Zungenkuss verpasst. Da war ich vierzehn und wir Teenager durften am Rosenmontag auch nachmittags schon dort rein. Mann, war ich stolz.

Als sowohl Chris als auch ich eine Einladung zur Neueröffnung für Anfang März erhalten hatten, rutschte mir das Herz in die Hose, als er schrieb: „Gute Gelegenheit, sich endlich real kennen zu lernen."

Ich starrte auf die Nachricht und mir wurde kotzübel vor Aufregung. Bisher war dieser fremde Kerl, auf der anderen Seite der Welt, so weit weg gewesen. Ich hatte nie darüber nachgedacht, dass wir uns tatsächlich mal treffen würden, und jetzt stand ich vor ungeplanten Tatsachen.

„Wie weit ist es denn von dir bis hierher?", hatte ich so beiläufig wie möglich im Chat gefragt, während mein Herz noch immer in meinem Bauch klopfte.

„Ich glaube so 250 Kilometer."

Ich hatte immer noch keine Ahnung, wo Bad Ems lag. Meine Freundin Hilde wohnte da irgendwo in der Nähe, hatte sie mir erzählt. Ich hatte sie zwar schon ab und an besucht, aber die Ortsnamen waren mir außer Nassau, wo sie wohnte, alle kein Begriff. Ich fand es allerdings witzig, dass er gar nicht so unweit von Hilde wohnte.

„Erde an Sister! Mayday, Mayday!" Andrea schnippte mit ihren Fingern vor meinen Augen, ich war wohl völlig in Gedanken versunken. Mit einem Blick in den Spiegel riss ich begeistert die Augen auf. Seit der Trennung von Paul hatte ich mich total gehen lassen, war total abgemagert und schminken gehörte noch nie zu meinen Talenten. Andrea hatte aus mir eine Shakira gezaubert mit Zöpfen und einem coolen MakeUp. Die verwuschelte Hausfrau und Mutter zweier Kleinkinder war Geschichte. Zumindest für diesen Abend.

„Ich weiß nicht, ob ich gleich kotzen muss, oder mir in die Hose mache", sagte ich ganz trocken hinten im Auto von

Andrea, weil meine Aufregung einfach too much für mich war.

„Ach, jetzt stell dich mal nicht so an, Sister", wies mich Hilde zurecht. „Du bist die Coolste und wenn nicht, tust du einfach so."

„Klingt so einfach…", schnaubte ich.

Da wir damals keine Handys hatten, mit denen wir uns hätten mehrfach austauschen können, blieb mir nur die letzte E-Mail von Chris als Hoffnungsschimmer, dass er tatsächlich auch kommen würde.

„Meint ihr, der ist schon da?", fragte ich mit zittriger Stimme.

„Sister! Es ist *dein* Brieffreund, nicht unserer!", schimpfte Hilde. Sie war einfach total ungeduldig mit mir.

„Jetzt mach dir mal nicht ins Hemd, der wird schon kommen", tröstete mich Andrea mitfühlend.

Es war so aufregend. Ich hörte mein Herz in meinem Kopf klopfen und fühlte es gleichzeitig in meinem Bauch. Wir parkten auf dem großen Parkplatz vor dem *Kornhaus,* das sich im Keller eines Einkaufszentrums befand.

Ich blickte nervös durch die Menschenmenge, wusste nicht einmal, ob ich ihn überhaupt erkennen würde. Ich kannte auch nach den paar Wochen nur die Bilder seiner Homepage von ihm. Ich hatte nie nach Aktuelleren gefragt.

Nachdem wir uns an der Schlange angestellt hatten und langsam mit ihr Richtung Eingang watschelten, dachte ich, ich platze gleich vor Aufregung. Mir war schwindelig, ich bekam mich kaum unter Kontrolle. Wir liefen die Treppenstufen in den Keller hinunter, Stück für Stück, der extrem lauten Musik entgegen. Und dann sah ich Ulf, meinen Kumpel, den Besitzer des Clubs und wurde ruhiger. Er begrüßte mich fröhlich und umarmte mich herzlich. Ulf war ein Urgestein – schätzungsweise zwei Meter groß, lange Haare, ein gemütlicher sympathischer

Kerl und ich mochte ihn schon immer. Heute würde ich sagen, er hatte ein bisschen Ähnlichkeit mit Hagrid aus Harry Potter. Aber den gab´s damals ja noch nicht.

Ulf begrüßte auch meine Freundinnen und ich blickte ständig nervös durch die Menge vor und hinter mir, ob ich irgendwo Chris erahnen könnte. Das war nicht nur völlige Fehlanzeige, sondern aufgrund der Dunkelheit und der wild blinkenden Strobo-Blitze fast sogar unmöglich. Ulf zu fragen, ob Chris schon da ist, wäre eine Option gewesen, aber nachdem er meine Freundinnen begrüßt hatte, war er auch schon bei den nächsten Gästen angelangt und wir wurden von nachfolgendem Getümmel in den Club geschoben.

Dunkelheit, Nebelmaschine, Rockmusik, Lasershow und tanzende Menschenmassen.

„Wohin gehen?", schrie mir Hilde ins Ohr. Ich wurde fast taub.

„Die kann doch nicht klar denken", schrie Andrea amüsiert zurück und zog mich hinter sich her, während sie Hilde am Rand entlang weiter ins *Kornhaus* schob. Nach ein paar Schritten standen wir am Rand der Tanzfläche mitten im Kellergewölbe vor der Empore, auf der sich der DJ befand.

„Und, siehst du ihn irgendwo?", schrie Hilde in mein fast schon taubes Ohr. Ich schüttelte mit dem Kopf. Ich schimpfte innerlich mit mir selbst, weil ich so ultra aufgeregt war, aber ich konnte es nicht stoppen.

„Siehst *du* ihn irgendwo?", schrie Hilde nun Andrea zu. Die lachte. „Ich weiß doch gar nicht genau, wie der aussieht", kreischte sie zurück. Da hatten wir was gemeinsam.

„Ich hol´ was zu trinken", schrie Hilde. „Bleibt hier."

Gottseidank, ich konnte einfach stehen bleiben und mich akklimatisieren.

Tipp Tipp.

Nie werde ich den Moment vergessen, als ich diesen Fingertip auf meinem Kopf spürte. Als hätte mich etwas angezündet. Als hätte mich diese Berührung in eine Art Zeitlupe versetzt, denn von da an ging alles ganz langsam und die Musik dröhnte nur noch wie durch eine Membran zu mir hindurch. Ich hob meinen Kopf und blickte nach oben, um herauszufinden, wer mir da auf den Scheitel getippt hatte. In diesem Augenblick hatte ich das Gefühl, ich schaue einem Wunder in die Augen. So etwas hatte ich noch nie erlebt, es war Magie. Chris.

Er stand hinter mir auf der Empore am Geländer und blickte grinsend auf mich herunter.

Ich hätte ihn nie verfehlen können, wurde mir klar, denn diese Augen und dieser Blick versetzten mich in einen Zustand, den ich kaum beschreiben konnte. Chris lächelte und ich sah, wie er sich auf den Weg machte, um zu mir herunter zu kommen. Ich konnte meinen Blick nicht von ihm abwenden. Was war das? Dieser Kerl war für mich wie eine Erscheinung und ich konnte mich kaum zusammenreißen. Ich war erleichtert, dass er nicht mehr der Glatzkopf von einem der Fotos war, auch der langhaarige Verschnitt wäre nicht mein Typ gewesen. Was da gerade von der Empore zu mir herunter kam war tatsächlich eine Mischung aus Johnny Depp und Keanu Reeves. Die strubbeligen dunklen Haare... die schlaksige Figur... Und plötzlich stand er genau vor mir.

„Hi", las ich von seinen Lippen ab, denn er versuchte erst gar nicht die Musik zu übertönen. „Hi", antwortete ich leise und meine Knie schlotterten. Als er dann einen Schritt auf mich zumachte und mich zur Begrüßung in den Arm nahm, fühlte ich mich wie in einer Blase der Geborgenheit. Diese Wärme, die er ausstrahlte, knisterte in meinem ganzen System. Ich hätte ihn am Liebsten nie wieder losgelassen.

Ich war Chris dankbar, dass er die Führung übernahm und einfach meine Hand griff und mich in einen hinteren Bereich des Clubs führte, da wo die Musik nicht ganz so laut und es auch nicht ganz so voll war. *Gott, fühlt sich das gut an seine Hand zu halten.* Sofort schoss mir durch den Kopf, dass uns hier in meiner Heimat jemand sehen könnte, doch was soll´s – Paul und ich waren getrennt. Aber ich wollte einfach nicht, dass irgendjemand etwas herausposaunte, was gar nichts war außer einer Freundschaft.

„Sag mal, kommt es dir auch so vor, als wenn alles wie in Zeitlupe abläuft?", fragte mich Chris, nachdem er uns was zu trinken geholt hatte. Ich nickte und nippte nervös an meiner Cola.

„Irgendwie voll surreal", lachte ich und nippte wieder an meinem Getränk. Wie gerne hätte ich mir die Eiswürfel in den BH gesteckt, da mir total heiß war. Ich versuchte mich abzulenken, damit ich ihn nicht ständig anhimmelte. Was war das? Mein ganzer Körper wurde durchzogen von Blitzen, wie kleine Stromstöße. Während ich gefühlt zum zehnten Mal an meinem Glas nippte bemerkte ich, dass Chris mich amüsiert beobachtete. Wir standen nebeneinander, an der Wand angelehnt, Arm an Arm und ich hielt mich an meinem Glas fest wie an einem Rettungsring kurz vor dem Ertrinken. Wir führten Smalltalk wie zwei Geschäftspartner, beobachteten die anderen Gäste und redeten darüber, woher wir Ulf kannten.

„Fühlt sich komisch an, dich jetzt so real zu treffen", sagte er plötzlich und verunsicherte mich mit diesem Satz total.

„Komisch?" *Fand er es doof hier mit mir? Benahm ich mich deppert?*

„Naja, vorher warst du nur eine Brieffreundin und ich dachte, wir treffen uns hier und sind einfach Freunde... aber..." Chris stockte und wischte sich eine Locke seines strubbligen Haares aus der Stirn.

„Aber?", fragte ich neugierig. Mein Herz klopfte. *Spürte er dasselbe wie ich?*

Chris war um einige Zentimeter größer als ich. *Wenn ich ihn küssen will, müsste ich mich auf Zehenspitzen stellen oder am besten auf einen Stuhl.* Sofort schüttelte ich diesen Gedanken aus meinem Kopf und setzte mich auf einen Barhocker. Chris hatte sich an der Wand etwas hinunter gesenkt, so dass er jetzt ganz dicht mit seinem Gesicht vor meinem Halt machte und unsere Schultern dicht an dicht klebten. Ich konnte ihn riechen, und er roch so verdammt gut. Ich wollte im Erdboden versinken, weil ich das Gefühl hatte zu schmelzen.

Zeitlupentempo. Die Musik drang immer noch nur wie gedämpft zu mir durch. Er blickte mir in die Augen, die Kernschmelze wurde noch schlimmer.

„Naja... aber irgendwie hat mich der Blitz getroffen, seit ich dich gesehen habe..." Er spürte es also auch. Ich lachte nervös.

„Sister, hier bist du, wir haben dich schon überall gesucht." Vorbei war die vertraute Zweisamkeit. Hilde und Andrea standen vor uns und begrüßten Chris mit einem breiten Grinsen. Ich hatte die beiden völlig vergessen.

„Ja, hier bin ich", lachte ich nervös.

„Wir wollen nachhause, is schon spät!", gähnte Hilde.

„Ja, ich bin auch voll müde", jammerte Andrea.

Ich war geschockt. „Schon spät? Wir sind doch gerade erst gekommen?"

„Sister, es ist drei Stunden her, seitdem dich Mister Superman hier abgeschleppt und in seine Höhle mitgenommen hat", lachte Andrea.

„Drei Stunden?", staunten Chris und ich gleichzeitig. Das hatten wir beide wohl nicht mitbekommen. Ich hatte gedacht, wir hätten nicht mehr als drei Sätze miteinander gesprochen und die Zeit war doch wie in Zeitlupe...

„Also, kommst du mit?", fragte Hilde ungeduldig. Wir waren mit Andreas Wagen hergefahren. Mein Herz setzte aus. Das durfte nicht wahr sein. Ich wollte nicht weg, nicht jetzt, nicht von Chris, eigentlich nie mehr sollte dieser Moment vorüber gehen. Ich stieß mich von der Wand ab und blickte Chris in die Augen.

„Ich muss dann wohl nach Hause..." In meinem Kopf schrie es, dass ich das nicht wollte, aber wie sollte ich das zu Hause erklären? Paul passte auf die Kinder auf, weil ich ihm erzählt hatte, dass wir zu einem Weiberabend losziehen würden. Auch wenn wir uns nicht verstanden, es waren genauso seine Kinder wie meine und das war der erste Abend seit der Trennung, dass ich ihn gebeten hatte zu Babysitten. Hilde war extra zu mir gekommen, um mir mit Andrea mein Alibi *Weiberabend* zu perfektionieren. Sie übernachtete das ganze Wochenende eigentlich bei mir und sie konnte ja schlecht ohne mich nachhause kommen... völlige Fehlplanung! Aber wer hätte denn gedacht, dass Chris einschlägt wie eine Bombe und drei Stunden umgegangen waren wie fünf Sekunden.

„Im Ernst?" Chris schien genauso wenig darüber begeistert zu sein, wie ich. Er griff meine Hand. „Ich will aber nicht, dass du schon gehst..." Seine Berührung war wieder wie ein Blitzschlag, nur positiver. Ich sah hilflos zu Andrea. Und meine Freundin reagierte perfekt.

„Ach, Hilde wir feiern bei mir weiter und du pennst auch bei mir, was hältst du davon?" Hilde stimmte ohne zu überlegen zu.

„Und wie erklären wir das Paul?", fragte ich hilflos.

„Na, indem wir ihm sagen, dass wir alle bei mir noch gefeiert haben und Hilde dann nicht mehr gehen wollte. So kannst du nach Hause kommen, wann du willst. Wir geben dir schon das perfekte Alibi." Solche Freundinnen zu haben, war Weltklasse.

„Du bringst sie aber unbeschadet wieder nach Hause?" Hilde hatte sich vor Chris aufgebaut, als wenn sie ihm drohen würde. Dabei war sie, genau wie ich, gefühlte dreißig Zentimeter kleiner als er.

„Versprochen! Indianerehrenwort!" Chris legte seine Hand auf sein Herz, um die Theatralik zu erhöhen.

Aufgeregt begleiteten wir meine beiden Freundinnen nach oben und holten meine Jacke und Handtasche aus Andreas Auto.

„Du kannst die Sachen in mein Auto werfen", teilte mir Chris mit, während ich den beiden Frauen nachwinkte.

„Oder warte! Willst du unbedingt wieder runter in den lauten stickigen Laden da?"

„Nein, muss ich nicht, aber wo willst du sonst hin?" Ich zog meine Jacke an, da ich zu frieren begann. Es war ja erst Anfang März und es fehlte nur noch, dass es schneite.

„Oh, komm ins Auto, da ist es wärmer. Da können wir überlegen, was wir tun wollen oder wohin." Chris zwinkerte mir zu und zeigte auf sein Auto. Es war derselbe Golf, den ich auch gefahren hatte, bevor ich verheiratet war.

Einen Moment lang saßen wir einfach nur im Auto und Chris ließ den Motor laufen. Es war mir alles total unangenehm. Wir hatten wochenlang geschrieben und uns über alles unterhalten, doch jetzt fehlten uns die Worte und Themen. Es war irgendwie total verklemmt und doch war da dieser Zauber zwischen uns. Noch immer fühlte es sich an wie in einer Zeitlupenwelt, alles von außen drang nur wie durch eine Glasglocke zu mir durch. Bis es an der Scheibe klopfte.

„Ey, mach 'n Motor aus oder fahr weg", schimpfte einer der Aufpasser des Parkplatzes.

„Dann fahren wir wohl mal", lachte Chris und gab Gas.

„Hast du Hunger?", fragte er mich.

„Nein, ich bin viel zu aufgeregt." Ich hatte ein flaues Gefühl im Magen.

„Aber warum nur?", lachte er. „Du musst was essen, ich kenn dich ja schon ein bisschen und weiß, dass du mehr essen solltest, als du es tust!" Er wusste davon, dass ich durch die Trennung viel zu schnell viel zu viel abgenommen und sogar zwischendurch Aufbaupräparate von meinem Arzt bekommen hatte, weil mein Körper Ausfallerscheinungen zeigte. Von einem Stück Toastbrot pro Tag kann man halt keinen Körper fit halten und zwei Kinder versorgen. Ich hatte bereits zehn Kilo in zwei Wochen abgenommen.

Während Chris sich von mir in Richtung McDonalds leiten ließ, herrschte Stille im Auto. Aber dieses Mal nicht, weil wir uns nichts zu sagen hatten, sondern es war eine angenehme Stille und auch eine Unfassbarkeit, dass es uns beide so erwischt hatte. Die freundschaftliche, unbekümmerte Stimmung der Mails war einfach nicht aufrecht zu erhalten.

Als wir am Drive In ankamen, bestellte Chris ein paar Nuggets, drei Burger, Pommes und ich orderte nur ein Milchshake.

„Glaub nicht, dass ich das alles alleine esse, du halbe Portion!", lachte Chris, als er losfuhr. „Wo fahren wir hin und essen?"

Ich war total überfordert. Im Sommer wäre das ein Leichtes gewesen, doch jetzt gerade zu dieser Jahreszeit war es überall kalt und weniger gesellig. Also kurvte Chris durch die Gegend und ich nuckelte an meinem Milchshake. Irgendwann fiel mir die Anhöhe des Haselsees in Hünfeld ein und ich erklärte Chris, wie wir dahin kämen. Er hatte seine Aufregung mittlerweile gefangen, wie mir schien, denn er begann damit, Scherze zu machen und mich aufzumuntern.

„Mann, wir benehmen uns wie zwei Teenager, oder?" Ich liebte sein Lachen und lachte mit.

„Jaaa, voll. Mir ist das auch voll peinlich, aber ich fühl mich echt so wie ein Teenie", lachte ich mit, während ich feststellte, dass mein Wortschatz ebenfalls nicht besser als der einer Sechzehnjährigen war.

Er parkte und stellte den Wagen ab. Im Radio lief ruhige Jazzmusik. Ich sagte ihm nicht, dass ich Jazz hasste. Eigentlich war es mir auch egal, ich war so gerne in seiner Nähe. Ich nuckelte immer wieder wie eine Blöde an meinem Milchshake.

Chris setzte sich locker auf seinen Fahrersitz, drehte sich so, dass er mich sehen konnte und beobachtete mich amüsiert, während er sich einen Burger in den Mund schob. „Erzähl, wie ist das jetzt für dich, dass wir uns treffen?", fragte er mich mit vollem Mund.

„Aufregend. Ich bin durcheinander, das is´ alles total ungewohnt und ich hab das Gefühl, wir sind immer noch im Zeitlupenmodus!", erklärte ich.

„Hah", er hätte sich fast verschluckt vor Lachen. „Ja, sowas hab´ ich auch noch nie erlebt. Seit ich dir auf den Kopf getippt hab´, ist die Zeit irgendwie anders verlaufen. Aber wie man gemerkt hat, nur für uns. Die anderen haben Zeit*raffer*geschwindigkeit aufgenommen."

„Aber echt! Niemals sind das drei Stunden da unten gewesen, das kam mir vor wie nur wenige Minuten."

Unser Gespräch lockerte uns auf und wir lachten viel, während Chris dann doch alle drei Burger und die Pommes gegessen hatte.

„Ey, unglaublich, du sollst was essen. Du hast mich voll vergessen lassen... hier, iss!" Er schob mir ein Nugget in meinen Mund. Ich konnte kaum kauen, weil ich so lachen musste. Ich hatte ihn ja beobachtet, wie er einen Burger nach dem anderen vernascht hatte und fand das sehr ulkig. Also aß ich drei Nuggets, er den Rest. Er hatte es schon wieder nicht bemerkt.

„Sag mal, isst du immer so viel wie ein Bär? Wie kannst du nur so dünn sein?", lachte ich. Chris war tatsächlich ziemlich schmal. Nicht dürr, und er hatte breite Schultern und starke Arme, aber sein Körper wirkte eher dünn und dafür drahtig.

„Boah, ja das sagen alle. Ich ernähr´ mich auch hauptsächlich von Fleisch und Kohlehydraten. Salat und Gemüse ist was für Hasen. Ich atme das wohl alles irgendwie weg. Aber ich wäre froh, wenn meine Beine mal etwas Fett ansetzen würden, die sehen aus wie die von einem Spargeltarzan." Es war alles so witzig mit ihm. Ich wünschte mir, wir könnten ewig so sitzen bleiben und die Nacht ginge nie vorbei.

Bis jedoch meine Zähne so sehr klapperten, dass ich kaum noch sprechen konnte. Ich hatte vor lauter Aufregung nicht gemerkt, wie kalt mir geworden war und nun war ich durchgefroren. Wir lachten uns schief, weil ich nicht mehr sprechen konnte, aber Chris startete sofort das Auto wieder und fuhr los.

„Mensch, wo können wir denn hin?" Chris schien genervt zu sein, weil es so kalt war und uns nichts einfiel, wo wir uns aufwärmen könnten. Wir befanden uns nun einmal auf dem Land, hier hatte nichts über die Nacht hinweg auf. Wir waren aufgeschmissen. Zu mir nach Hause konnten wir auf keinen Fall und Chris…

„Sag mal, wo übernachtest du denn? Im Auto?", fragte ich, weil mir einfiel, dass ich noch nicht wusste, wo Chris schlafen würde.

„Bei Ulf in der Musikschule." Ich sah, wie Chris einen Gedankenblitz hatte. „Ich Idiot, warum is mir das nicht eher eingefallen. Da is bestimmt warm!"

„Ja, du Idiot, warum ist dir das nicht eher eingefallen", lachte ich und war froh, dass wir eine Lösung gefunden hatten.

Chris und ich waren immer eine Armlänge voneinander entfernt da im Auto. Das war wie so ein Sicherheitsabstand und ich war ganz froh darüber. Ich war in den letzten acht Jahren niemand anderem außer meinem Mann nähergekommen, also was männliche Wesen betrifft. Und mein Mann und ich hatten in den letzten drei Jahren weder Sex noch sonstige Nähe ausgetauscht. Die Bezeichnung „Schatz" war einfach nur noch zu einem Statussymbol geworden und als Gewohnheit geblieben.

Chris parkte das Auto in der kleinen Stadt und wir liefen schweigend zur Musikschule. Ich kam mir schäbig vor. Ich war froh, dass auf den Straßen nichts mehr los war. Es wäre mir super unangenehm gewesen, hätte mich einer meiner Bekannten oder Freunde hier gesehen. Ich. Mit einem fremden Kerl. Auf dem Weg mitten in der Nacht in eine Räumlichkeit mit einem völlig fremden Mann. Tolle Propaganda für meine weiblichen Erzfeinde aus dem Dorf oder der Schule. Ich betete, dass sie alle brav zuhause waren.

Chris schloss die Tür auf und wir betraten die kleine Schule, die von einem schmalen Flur in einen mittelgroßen Raum führte. Durch die Seitenfenster schien nur wenig Licht von der Straße herein. Chris drückte den Lichtschalter neben der Tür und sofort war alles hell erleuchtet. Er stöhnte auf.

„Ah, grelles Licht, ich verbrenne." Er krümmte sich wie ein Vampir. Ich hatte eher Angst, dass ich im Licht der Neonröhren echt Scheiße aussehen würde. Vielleicht war meine Schminke verschmiert, ich hatte das seit Stunden nicht einmal überprüft. Jetzt war es eh zu spät.

Ich ließ mich auf das kleine Sofa an der Wand fallen, als Chris das helle Licht wieder ausgeschaltet hatte und nun in der Dunkelheit nach Alternativen suchte. Sein Fluchen war zum Schießen, jedes Mal, wenn er sich an Stühlen und Kisten stieß.

„Im Dunkeln sehen ist wohl nicht so deine Fähigkeit, was?", machte ich mich über ihn lustig.

„Jaja, lach du nur, du musst mich gleich verarzten, wenn ich das hier schwer verletzt überlebe."

Endlich hatte er eine Kerze entdeckt, zündete sie an und stellte sie vor mich auf das kleine Tischchen, das aus einer alten Weinkiste bestand. Das Flackern der Kerze war etwas gruselig, aber besser als das strahlend gleißende Tageslicht der Neonröhre an der Decke. Chris setzte sich neben mich und strich mir eine Strähne meines Ponys aus dem Gesicht. Seine Berührung machte mich nervös und ich rückte ein wenig nach rechts. Was eine dumme Idee war, weil das Sofa dort zu Ende ging und ich auf den Boden plumpste.

Ich konnte gar nicht aufhören zu lachen und blieb dort unten sitzen. Es war mir irre peinlich, ich zog meine Knie ran und vergrub mein Gesicht in meinen Händen. Aber Chris lachte mit und setzte sich zu mir auf den Boden. Dort lag ein Teppich, es war also nicht sonderlich kalt.

„Mensch, Sister…", flüsterte er.

„Was denn?", flüsterte ich.

Er nahm meine Hand und streichelte sie. Wortlos beobachtete ich seine Hand und meine Hand, während die Kerze flackerte und es wie in dem Film *„Die Unendliche Geschichte"* aussah. Dieser eine Moment, in dem Bastian und die kindliche Kaiserin nach der Zerstörung von Phantasien dicht beieinander sitzen, kurz bevor die neue Welt entsteht. Mein Herz klopfte, meine Haut kribbelte. Ich hätte heulen können, weil mein Mann mich schon so lange nicht so zärtlich berührt hatte. Allein dieses Gefühl hätte schon gereicht, diese zarte Berührung meiner Hand. Das Gefühl begehrt zu werden und nicht hässlich zu sein, es war so wundervoll. Ich konnte es nicht aufhalten, eine Träne rann meine Wange herunter.

„Ach Süße...", flüsterte Chris, er hatte es gesehen, wischte sie sanft weg und nahm mich in den Arm. Ich weinte. All die Belastung der letzten Monate, all das Glück mit ihm und die Aufregung lösten sich in einem leisen Tränenfluss. Ich wollte nicht losschluchzen, doch Chris gab mir das Gefühl, geborgen zu sein. Er hielt mich fest, er fing mich auf während ich fiel.

Eine gefühlte Ewigkeit dauerte es, bis ich mich wieder gefangen hatte. Ich lachte nervös und leise.

„Oh Mann, es tut mir leid, ich wollte nicht den schönen Abend versauen." Ich ordnete meine Haare und wischte mir mit den Fingern unter den Augen entlang, in der Hoffnung die ganze Schmiere der Wimperntusche erwischt und nicht dicke Ränder unter den Augen zu haben.

„Du bist wunderhübsch, Kleines...", flüsterte Chris.

„Achwas...", lachte ich nervös.

„Und entschuldige dich nie mehr bei mir, weil du weinst. Ich weiß wie kein anderer, was du in den letzten Wochen durchgemacht hast. Ich wollte hierher kommen, um die wundervolle, starke Frau zu treffen, einfach kennen zu lernen. Ich wollte dich ein bisschen ablenken und für dich da sein als Freund, weißt du. Aber seit heute geht das nicht mehr..."

Ich spürte einen Stich. „Was?", mir wurde schlecht. Aber was hatte ich mir gedacht? Da kommt ein so gutaussehender, cooler Kerl, der sich ganz bestimmt nicht mit einer verheirateten Mutter von zwei Kindern...

„Sch...", er legte einen Zeigefinger auf meinen Mund, damit ich ihn ausreden lasse. „Es geht nicht mehr, dass ich nur ein Freund sein werde. Sister, ich weiß heute schon, dass ich nicht nur ein Kumpel sein will. Ich weiß nicht, wie wir das anstellen sollen, oder wie das funktionieren könnte. Aber ich möchte, dass du weißt, dass du ab heute das alles nicht mehr alleine durchstehen musst. Ich bin da und..."

Ich wusste nicht, was über mich gekommen war, doch ich preschte nach vorne und küsste ihn. Ich küsste ihn so voller Leidenschaft wie ich nicht mehr wusste, dass ich das überhaupt konnte. Wir fielen aus der Sitzposition um, doch das störte uns nicht. Wir lagen auf dem Boden und rollten uns beim Knutschen über den Teppich. Es war so irre aufregend und ich wäre am liebsten in ihn reingekrochen.

Nach einer Weile drückte er mich lachend zurück.

Ich lag auf ihm, wir waren beide noch angezogen, und blickte ihn verwirrt an.

„Oh sorry, ich weiß gar nicht, was über mich gekommen ist", lachte ich und wollte mich von ihm wegrollen, da hielt er mich fest.

„Nein, du gehst nicht weg", lachte er. „Ich brauch nur kurz ´ne Atempause. Sonst reiß ich dir gleich die Klamotten vom Leib." Er lachte und ich wurde puterrot vor Scham. Wie ein Teenager. Soweit hatte ich gar nicht gedacht. Erst in diesem Moment wurde mir klar, dass wir erwachsen waren und es durchaus zu einem sexuellen Akt kommen könnte, wenn ich das weiterlaufen ließ. Ich wusste nicht, ob ich das wollte, aber ich wusste auch nicht, ob ich es *nicht* wollte.

Chris hatte immer die Führung und war so viel dominanter als ich. Zuhause war ich diejenige die immer alles regeln und entscheiden musste. Ich zog zwei

Kleinkinder groß, kochte und backte für die ganze Familie, baute unseren Neubau immer weiter aus und das alles, ohne viel Unterstützung von meinem Ehemann, der ja nie da war. Ich dachte immer, ich wäre voll erwachsen und mich könnte nichts aus der Ruhe bringen mit meinen fast dreißig Jahren. Doch hier war ich bei Chris, einem drei Jahre jüngeren Typen, der mir zeigte, wie weich ich sein kann. Wie unsicher und zerbrechlich. Ich wusste gerade nicht, ob ich das gut oder schlecht fand, aber es fühlte sich gut an.

„Denk nicht so viel nach, Kleines. Sei einfach du. Ich mag dich wie du bist." Chris hielt meine Hände in den seinen, die Finger ineinander verschränkt und zog mich zwischendurch immer wieder hinunter, um mir einen Kuss zu geben.

„Bist du vom Himmel gefallen, oder was?", lachte ich. Ich konnte es nicht glauben, welches Glück mir hier widerfuhr nach allem, was ich hinter mir hatte.

„Nein, du bist der Engel von uns beiden, Baby, ich hab´ sowas wie dich gar nicht verdient."

„Achwas", ich lachte und küsste ihn. „Du bist toll. Alles was du so schreibst und was du tust, wie du denkst… das mag ich und zeigt mir doch, was für ein wundervoller Mensch du bist."

„Ja, aber ich muss mich mega zusammenreißen, um dir nicht die Klamotten vom Leib zu reißen", lachte er wieder und kitzelte mich, so dass ich von ihm runterfiel, er mich auf den Rücken drehte und sich neben mich legte. Still streichelte er wieder meine Hand und drehte dabei meinen Ehering zwischen seinen Fingern.

„Du trägst ihn immer noch…", stellte Chris mit wenig Begeisterung fest.

„Ja, unsere Familien denken ja noch immer, wir kriegen das wieder hin." Ein Schatten huschte über sein Gesicht.

„Und du? Denkst du das auch? Willst du das denn?", fragte er traurig.

„Nein, wo denkst du hin. Du kennst doch die Geschichte. Wir haben ein Haus, zwei Kinder, die ganze Familie, die sich reinhängt. Das ist alles nicht so einfach, aber ich will das nicht mehr... Er ist mir fremdgegangen, das kann ich nicht vergessen und meine Gefühle zu ihm sind nicht mehr da. Er widert mich an..." Bevor ich mich in Rage redete, hielt mir Chris wieder den Finger vor die Lippen.

„Sch... es tut mir leid, dass ich mit dem Thema angefangen habe. Lass uns das heute Abend ein bisschen vergessen. Wir haben nicht mehr so viel Zeit..."

Ein Stich durchzog mein Herz, als mir klar wurde, dass es bereits dem Morgen zuging. Wir küssten uns wieder und es war ein so inniges Gefühl, mit ihm dort auf dem Boden zu liegen, eng umschlungen, ohne dass er versuchte mich auszuziehen. Ich war ihm dankbar dafür, denn ich war dazu noch nicht bereit. So eine war ich nicht. Aber ich bemerkte, wie schwer es ihm fiel. Immer wieder drehte er zwischendurch an meinem Ring am Finger, als würde er ihn stören, aber irgendwie mochte ich diese Bewegung und seine zärtlichen Berührungen.

Diese Nacht war die schönste seit sehr langer Zeit, stellte ich fest, während wir noch ein paar Atemzüge dort lagen. Ich kuschelte mich in seinen Arm. Er hielt mich fest und küsste meine Stirn, zog mich fest an sich und ich spürte seinen warmen Atem an meinem Kopf. Er roch so unheimlich gut und er fühlte sich so gut an. Ich wünschte ich wäre nicht so verklemmt gewesen und hätte mich ihm hingeben können. Ihn zu fühlen, so wurde mir klar, so ganz und gar, wäre das Größte. Aber ich wusste, dass ich dann weder mir noch meinen Kindern in die Augen blicken könnte. Denn was ich hier tat, war entgegen ihrem Vater. Auch wenn er schon längst eine andere hatte, so war ich tief im Herzen eine treue Seele. Auch mir selbst gegenüber.

Der Abschied war schmerzlich. Chris hatte mich bis an die letzte Straßenkreuzung vor unserem Haus gebracht.

Weiter konnte er unmöglich fahren, da direkt an unserem Haus eine Straßenlaterne stand und zudem unser Haus eine regelrechte Alarmbeleuchtung einschaltete, wenn man sich diesem näherte. Mein Vater war ein Mensch, der sehr auf Sicherheit und Abschreckung von Verbrechern spezialisiert war – er wollte, dass wir sicher waren. Nun musste ich eher sicher sein vor meinem Noch-Ehemann, denn er sollte mich bestimmt nicht aus dem Auto eines anderen Mannes steigen sehen. Es war fünf Uhr morgens. Ich kannte ihn, er hatte keinen festen Schlaf. Polizist eben. Außerdem schlief er im Wohnzimmer und…

„Du denkst zu viel nach, Kleines!" Chris drückte meine Hand und zog mich mit der anderen zu sich rüber, um meinen Kopf an seine Schulter zu legen.

„Ich will nicht gehen…", flüsterte ich und hätte heulen können.

„Ich würde dich am liebsten einpacken und mitnehmen, das kannst du mir glauben…" Wir küssten uns lange und dann musste ich gehen, bevor es hell werden würde. Und es wurde zudem wieder eiskalt. Selbst die größte Liebe könnte diese Kälte nicht aufhalten. Es war fast bezeichnend. Ich küsste ihn ein letztes Mal, ohne zu wissen, wann oder ob ich ihn je wiedersehen würde und stieg aus. Chris blieb noch stehen, bis ich mein Haus erreicht hatte, an dem wie geplant alle Lampen angingen. Ich drehte mich nicht noch einmal um, da ich Angst hatte, Paul wäre wach und würde es sehen.

„Wo kommst du her und wo ist Hilde?", begrüßte er mich schroff, kaum dass ich das Haus aufgeschlossen hatte.

„Mann, erschreck mich doch nicht so!", schimpfte ich leise. „Außerdem geht dich das nichts an! Aber falls du es nachprüfen willst, Inspektor, wir haben bei Andrea noch einen getrunken, aber ich konnte nicht schlafen, bin jetzt heim – Hilde war schon eingepennt. Die kommt heute früh nach, wenn´s hell ist." Ich fragte mich, warum ich ihm das überhaupt erzählte, weil es ihn ja doch nichts anging, aber ich hatte Angst, dass er sonst auf dumme Gedanken käme. Hoffentlich würde er nicht sehen, wie durchgeknutscht ich war. Fast hätte ich kichern müssen, denn das hatte er verdient.

Ich war glücklich und hatte einen absolut tollen Abend mit einem anderen Mann verbracht. Etwas, das mein Mann seit über zwei Jahren nun schon mit einer anderen machte. Ich ignorierte, dass Paul sich mir in den Weg stellte und etwas sagen wollte, schob ihn weg und ging die Treppe hinauf, um mich schlafen zu legen.

„Gute Nacht!", sagte ich schroff und machte ihm damit klar, dass ich keinen Bock hatte, noch ein weiteres Wort mit ihm zu wechseln.

„Ich fahr dann jetzt", raunte er mehr zu sich selbst, als zu mir und schloss die Haustür hinter sich.

Ich warf mich auf mein Bett und weinte. Vor Glück, vor Erleichterung, weil ich Chris gefunden hatte, weil ich ihn hatte gehen lassen müssen, weil ich nicht wusste, ob ich diesen wundervollen Mann je wiedersehen würde.

Ich ließ den ganzen Abend, seitdem mir Chris im *Kornhaus* auf den Kopf getippt hatte, durch meine Gedanken wandern. Wieder und wieder die Szenen der Begegnung. Sein Lachen, seine zärtlichen Berührungen. Ich drehte den Ring an meinem Finger und stellte mir vor es wäre seine Hand, die das tat. Ich berührte meine Lippen, um seine Küsse noch einmal zu spüren. Ich roch an meiner Kleidung, weil sie nach ihm roch. Es war so viel Glück und Schmerz auf einmal, dass ich kaum schlafen konnte.

Doch das lohnte sich sowieso nicht, denn meine Kinder wurden wach.

„Ich bin so aufgeregt", hibbelte ich nervös vor mich hin, während ich mir wieder geflochtene Zöpfe machte, wie bei unserem ersten Date.

„Nicht schon wieder", lachte Hilde und lehnte am Türrahmen ihres Badezimmers. „Es ist doch nicht das erste Date."

„Nein, aber wir haben uns jetzt seit Anfang März nicht gesehen. Ich weiß doch gar nicht mehr, wie der aussieht", kicherte ich und fühlte mich glücklich.

In den letzten Wochen hatten sich die Ereignisse überschlagen. Paul und ich hatten einen Weg gefunden, wie wir das mit dem Haus, den Kindern und unseren Eltern auf erwachsene Art und Weise hinkriegen. Paul wusste nichts von Chris, aber das war auch nicht wichtig, denn es ging ihn einfach nichts an. Er wohnte weiterhin bei seiner neuen *Schickse*, die ich abgrundtief hasste, weil sie eine Familie kaputt gemacht hatte.

Aber dafür hatte ich Chris, der mich glücklich machte.

Wir schrieben uns jeden Tag und telefonierten jede freie Minute miteinander. Paul war nur alle paar Tage zu Hause wegen den Kindern. Die Familie dachte immer noch, wir würden das nach einer Weile wieder hinkriegen und so war das Ganze eine Zwischenlösung, mit der wir leben konnten. Zumindest eine Zeit lang. Obwohl das für Chris nicht sehr berauschend war. Ich spürte bei jedem Telefonat seine unterschwellige Angst, dass ich wieder zurück zu Paul gehen würde. Wir telefonierten fast täglich, doch für Chris waren meine Worte nicht greifbar. Ich hörte aus dem was er sagte immer wieder heraus, dass ich ihm viel erzählen könnte, um ihn zu beruhigen. Es schien schlimm für ihn, dass er nicht da sein konnte, um es wirklich selbst mitzuerleben.

„Ich könnte ja verstehen, wenn du zurück zu ihm gehst. Ich mein, ihr habt ein Haus und zwei Kinder…" Er versuchte verständnisvoll zu sein, doch ich spürte, dass er Angst vor meiner Antwort hatte, wenn ich ihm zustimmen würde.

„Auf keinen Fall! Er hat unsere Ehe aufs Spiel gesetzt und nicht ich. Ich habe keine Gefühle mehr für ihn, außer Wut und Verachtung, weil er mir und den Kindern das alles angetan hat!" Damit wollte ich Chris nicht nur beruhigen, sondern das war meine volle Überzeugung. Für mich gab es keinen Weg zurück.

„Du denkst zu viel nach", durchbrach Hilde meine Gedankengänge.
„Das sagt Chris auch immer", lächelte ich.
„Und damit hat er Recht!" Hilde scheuchte unsere Kinder durch die Gegend, damit sie sich bettfertig machten. Ich war ihr so dankbar, weil sie mir dieses Wochenende mit Chris schenkte und die Kinder bei ihr bleiben konnten. Morgen stand mein dreißigster Geburtstag an und ich würde die nächsten zwei Tage mit Chris verbringen.
„Und wie erklärst du das Paul, wenn deine Kinder ihm erzählen, dass du nicht da warst das ganze Wochenende?", fragte sie, als sie wieder einmal am Türrahmen vorbeiflitzte. Ich zog scharf die Luft ein.
„Da haben wir´s. Einmal *nicht* nachgedacht, schon ein Problem!" Meine Stimme zitterte. Daran hatte ich tatsächlich nicht gedacht. „Scheisse…"
Paul hatte ich erzählt, ich würde meinen Geburtstag mit Hilde und ihrer Familie feiern, fernab von meiner ganzen Familie und Freunden, um kein dummes Spiel spielen zu müssen. Was sollte ich meinen Kindern erzählen? Ich konnte ja schlecht von meiner Fünfjährigen verlangen, dass sie lügt und die Dreijährige wusste noch gar nicht, was Dinge wie Lügen oder Verschweigen überhaupt sind. Ein großer Stein lag auf meiner Brust, es verursachte mir ein ungutes Gefühl.
„Sister, jetzt mal ehrlich…" Hilde trat hinter mich, blickte mir über die Schulter in die Augen meines Spiegelbildes und hielt mir ein Glas Sekt vor die Nase. „Dein Scheiss Noch-Ehemann betrügt dich seit zwei Jahren. Nicht nur

das, er *wohnt* bereits bei der Alten und es wird Zeit, dass du nun dazu stehst, dass du einen Freund hast."

Bei dem Wort *Freund* zuckte ich etwas zusammen. So sah ich Chris noch gar nicht. Ich war doch eine verheiratete Frau...

Es klingelte, mein Herz rutschte mir in die Hose. Die Kinder tobten im unteren Bereich herum und der älteste Sohn von Hilde öffnete die Haustür.

„Marvin!!! Du sollst doch nicht einfach... Mann!", schimpfte Hilde und stürzte die Treppe hinunter. „Das könnte doch Gottweißwer sein... Ach, hallo Chris", hörte ich Hilde vom Schimpfen auf fröhliche Begrüßung wechseln. Alle Kinder, mit meinen waren es fünf, rannten aufgeregt zur Tür und begrüßten Chris neugierig.

„Sister? Dein Taxi!", rief Hilde nach oben. Ich stand da wie erstarrt, unfähig mich zu bewegen. Ich war so aufgeregt, dass ich dachte, ich möchte im Erdboden versinken. Rasch trank ich den Sekt mit einem Schluck aus, überprüfte mit einem kurzen Blick noch einmal mein Aussehen und drehte mich wie ferngesteuert in Richtung Tür. „Komme", rief ich so locker wie möglich nach unten.

Da stand er nun. Im Flur von Hildes Wohnung und ich kam die Treppe herunter, während meine Kinder die Treppe nach oben kamen. Dajana, meine Älteste, blickte Chris kurz an und meinte skeptisch: „Mama, was ist ein Taxi?" – wieder war es Hilde, die gekonnt reagierte.

„Das bringt eure Mama zu einer besonderen Geburtstagsparty und das gönnen wir der Mama auch mal schön. So, sagt Tschüss und Gute Nacht! Und jetzt hopp hopp, alle nach oben, Zähne putzen!"

Ich hob meine Mädchen, eine nach der anderen, noch einmal hoch, küsste und drückte sie, bevor die Kleine die Treppe auf allen Vieren hochkrabbelte. Der Rest rannte polternd von Hilde getrieben nach oben. Sie blickte mich beim Vorbeigehen an und zwinkerte. „Viel Spaß euch beiden und mach dir keine Sorgen, ich hab´ alles im Griff. Bis Sonntag!"

Wenige Sekunden später hörten wir nur noch dumpfen Krach und Kindergelache von oben aus dem Badezimmer und ich blickte schüchtern auf meine Füße.

„Hi", sagte Chris.

„Hi", erwiderte ich. Ich konnte kaum meinen Kopf heben um ihn anzulächeln. Ich wusste nicht einmal, was ich tun sollte. Doch Chris erlöste mich aus der Starre und küsste mich auf die Wange.

"Bist du wieder im Zeitlupenmodus?", raunte er mir ins Ohr. Ein wohliger Schauer lief mir über den Rücken.

„Ja, so in der Art", kicherte ich.

„Wollen wir los?", fragte er.

„Nichts lieber als das!" Ich schnappte mir meine Tasche, in die ich ein paar Klamotten gepackt hatte, und wir fuhren mit seinem Auto in Richtung Nacht.

Chris hatte uns einen Tisch in einem italienischen Restaurant reserviert und ich fühlte mich wie auf Wolke 7. Es war so irre romantisch, so etwas kannte ich schon lange nicht mehr. Gediegene Musik und leise Unterhaltungen der Gäste.

„Das hätte ich dir gar nicht zugetraut", lächelte ich meinen coolen Begleiter an und nahm seine Hand. „Danke schön!"

„Ja", lachte er, „so sehe ich gar nicht aus, was? Aber ich bin total romantisch, daran wirst du dich gewöhnen müssen." Seine Augen funkelten und meine funkelten zurück. Ich wusste nicht, von welchem Baum dieser unglaubliche Mann abstammte, aber ich fühlte mich wie in einer Hollywood-Romanze.

Nach dem Essen gingen wir noch eine Weile an der Lahn spazieren. In Bad Ems ist es wie in einer glänzenden edlen Stadt, wie im Märchen oder in einem kitschigen Liebesfilm. Es hat ein Casino und die Häuser scheinen alle aus der Barockzeit. Die Laternen spiegelten sich im Wasser, so dass das Ambiente vollkommen wie ein Filmset wirkte. Ich fühlte mich wie in einem wunderschönen Traum. Zwischendurch hielten wir an und küssten uns. Ich hätte nie gedacht, dass ich mal so etwas Romantisches erleben dürfte und war mit vollem Herzen dabei. Ich konnte loslassen und alles vergessen, was mein Leben bis dato beherrscht hatte. Einfach hier sein, mit Chris und…

„Du denkst und denkst und denkst…", lächelte mich Chris an, hielt mich fest und zog mich an sich. Dicht an dicht blickte er mir in die Augen und küsste mich lange.

„Ich wünschte, du würdest einfach genießen, hier bei mir und mit mir zu sein, statt so viel zu denken."

„Tut mir leid… Ich wünschte auch, ich könnte es." Da war dieses Gefühl, nicht gut genug zu sein oder nicht so zu sein, wie ich sein sollte.

„Das braucht dir nicht leidtun, so bist du eben und ich will dich genauso wie du bist!"

Ich atmete erleichtert aus, denn so etwas hatte ich noch nie erlebt. Dass man mir sagt, dass man mich mag, so wie ich bin. Ich küsste ihn und hielt ihn fest, legte meinen Kopf auf seine Brust und sog jede Faser seines Duftes in mir auf. *Könnte ich nur ewig hier stehen…*

Nach unserem Spaziergang liefen wir den steilen Berg hinauf zu dem Haus, in dem er wohnte und nahmen gefühlt hundert Treppenstufen einer alten Holztreppe, bis wir endlich vor der Tür seiner Wohnung ankamen. Ich war außer Atem und fühlte mich wieder wie ein Teenie. Nie hätte ich gedacht, dass ich noch mal ein Date haben würde oder zu einem anderen Mann als meinem Ehemann gehen würde. Für mich war die Ehe heilig und ich… *Sister, aufhören, genießen, nicht denken.*

Wir betraten seine Wohnung im Dachgeschoss, aus der mir direkt ein Duft nach Räucherstäbchen entgegenkam. Sehr angenehm und für mich völlig fremd. Es roch wie in einem der spirituellen Läden, wo es Tarotkarten und Edelsteine zu kaufen gab. Chris machte kein einziges elektrisches Licht an, sondern begann damit, alle möglichen Kerzen in dem Appartement anzuzünden. Ich setzte mich auf das braune Ledersofa und staunte. Die Wohnung mit dem alten Dielenfußboden war liebevoll gefüllt mit alten Holzmöbeln. Nicht auf die Art, dass es aussah wie vom Sperrmüll, sondern sehr geschmack- und stilvoll eingerichtet. Was ich von einem jungen Kerl gar nicht gewohnt war. Meine Kumpels und Brüder waren eher sehr modern und elektronisch eingerichtet, doch hier traf Stil auf Romantik, so dass es mich umhaute. Ich stand auf und suchte Chris, fand ihn in seinem Schlafzimmer, das ebenfalls stimmig eingerichtet war. Nur eins war etwas verstörend. Über dem großen Bett hing ein Gemälde von einer gruseligen Gestalt – eine schwarze Wilde auf schwarzem Hintergrund, mit herausgestreckter Zunge. Es war genauso faszinierend wie angsteinflößend.

„Das ist die Göttin Kali", erklärte er mir.

„Ist mir egal, wer das ist, das ist ja gruselig", lachte ich. Mit komischen Göttern oder Wesen hatte ich nichts am Hut. Im nächsten Moment war meine Aufmerksamkeit aber wieder bei Chris. Das war alles so neu für mich. Er hatte Musik angemacht, *Café del mar* nannte er es. Eine Art von betörender Musik, die ich noch nie zuvor gehört hatte. Ich konnte mir nicht vorstellen, was das heute noch übertreffen könnte. Ich fühlte mich durchweg wie in einem Film, wie in *1000 und eine Nacht*. Es fehlte nur noch die Terrasse, die zum Strand führte und im Kerzenschein mit Grillenzirpen…

„Komm mal mit!" Chris holte mich wieder aus meinen Gedanken, nahm meine Hand und zog mich in die Küche, durch die wir hinaus auf eine Terrasse traten, die mir den Atem raubte. Wir befanden uns über den Dächern von Bad Ems, im Hintergrund diese chillige Musik, der Duft nach Räucherwerk und alle Anspannung fiel von mir ab und floss aus mir raus. Dieser Anblick…

Ich war im Paradies mit dem tollsten Mann der Welt. Chris war noch einmal in die Küche gegangen und hielt mir nun ein Glas Rotwein hin.

„Wow", sagte ich nur und er lachte leise.

„Gefällt´s dir?"

Ich küsste ihn zur Antwort.

„Gefallen? Machst du Witze? Das ist ein Traum hier! Womit hab´ ich das verdient?" Ich konnte es tatsächlich nicht glauben, es war wie im Märchen.

„Mit allem, was du bist, Baby, du bist was Besonderes!" Chris stellte sich hinter mich und schlang seine Arme um meinen Bauch. Sein Kopf schmiegte sich an meinen und wir blickten verträumt über die wundervoll romantisch beleuchtete Stadt. Ich dankte Gott für dieses Märchen. Selbst wenn es nur diese eine Nacht dauern würde, das wäre es wert.

„Happy Birthday, Prinzessin!" Chris küsste mich um Mitternacht und dieses Mal riss er mir tatsächlich nach einer Weile ganz sanft, aber bestimmt die Klamotten vom Leib und das mitten auf der Terrasse. Und ich zweifelte keinen Moment, denn ich genoss dieses wundervolle Gefühl.

Es folgte die nächste schönste Nacht meines Lebens. Ich hätte nie gedacht, dass Sex so wunderschön und liebevoll sein kann. Im Gegensatz dazu hatte ich bis dahin nur Hausfrauensex erlebt.

Mit einem Bewegungslegastheniker.

Ich dachte, ich wäre die Nacht in den Himmel aufgestiegen und erlebte den wundervollsten Höhepunkt, den ich je gedacht hätte, dass man ihn haben kann. Ich hätte nicht einmal gedacht, dass Frauen zu so etwas fähig sind. Als ich am Morgen aufwachte und Chris noch schlief, war ich schnell ins Bad gerannt, hatte mir rasch die Zähne geputzt, die Haare gerichtet und mich frisch gemacht. Ich wollte nicht wie Aschenputtel neben ihm liegen, wenn er aufwacht. So geräuschlos wie möglich sprang ich wieder zurück ins Bett. Er stöhnte leise und lachte, während er mich zu sich heranzog und umarmte.

„Dass ihr Frauen immer aufspringt und euch schminken müsst am nächsten Morgen und dann denkt, wir Männer merken das nicht", sagte er leise lachend und schien wieder einzuschlafen. Einen kurzen Moment wollte ich ebenfalls lachen, aber diese Mehrzahl von Frauen, die er erwähnte, versetzte mir einen Stich.

Pauls Fremdgehen hatte wohl eine Wunde hinterlassen. Es war das erste Mal in unserer Begegnung, dass ich mich bei Chris unwohl fühlte.

Nach einem kurzen Frühstück gegen Mittag, bei dem ich schon wieder meinen Argwohn vom Morgen vergessen hatte, erzählte Chris von einer Überraschung zu meinem Geburtstag.

„Noch eine? Der gestrige Abend war doch schon eine!" Ich küsste ihn auf die Wange, während er sein Auto aus der Stadt heraussteuerte.

„Ich möchte, dass du das schönste Wochenende deines Lebens hast. Und das wird erst das erste! Ich hoffe, es folgen noch viele, viele weitere!" Seine Augen glitzerten, als er mir das sagte.

„Ich komm mir vor wie in einem Traum. Hoffentlich erwache ich nicht mit einem Aufprall auf dem Boden der Realität. So etwas wie dich gibt es doch nur im Film", lachte ich.

„Weil du es verdient hast, Honey und das meine ich so, wie ich das sage. Du bist so ein wundervoller Mensch! Der Kerl, dieser Paul, hat dich gar nicht verdient und es ist schade, dass diese wundervollen Kinder von ihm sind. Du hast echt süße Kinder, ich war gestern direkt hin und weg, als ich sie gesehen habe." Wieder glitzerten seine Augen. *Gott, bitte weck mich nie wieder auf aus diesem Traum.*

Den Rest der Fahrt lachten wir und sangen zu Songs aus dem Radio und ich war froh, dass er kein Jazz mehr aufgelegt hatte. Eher gesagt sang Chris zu den Songs von einer CD, ich kannte die Musik gar nicht. Ich versuchte nur immer wieder, ihn zu unterstützen. Er hatte eine grandiose Stimme.

„Das ist Musik von meinen Bands", grinste er stolz.

„Ach, bist du das?", fragte ich erstaunt.

„Naja, der Bass – ab heute musst du immer nur noch auf den Bass achten, der Rest ist nicht so wichtig."

„Okay, Chef, ich lerne nur noch auf den Bassisten zu hören."

„Das ist ein Befehl, junge Dame", sagte er streng.

„Jawohl, Bassmann, zu Befehl!" Ich salutierte und wir lachten wie kleine Kinder. Die lange Strecke führte uns die ganze Zeit an einem Fluss entlang, an bewaldeten Bergen vorbei, durch viele kleine Orte und dann sah ich Koblenz.

„Wow", staunte ich, als wir auf eine Brücke fuhren, als wären wir gerade aus der tiefsten Waldprovinz in eine Großstadt gekommen, oder zumindest hatten wir von der Bundesstraße einen grandiosen Ausblick über das ganze Gebiet. Ich blickte in das Tal hinunter, in dem sich Koblenz am Rhein entlang erstreckte, gesäumt von unzähligen Bergen, die meine Freunde aus München wohl eher als Hügel bezeichnen würden. Ich sah Schlösser und Burgen an den Hängen, der Anblick war gigantisch. Das war das erste Mal, dass ich Koblenz sah und ich verliebte mich in diese Stadt.

„Wo fahren wir hin? Ans Ende der Welt?", lachte ich.

„Selbst, wenn ich dir das sagen würde, könntest du damit nichts anfangen", lachte Chris.

„Hast du auch wieder Recht", kicherte ich.

Nach einer guten Stunde Fahrt, parkte Chris seinen Wagen am Fuß eines Berges, auf dem eine Burg stand. *Schloss Sayn* las ich auf dem Schild. Wir wanderten eine ganze Weile diesen Berg hoch, als es plötzlich zu regnen anfing. Aus heiterem Himmel schüttete es wie aus Eimern.

„Das darf doch jetzt nicht wahr sein", schimpfe Chris und wir zogen uns unsere Jacken über unsere Köpfe, aber das nützte uns wenig, denn nach kurzem waren auch die durchnässt und wir waren nass bis auf die Knochen. Der Regen brachte zudem eine unangenehme Kälte mit, so dass wir schleunigst irgendwo uns aufwärmen müssten.

Wir gingen immer weiter nach oben. Ich hätte eher erwartet, dass wir wieder hinunter zum Auto rennen würden, aber Chris zog mich immer weiter durch den Regen und den Wald, bis wir durch einen steinernen großen Torbogen hindurch, in den Hof einer Burgruine traten.

„Babe, es tut mir so leid, das sollte ein besonderer Tag werden und jetzt bist du patschnass!" Chris zog mich zu sich und küsste mich, während ich darüber nachdachte, dass ich mit Sicherheit keinen schönen Anblick bot und meine Schminke sicherlich komplett verschmiert war. Geschweige denn, dass ich noch so etwas wie eine Frisur hatte. Ich hasste meine Naturwellen, ich glättete sie mir immer so glatt wie Backpapier. Aber Regen war mein Endgegner.

„Ach was, das ist doch nicht schlimm, du hast doch nicht gewusst, dass es regnen würde…" Wir schlotterten noch einen Moment, bis Chris mich wieder an die Hand nahm.

„Ich hoffe sie lassen uns so klatschnass rein", lachte er und ich kuckte doof.

„Wo denn *rein*?"

Erst als wir darauf zuliefen, erkannte ich ein großes braunes Holztor in einer der Ruinenmauern und dahinter ein intaktes Gebäude. Chris öffnete das schwere Tor von einem Quietschen begleitet und wir betraten das Gemäuer, das von innen einem Schloss glich, dessen steinerne Mauern uns wieder in eine märchenhafte Location beförderten. Ich fühlte mich sofort wie eine Prinzessin mit Prinz Charming.

Naja, wie eine nasse Prinzessin mit einem scheiße auch nass gutaussehenden Prinzen. An den Wänden zierten flackernde Leuchter die Gänge, und wieder war ich wie auf einem Filmset. Es war, als wenn wir beim Durchtreten der Eingangstür in ein neues Märchen eingetaucht wären.

„Hallo, da sind Sie ja", begrüßte uns eine Dame mittleren Alters in einem schicken Outfit. Mir wurde klar, wie unpassend wir aussahen, so völlig klatschnass.

„Oh nein, Sie sind ja ganz nass… Lydia, bringst du bitte mal zwei Handtücher herunter?", rief sie die Treppe hinauf, die sie eben heruntergekommen war. Kurz drauf erschien ein junges Mädel in einem mittelalterlichen Kleid und brachte uns zwei Handtücher, damit wir uns etwas trocken rubbeln konnten.

Ich erfuhr von der Dame, dass Chris einen Tisch für uns reserviert hatte. Ein Candle-Light-Dinner am frühen Nachmittag – da die Abende bereits Monate im Voraus ausgebucht waren. Chris hatte durch seine Konzerte Connections zur Geschäftsführerin, und so machte sie für uns bereits am Nachmittag eine Ausnahme. Unglaublich. Was hatte mir das Universum hier nur für ein Wunder geschickt? Ich konnte es kaum glauben.

„Warte, bis du erst das Essen von diesem Koch erlebst", raunte mir Chris zu, während Lydia uns zu unserem Tisch brachte. Die Aussicht von der Burg, die wir von unserem Tisch durch das Fenster erblicken konnten, war atemberaubend, auch wenn es regnete. Während ich stauend aus dem Fenster blickte, bemerkte ich, dass Chris mich beobachtete.

„Bist du glücklich?", fragte er mich.

„Glücklich? Machst du Witze? Du hast mich seit gestern in ein Märchen entführt, aus dem ich nicht mehr aufwachen will, Chris. Ich hätte nie gedacht, dass es so etwas geben kann. Ich dachte, das alles gibt es nur in Filmen…", ich hatte Tränen vor Glück in den Augen. Chris beugte sich über den Tisch und küsste mich.

„Ich wollte, dass du dieses Wochenende alles vergessen kannst, was passiert ist und siehst, dass es auch eine andere Seite gibt und dass dein Mann ein Arschloch ist, der dich nicht zu schätzen weiß. Denn du bist was Besonderes, Babe." Nun war ich es, die sich über den Tisch lehnte, um ihn zu küssen, bis Lydia mit ihrem wunderschönen Kleid die Vorspeise brachte.

Ein bisschen unwohl fühlte ich mich, denn ich sah ja, wie durchnässt Chris noch immer aussah und ich wollte gar

nicht wissen, wie verschmiert und zerwühlt *ich* in seinen Augen aussah. Deswegen vermied ich es auch aufs Klo zu gehen, um dem Drama nicht ins Gesicht sehen zu müssen – ich konnte es eh nicht ändern. Ich hatte weder Glätteisen noch Schminktasche dabei.
„Du bist hübsch so wie du bist!" Chris lachte.
„Mann, kannst du auch noch Gedanken lesen?"
„Sie stehen dir auf die Stirn geschrieben", zwinkerte er.

Das Essen war megalecker und als krönender Abschluss kam die Dame der Burg auch noch mit einem Geburtstagskuchen, auf dem Wunderkerzen brannten, um die Ecke. *Kann ich bitte ewig in diesem Traum gefangen bleiben?*

Als wir zwei Stunden später den Rückweg den Berg hinunter antraten, hatte es aufgehört zu regnen. Es war schon am Dämmern und während wir nach unten watschelten, fuhren am Berg die Autos hoch, um ihre abendlichen Dinner zu beginnen.
„Man kann da auch mit dem Auto hochfahren?", lachte ich gespielt entgeistert. Chris wollte sich rechtfertigen, aber ich küsste ihn und brachte ihn damit zum Schweigen. Ich war ihm so dankbar für diesen Tag, für dieses Märchen. Er gab mir das Gefühl zu fliegen. Es war mir echt egal, wie ich aussah. Ich hatte das Gefühl, Chris nahm mich so wie ich bin und das fühlte sich großartiger an, als ich es je erlebt hatte.

Auch diese Nacht war wieder wundervoll, er war so zärtlich, so liebevoll. Immer wieder erwischte ich mich dabei, wie ich dachte, ich würde jeden Moment aufwachen. Es war unglaublich, wie sehr mich Chris verwöhnte. Als er mich Sonntagmittag wieder zurück zu Hilde und meinen Kindern brachte, saßen wir schweigend nebeneinander im Auto, und ich dachte mal wieder über alles nach. Klar war ich zwar traurig, dass wir uns verabschieden mussten, aber das Wochenende hatte mich so sehr aufgeladen, dass ich auf Wolken schwebte.

Mir war klar, dass ich so schnell wie möglich wiederkommen wollte. Was aber nicht so einfach wäre, denn ich hatte noch kein eigenes Geld. Alles verwaltete Paul und ich müsste betteln, um bald wieder zu Hilde fahren zu können.

Wieder eine Nacht mit Chris in der Musikschule zu verbringen, würde ich schäbig finden; ihn zu mir nach Hause kommen zu lassen, ging leider nicht. Außerdem wollte ich noch immer nicht, dass Paul von meinem Freund wusste. Noch immer fühlte es sich falsch an, Chris als meinen *Freund* zu bezeichnen.

Meine Kinder umarmten mich wild, als ich zur Haustür bei Hilde hereintrat und fragten, wo ich gewesen bin. Hilde schaltete sich geistesgegenwärtig dazwischen.

„Na, das hab´ ich euch doch gesagt! Ich hab´ eurer Mama ein Wellnesswochenende zum Geburtstag geschenkt", zwinkerte sie mir zu.

„Mama, was is´ Wällnääss?", fragte meine Fünfjährige, doch sie wurde übertönt durch meine Dreijährige: „Hab´ dich famisst, Mamie."

Hilde und ich versuchten so gut es ging, die Kinder von ihrer Fragerei abzulenken. Es war mir unangenehm, dass wir ihnen vorlogen, ich wäre auf einem Wellnesswochenende gewesen… obwohl es ja doch irgendwie auch stimmte. Mehr Wellness hätte gar nicht gehen können. Ich musste grinsen. Das hatte ich mir verdient.

Als wir wieder nach Hause kamen, dauerte es einige Tage, bis Paul die Kinder wieder besuchte. Bis dahin hatten sie das Wochenende bei Hilde und meine Abwesenheit schon vergessen.

Mein größtes Problem war jetzt, wie ich Paul um Spritgeld bitten könnte, um so bald wie möglich wieder nach Koblenz fahren zu können. Es nervte mich kolossal, dass ich mich in so eine Abhängigkeit verfrachtet hatte. Doch wir hatten – so verliebt wir einmal waren – ausgemacht, dass ich die Hausfrau und Mutter bin, alle Pflichten übernehme und Paul dafür arbeiten geht, Karriere macht und das Geld verwaltet, bis die Kinder groß genug wären und ich dann meiner eigenen beruflichen Karriere entgegen gehen könnte. In meiner wenigen Freizeit bildete ich mich zwar weiter und hatte kleine Grafikaufträge, aber das lief alles nicht offiziell und es waren nur Gelegenheitsjobs.

Seit allerdings Chris in mein Leben getreten war, verlief ja alles wie im Märchen und so wurden auch meine Geldprobleme verzaubert. Prompt flatterten zwei Anfragen von Kunden rein, ob ich ihnen Flyer für ihre Gastronomiebetriebe erstellen könnte und mir fiel ein, dass auch die Bezahlung für einen Homepageauftrag noch ausstand. Ich jubelte innerlich. Alles sollte genauso sein. Auch wenn es noch dauerte, aber irgendwann würde das Geld schon reinflattern.

Chris und ich schrieben jeden Tag wie immer und telefonierten auch fast jeden Abend. Wir vermissten uns tierisch, deshalb planten wir so zeitnah wie möglich den nächsten Besuch. Hilde hatte kein Problem damit, wieder ein Wochenende auf die Kinder aufzupassen. Es schien alles so perfekt. Ich missgönnte Paul nicht einmal mehr seine Geliebte, denn wäre er nicht fremdgegangen, hätte ich Chris nicht kennen gelernt. Und der machte mich in den wenigen Wochen schon glücklicher, als es Paul in acht Jahren geschafft hatte. Nicht einmal in der anfänglichen Verliebtheitsphase war es annähernd so schön gewesen.

Sein Heiratsantrag kam einfach so beim Frühstücken: „Vielleicht sollten wir heiraten!", einfach so! Und während ich noch nicht wusste, ob ich mich freuen oder wie ich überhaupt reagieren sollte, kam der Rest des Satzes: „Wegen der Steuerklasse..."

Das war alles.

„Was macht eigentlich Melanie?", fragte ich Chris bei unserem allabendlichen Telefonat, nachdem ich die Kids ins Bett gebracht hatte und gerade die Küche aufräumte. Ich versuchte diese Frage so nebenbei wie möglich zu stellen, denn eine Weile lang hatten wir überhaupt nicht über seine Ex gesprochen. Ich hatte es absichtlich vermieden und da Chris auch nicht mehr darüber sprach, hielt ich sie für Geschichte.

„Was soll sie machen?", stellte er die Gegenfrage und ich spürte einen komischen Druck im Bauch, der mir nicht gefiel. Gegenfragen sind nie gut.

„Naja, ich mein…", es war mir fast schon zu blöd zu fragen und plötzlich hatte ich tierische Angst vor der Antwort. „Habt ihr noch Kontakt?"

„Ja, schon…", er zögerte, was mein ungutes Gefühl noch verstärkte. Ich schickte ein Stoßgebet zum Himmel, dass mein Luftschloss nun nicht zerbröseln würde. Bitte nicht…

„Also, ihre Mutter ist vor kurzem gestorben und da wollte ich sie nicht alleine lassen, aber es ist nicht so wie du denkst!" Der letzte Teil des Satzes untermauerte als typische Ausrede aller Ausreden das ungute Gefühl.

„Das hoffe ich…" Meine Stimme war leiser als beabsichtigt.

„Babe, ich bin kein Arschloch. Du hast ja auch noch Kontakt zu deinem Exmann und ich muss damit leben. Also nicht falsch verstehen! Ich will dir nur erklären, dass es hier einen Grund gibt, und sie hat mir leidgetan, weißt du, aber wir sind nicht mehr zusammen. Bitte denke nicht sowas, hörst du?", Chris beruhigte mich, aber ich hasste es, dass er so weit weg war.

„Tut mir leid, dass ich grad so reagiert habe, aber nachdem das mit Paul und dieser Tussi…" Mir blieb die Stimme weg. Ich hatte tierische Angst, dass mir das mit Chris wieder passieren würde.

„Ganz bestimmt nicht, Prinzessin, das verspreche ich dir!" Ich schloss die Augen und atmete seine Stimme ein.

Die Erinnerung an seine Küsse und seine Wärme durchzog mich und beruhigte mich wieder.

Manchmal waren unsere Telefonate in den nächsten drei Wochen etwas anstrengender. Wir hatten uns nun schon seit längerem nicht gesehen, denn ich wusste nicht, wann ich das nächste Mal wieder zu Hilde fahren konnte. Die entscheidenden Faktoren waren Zeit und Geld... Hilde müsste Zeit haben, ich das Geld. Alles wurde komplizierter. Paul war viel öfter da als vorher. Er gab sich Mühe mit den Kindern und war auch netter zu mir als in den Monaten zuvor. Ich traute ihm nicht und ich konnte ihm nicht verzeihen, was er mir angetan hatte. Aber für die Kinder war es das Gefühl von Familie, wenn Papa und Mama gleichzeitig da waren. Sie hatten noch gar nicht wirklich verstanden, dass wir getrennt waren. Da Paul schon seit ihrer Geburt immer viel auf Einsätzen gewesen war und manchmal nur alle zwei Wochen nach Hause kam, war es fast Gewohnheit, ihren Papa so selten zu sehen. Und auch meine Familie redete auf mich ein, dass es doch das Beste wäre, wenn wir es noch einmal miteinander versuchen.

„Nochmal miteinander versuchen? Habt ihr nicht mitbekommen, dass er mir fremdgegangen ist? Habt ihr überhaupt nicht verstanden, wie ich mich fühle und was ihr da verlangt? Und überhaupt *Gefühle?* Habt ihr nicht einen Deut Verständnis dafür, dass ich diesen Mann einfach nicht mehr liebe, nachdem er mich verlassen hat?" Diese Wortschwalle warf ich meinen Eltern entgegen, wenn sie mal wieder der Meinung waren, ich würde ja die Ehe kaputt machen. Jeder dachte, Paul würde sich ja doch jetzt so viel Mühe geben und dann wäre alles wieder gut.

„*Ich* wohne nicht bei meinem Geliebten, aber Paul – könnt ihr euch vorstellen, wie ich mich fühle? Verdammt nochmal, redet auf *ihn* ein und lasst mich in Ruhe."

Mir blühte nur eine Ahnung davon, was passieren würde, wenn sie von Chris erfahren. Schon jetzt war ich diejenige, die eine glückliche Ehe verhinderte, obwohl Paul fremdgegangen war. Wenn sie alle erfahren würden, dass ich einen Freund hatte, wäre Chris der Schuldige und ich die, auf der alle rumhacken. Dahinter war keine Logik. Das ist das Los eines schwarzen Schafes.

Doch dieser Druck brachte mich dazu, mein weniges Geld zusammen zu kratzen und mit Hilde zu planen. Als sie direkt das nächste Wochenende vorschlug, setzte ich Chris vor vollendete Tatsachen.

„Babe, ich komme am Wochenende", rief ich fröhlich ins Telefon und erntete Stille. Ich war verwirrt. „Hallo?"

„Hey, wie cool! Sorry, ich war gerade mit den Gedanken woanders. Natürlich freue ich mich… es ist nur…", er zögerte. Ich hasse es, wenn Menschen zögern. Das hinterlässt ein komisches Gefühl.

„Ja? Dann komm ich halt nicht", reagierte ich patzig. Das hatte mich total vor den Kopf geschlagen.

„Ach, komm schon! Jetzt sei doch nicht so, Prinzessin. Natürlich freu ich mich riesig, aber ich hab´ grad überlegt wie ich das mache, weil ich auf einem Konzert spielen soll und ob ich dich mitnehmen kann. Oder ob ich es absage… Mensch, natürlich freu ich mich auf dich, das kannst du dir gar nicht vorstellen." Irgendwie glaubte ich ihm nicht, aber dann dachte ich darüber nach, dass ich ihn ja auch irgendwie überrollt hatte.

„Wir können es auch verschieben, ich dachte nur…"

„Jetzt hör auf, Babe! Ehrlich, ich war nur verwirrt, weil ich nicht wusste, was ich jetzt wegen dem Konzert machen soll, alles gut. Wann kommst du genau?"

Als ich am Freitagabend dann auf dem Weg zu Chris war, nachdem ich die Kids bei Hilde abgeliefert hatte, war das ungute Gefühl schon wieder vergessen. Wir hatten jeden Tag telefoniert und ich war mir sicher, dass es nur meine

Empfindlichkeit gewesen war, die mich so misstrauisch gemacht hatte.

In dem Moment, in dem ich an der Straße parkte, wo Chris wohnte, war ich wieder auf dem goldenen Pfad nach Oz. Ich wusste, dass sich das damalige Wochenende sicher nicht wiederholen würde, doch ich war einfach glücklich wieder hier bei Chris zu sein. Ich nahm zwei Treppenstufen auf einmal, als ich zu ihm hochrannte. Er wartete bereits mit einem breiten Lächeln in der Tür.

„Hey Honey, ich hab´ dich vermisst, das kannst du dir gar nicht vorstellen!" Er nahm mich in den Arm und wir küssten uns, als hätten wir uns wochenlang nicht gesehen. Ja eben. Haben wir ja auch nicht und so küssten wir uns auch.

Nach wenigen Augenblicken fühlte es sich auch nicht mehr so an, als wären wir uns fremd oder dass die Situation mit Kind und Scheidung und Entfernung so problematisch wäre. Wir genossen einfach unsere Zweisamkeit.

Dieses Mal hatte Chris wieder alles in Kerzen gehüllt, es brannte kein elektrisches Licht und es roch wieder nach Räucherstäbchen. Auch die Musik klang wieder wie am ersten Abend und er kochte für mich. Ich fühlte mich zuhause, wäre so gerne vollkommen in dieses andere Leben gehüpft... Meine Kinder aufzugeben, käme für mich überhaupt nicht in Frage, aber es wäre alles viel einfacher. Ich genoss die wundervolle Zeit hier bei Chris und versuchte, nicht so viel zu denken. Die Nacht mit diesem wundervollen Mann war noch schöner als die erste, denn ich war nicht mehr so nervös. Der nächste Tag war aufregend, weil er mir die ganze Gegend zeigte. Wo er aufgewachsen war, wo er herkam, wo er zur Schule gegangen war und wo sein Elternhaus stand. Alles fühlte sich wieder perfekt an.

Am Abend machte ich mich schick, da Chris auf einem Konzert spielen würde und ich ihn das erste Mal in Aktion sehen konnte. Ich war aufgeregt, denn ich kannte niemanden und keiner kannte mich. Ich war gespannt, wie alles verlaufen würde. Seit meiner Ehe hatte ich mich nur noch in bekanntem Territorium befunden. Alle Freunde und die gesamte Familie wohnten um mich herum, ich war dort aufgewachsen. Schon lange war ich nicht mehr so weit weg von zuhause und in der Fremde gewesen wie hier bei Chris.

Wir fuhren anschließend eine ganze Weile durch die Gegend, an Koblenz vorbei und über den Rhein, um die Location zu erreichen. Ich war aufgeregt, denn jetzt würde ich Chris das erste Mal auf der Bühne sehen und spielen hören. Er hatte seine Hand auf mein Bein gelegt und drückte meine Hand, die ich in seine legte. Ich war glücklich. Mein Herz klopfte vor Aufregung bis zum Hals.

Doch kaum waren wir angekommen, veränderte sich etwas. Als wir aus dem Auto stiegen und Chris seinen Basskoffer vom Rücksitz nahm, parkten seine Bandkollegen direkt neben uns und stiegen aus.

„Hey, Bassmann, Kollege", rief einer und sie begrüßten sich alle mit einem Handschlag. Die Jungs musterten mich und grüßten mich freundlich mit einem Nicken, ich stand noch an der Beifahrertür. Ich hörte genau wie einer der Jungs zu Chris sagte: „Na, wieder ´ne neue Perle am Start?", und mir wurde speiübel.

„Ne, das ist eine Freundin meiner Schwester aus Fulda, die zu Besuch hier in Koblenz ist, da hab´ ich sie halt mitgebracht." Chris lachte und schlug mich damit dermaßen vor den Kopf, dass ich mich benahm wie ferngesteuert. *Eine Freundin… aus Fulda… zu Besuch hier…* ich hätte kotzen wollen.

„Komm Sister, ich stell dich mal vor", rief er wie zu einer alten Bekannten. Ich versuchte alles, um mir meinen Schock nicht anmerken zu lassen. Ich wollte wegrennen, doch wir waren am Arsch der Welt, Chris hatte jetzt ein Konzert und ich kein Auto dabei. *Na, wieder ´ne neue*

Perle am Start? Dieser Satz steckte wie Stacheldraht in meinem Gehirn. *Ich bin nur eine seiner Perlen?*

Was hatte ich mir nur dabei gedacht? Dass ich etwas Besonderes wäre? Diese Märchentour macht er wahrscheinlich mit jeder...

„Hey Sister, schön dich kennen zu lernen. Komm, wir gehen rein. Ich bin Alex", begrüßte mich ein großer dunkelhaariger und sehr gut aussehender Typ mit zwei Drumsticks in der Hand.

„Das sind Thelma und Louise", stellte er mir seine Trommelstäbe vor. „Ohne meine zwei Frauen gehe ich nirgendwo hin", lachte er, während wir nebeneinander hinter den anderen herliefen. Chris an der Seite seiner Kumpels, ohne noch einmal nach mir zu kucken.

„Du bist dann wohl der Drummer?", fragte ich und versuchte meine Tränen zurück zu drängen.

„Sieht ganz so aus", lachte Alex. „Ich bin froh, dass du keine neue Perle von Chris bist, der hat nämlich 'nen ganz schönen Verschleiß. Du siehst aber auch nicht so naiv aus, wie all die anderen vor dir." Ich stimmte in sein Lachen mit ein, selbst überrascht von meinen schauspielerischen Fähigkeiten.

„Ja, da kann ich mich wohl glücklich schätzen, dass wir nur *Kumpels* sind!" Ich wollte kotzen und hatte lautgenug gesprochen, weil ich hoffte, Chris würde es hören.

Ich hätte mir gewünscht, Chris das erste Mal auf der Bühne und auch das Konzert unter einer anderen Voraussetzung zu sehen. Doch ich musste mich zusammenreißen, dass ich nicht laut losheulte oder wegrannte durch den nächsten Wald. Da wo wir uns befanden, hatte ich nur zwei Möglichkeiten – auf der einen Seite Bäume, auf der anderen der Rhein. Vielleicht war's auch die Mosel, ich hatte keine Ahnung, wo wir waren. So schnell fällt man aus einem Märchen in einen Alptraum.

Chris war gut und die Band war wirklich klasse. Ich versuchte mich mit aller Kraft, die ich hatte, zusammen zu reißen und trank einen Jack-Daniels-Cola nach dem anderen mit Tommy, der nur die Instrumente geschleppt hatte, aber nicht zur aktiven Band gehörte. Er baggerte mich an und gab mir eine Runde nach der anderen aus. Mir war schlecht, aber das wäre es mir ohne den Jackie auch gewesen.

Nach zwei Stunden war die Band fertig und ich hoffte, dass Chris Mitgefühl hatte und sofort fahren würde. Wie war er nur in einem Moment zu einem solchen Arschloch mutiert? Warum tat er mir das an? Die Jungs kamen von der Bühne, nachdem der Applaus abgeklungen war, und als erster trat Alex zu mir an die Seite.

„Na, wie waren wir Mylady? Ich schätze deine ehrliche Kritik", scherzte er. Der Rest der Band samt Chris hatten sich im Kreis zu uns gesellt, Chris hielt Abstand und stand mir gegenüber. Er beobachtete mich und ich sah in seinen Augen, dass er all das überspielte und unsicher war, wie er sich verhalten sollte. Selbst schuld. Ich flirtete mit Alex und das gefiel meinem Drummer-Freund sehr gut. Ich hätte schreien und heulen können, doch ich war so verletzt, dass ich Chris zeigen wollte, was er verdient hatte: Dass ich ihn missachtete und mit einem anderen flirtete. Ich konnte genau sehen, wie Chris unruhiger wurde, nervös lachte, wenn irgendwer einen Scherz machte und dann sah ich ständig irgendwelche Mädels, die sich an Chris ranmachten.

„Ich möchte nicht wissen, wen der davon alles bereits flachgelegt hat", witzelte Alex, der ja immer noch dachte, ich wäre nur ein Kumpel.

„Jede einzelne", lachte Bruno, der Sänger, gehässig.

„Aber du doch auch", frotzelte Alex. Bruno lachte noch dreckiger.

„Das kann sein." Er schien sich für den tollsten Kerl zu halten, sah auch echt cool aus, aber hatte schon so ein richtiges Arschloch-Macho-Gesicht. *Naja, Chris hat kein Arschlochgesicht, benimmt sich aber trotzdem wie eins*, dachte ich.

Ich hatte den nächsten Jackie-Cola in der Hand und langsam wusste ich, dass es langsam reichen würde.

„Meinst du nicht, du hast jetzt mal genug?" Ich hatte gar nicht gemerkt, wie sich Chris neben mich gestellt hatte.

„Von dir? Seit heute schon", haute ich wütend raus. Sozusagen zwischen den Zähnen durchgezischt.

„Sister, bitte, ich kann dir das erklären...", setzte er an.

Ich schnaubte verächtlich. Alex war auf Toilette gewesen und trat nun wieder zu uns. Es gefiel mir, dass er Chris musterte, und Chris musterte Alex zurück. Hier steckte gerade jeder sein Jagdrevier ab und ich war die Beute.

„Alex, bitte lass uns mal grad zwei Minuten in Ruhe", schoss es aus dem Mund meines Freundes. Es klang eher wie ein Befehl statt einer Bitte. Alex lachte.

„Das Mädel ist zu schlau für dich, an der beißt du dir die Zähne aus, aber ich geb´ dir zwei Minuten, der Rest des Abends gehört sie dann mir." Er zwinkerte mir zu. Ich wusste, er meinte das aus Spaß, ich zwinkerte zurück – das machte Chris fast rasend.

„Warum tust du das?" Seine Stimme bebte, das konnte ich selbst bei der lauten Musik in diesem Club hören.

Wir stritten. Leise und so unbemerkt wie möglich, aber jeder der uns beobachtete und nicht dumm war, wusste, dass wir diskutierten.

„Warum tue ich *was*? Bist du bescheuert? Lässt mich dastehen als wäre ich eine dumme Kumpeline aus Fulda, als wäre ich nur *irgendeine* und stellst mich auch so vor? Dann erfahre ich, dass du kein Kind von Traurigkeit bist und dass ich wohl nur eine von vielen bin und oh – ich kann mich glücklich schätzen, dass ich nicht für deine *Perle* gehalten werde, so erhalte ich mir wenigstens noch ein bisschen meiner Ehre." Ich kotzte ihm alles entgegen, was mich belastete. Ich war außer mir. Von Chris kam immer nur, dass ich das nicht verstehen würde, und er würde mir das später erklären und dann kam Alex zurück.

„Ihr beide versaut mit eurer Stimmung den ganzen Abend, lass die Kleine doch jetzt endlich mal in Ruhe! Ich hab´ das Gefühl, sie hat grad keinen Bock mit dir zu reden!" Alex baute sich vor Chris auf und stand somit fast schützend vor mir. Mein Herz klopfte.

„Alex, lass gut sein, das ist ´ne Sache zwischen mir und Sister", versuchte sich Chris zu verteidigen. Mir war das alles zu viel, ich rannte weg.

Ich sah ihr noch hinterher, erst wollte ich ihr nachrennen, weil sie mir leidtat, aber das wäre wieder dasselbe Muster, wie ich es immer tue. Chris macht eine Sache kaputt und ich versuche sie zu reparieren. Diesmal nicht.

„Sag mal, was war das denn wieder für eine Aktion? Mann, Junge, irgendwann muss es doch mal gut sein, oder?" Ich war sauer, sogar stinksauer. Ich kannte Chris viel zu lange, um nicht zu merken, was hier mal wieder los war. Aber ich wollte hören, was er sich diesmal ausdenken würde. „Sie ist deine Freundin, oder? In Fulda kennen gelernt, große Liebe, und jetzt kam sie ungelegen oder wird dir zu viel, oder?"

Chris zeigte die gleiche Irritation wie eben noch, als wir alle zusammenstanden. Er war auch jetzt wieder unruhig und nervös. Aber wir waren alleine, außerhalb der Gruppe, und ich wusste, dass er dann nicht den obercoolen Macho raushängen ließ. Dafür kannten wir uns zu gut.

Wir waren beste Freunde, seit man uns in der Schule nebeneinandergesetzt hatte. Und wir haben viel erlebt, sehr viel erlebt.

Ich konnte und wollte ihn auch nicht in die Ecke drängen, da war er von ganz alleine rein geraten. Wieder mal.

„Ich habe dir vorhin gesagt, dieses Mädel ist schlauer als du, schlauer als die ganzen anderen Tussen, die du bisher mitgeschleppt hast!" Chris schwieg und betrachtete seine Schuhe. „Hast du wirklich gedacht, du kommst immer damit durch? Ich habe dir oft genug gesagt, dass das nicht immer so gehen wird!"

„Jaja, der superschlaue Alex!", brach Chris sein Schweigen. „Weiß alles, kann alles, durchschaut alles. Der Frauenversteher, Doktor Sommer!"

„Mann, Alter, reiß dich zusammen! Du weißt genau, dass du Müll laberst. Das Mädel da draußen beweist es." Ich wusste genau, wann ich die Wogen glätten musste. Er war eigentlich kein schlechter Kerl, nur bei Frauen, da setzte etwas aus in seinem Kopf. Also lenkte ich unsere „Aussprache" in eine andere Richtung. Denn einmal, ein einziges Mal musste er selber die Scherben zusammenkehren, die er verursacht hatte. Und bei dieser *Sister* war der Moment gekommen.

Chris kam auch schnell runter, ich war nicht mehr sauer. Wir kannten uns eben.

„Mann, versuch´ das endlich mal selbst auf die Reihe zu bekommen. Alleine! Ich werde dir diesmal nicht helfen können. Sprich mit ihr, auch wenn es schwerfällt. Und rede keinen Scheiß, das Mädel merkt das, auch wenn sie geladen hat. Tommy hat es gut gemeint, der Penner. Der denkt auch, es läuft wie immer." Ich klopfte Chris auf die Schulter, er nickte mir zu und ging in Richtung Parkplatz. Tauschen mochte ich nicht mit ihm. Ich ging zu den anderen.

Eine weniger, in die du dich unglücklich verliebst, weil du sie trösten musstest, du naiver „Frauenversteher", dachte ich. Und noch ein Satz kam mir in den Sinn, den ich so oft gehört hatte: *Wir können ja gute Freunde sein!*

Ich musste grinsen. Ein gequältes Grinsen.

Als ich aus dem Club gelaufen bin in Richtung Auto, was für mich das einzig bekannte Ziel da draußen war, wusste ich nicht, wer nun hinter mir herkommen würde. Chris oder Alex. Doch es war Tommy.

„Hey, alles okay?", fragte er und strich mir über den Arm. „Ich hab´ das eben beobachtet und ich hab´ noch nie gesehen, dass die beiden sich um ´ne Frau gestritten haben. Überhaupt haben die beiden sich noch nie gestritten, fällt mir ein..." Tommy lachte nervös.

„Tut mir leid", sagte ich mit schwacher Stimme und wischte mir die Tränen weg, die mittlerweile meine Wangen hinunterliefen. Die frische Luft hatte meinem Alkoholpegel einen heftigen Schlag versetzt, die Welt drehte sich. *Na, ganz klasse!*

„Das brauch´ dir doch nicht leidtun. Wenn ich dir ´nen Rat geben darf, nimm Alex, der ist ein Pfundskerl und total treu, der hat nur selten mal ´ne Weibergeschichte, aber der Chris, ne... ich mag ihn, er is´n cooler Typ, aber er ist halt ein Sunnyboy wie er im Buche steht..."

Ich hätte Tommy am liebsten angeschrien, er solle die Klappe halten, doch nun wusste ich endlich, was Chris für ein Mann war.

„Wenn man vom Teufel spricht", flüsterte Tommy und räumte das Feld, als wenn er Chris aus dem Weg gehen wollte. „Ich wollte sie nur trösten, damit sie hier draußen nicht alleine ist", entschuldigte er sich und warf entwaffnend seine Hände in die Höhe.

„Ist gut Tommy, alles okay, vielen Dank. Ich hab´ das mit Alex auch geklärt, also wir sind wieder clean. Sag allen, dass ich schon weg bin, wir sehen uns."

„Ja, mach ich. Bis zur Probe nächste Woche, bye!"

Ich lehnte inzwischen mit dem Rücken am Auto, hatte der Szene hinter mir zugehört und starrte in die Nacht hinein. Ich war froh, dass es hier draußen stockduster war und man nicht sehen konnte, wie ich heulte.

„Babe…", Chris war neben mich getreten und lehnte sich ans Auto, während er mich anblickte.

Ich schwieg. Ich wollte nicht reden, denn ich hätte nur hysterisch geheult und wäre laut geworden. Vielleicht wäre auch nur ein komplettes Lallen aus meinem Mund gekommen, ich spürte nämlich jeden einzelnen der gefühlt zwanzig Jack-Daniels-Mischungen.

„Lass mich das erklären…", setzte er erneut an.

„Fahr mich einfach nach Hause zu meinem Auto", sprach ich so gefasst wie möglich.

„Zu *mir* nachhause ja, aber nicht zu deinem Auto, du hast zu viel getrunken…"

„Ach, darüber machst du dir Sorgen? Tz…"

„Prinzessin…"

„Nix Prinzessin, Prinzessin am Arsch", schimpfte ich und stieg ins Auto. Ich wollte nichts mehr hören, nichts mehr wissen. Ich wollte schlafen und dann so schnell wie möglich zu meinen Kindern und Hilde fahren.

Auf der Autofahrt redeten wir nichts. Es zog sich wie eine Ewigkeit. Ich hätte mir gewünscht er würde es mir erklären, was das an diesem Abend für eine abscheuliche Verhaltensweise von ihm mir gegenüber war und was alle damit meinten, er hätte ständig wechselnde Perlen… doch im Grunde genommen war alles egal. Er hatte mich gerade zur unglücklichsten Frau der Welt gemacht und das könnte ich genauso gut haben, wenn ich bei meinem Mann blieb.

„Ja, du hast recht und es tut mir wirklich leid…" Erst als er antwortete, bemerkte ich, dass ich all das laut ausgesprochen hatte. Ich schwieg, weil ich aufgrund des Alkoholpegels gar nicht mehr wusste, *was* ich alles schon gesagt hatte.

Bei ihm zuhause angekommen lief ich hinter ihm her die Treppe hinauf, wie ein beleidigtes Etwas. Die Arme vor der Brust verschränkt wäre ich echt am liebsten sofort zu Hilde gefahren, aber ich wusste, dass eine verunfallte Mutter das nicht wert war – ich wollte kein solches Vorbild für meine Kinder sein. Ich würde meinen Rausch ausschlafen. Außerdem wollte ich nicht, dass sie sahen, dass mich schon wieder jemand unglücklich gemacht hatte.

„Babe, lass mich das erklären, bitte", bettelte Chris, während ich mich so geschminkt wie ich war und fast noch komplett angezogen ins Bett gelegt, auf die Seite gedreht und mich zugedeckt hatte. Ich weinte leise vor mich hin.

„Ich wollte das nicht. Es ist mir aus dem Ruder gelaufen und es tut mir total leid. Ich wollte nicht, dass sie dich wie eine neue Perle sehen und ich wollte nicht, dass sie dich als eine der anderen sehen, denn das bist du nicht. Wenn ich dir sage, dass du was Besonders bist, dann meine ich das auch so. Ach Mann, ich bin ein Idiot, es tut mir leid. Ich dachte, wenn sie mich mit dir zusammen sehen und wissen, dass wir zusammen sind, erzählen sie dir all die Scheisse über mich, die ich ja auch gemacht habe, aber eben bevor es dich gab. Und dann habe ich gerafft, dass sie dir die Scheisse gerade deshalb erzählt haben, *weil* sie dachten, du wärst nur eine Bekannte… ach Scheiße! Ich rede mich hier um Kopf um Kragen, Sister, ich liebe dich, ich hab das alles nicht so gewollt, es ist mir heute Abend total aus dem Ruder gelaufen und ich bin ein solches Arschloch…." Ich reagierte nicht auf seinen Wortschwall.

Chris legte sich hinter mich und legte seine Arme um meinen Körper, hielt mich fest und strich mir meine Haare hinter mein Ohr. „Es tut mir unendlich leid, Babe, ich war überfordert und hab mich wie ein Riesenarschloch benommen…" Ich war überwältigt von meinen Gefühlen und sein „*Ich liebe dich*" bescherte mir so warme Gefühle, dass ich einfach nur seine Nähe genoss und ihm zu glauben versuchte. Es klang auch alles so wahr und auch wenn er mich sehr verletzt hatte, ich konnte einfach nicht glauben... oder wollte nicht glauben, dass er so ein riesiges Arschloch war, nach allem was wir uns geschrieben und gesprochen hatten.

All die Monate waren doch nicht einfach nur ein Luftschloss, das war doch mehr...

„Ich liebe dich, Honey, unendlich!", flüsterte er mir ins Ohr und küsste mich.

Wortlos schlief ich irgendwann einfach ein, in seinen Arm eingekuschelt und vom Alkohol betäubt.

Am nächsten Morgen brachte er mir einen Kaffee.

„Ich habe die ganze Nacht nicht geschlafen, weil ich mir solche Vorwürfe mache. Nach allem was du durchgemacht hast, war ich gestern so ein Arschloch..."

„Schon gut, du hättest mich einfach vorwarnen sollen...", mir fiel einfach nichts anderes ein.

„Weißt du, ich hatte niemandem was von dir erzählt. Ich kam mir schon vor wie *Gollum* aus *Herr der Ringe*, der seinen Schatz versteckt. Ich wollte endlich mal etwas richtig machen und das mit dir hat sich so richtig angefühlt. Bitte glaube mir. Ich hatte das alles einfach so laufen lassen und mir keine Gedanken gemacht, wie das wird, wenn du auf meine Freunde triffst. Und das Ergebnis davon kennst du ja seit gestern..."

Chris küsste mich auf die Stirn und drückte seine Stirn an meine Schläfe. „Ich hoffe, ich kann das wieder gut machen..."

Ich versuchte das alles runterzuschlucken, aber irgendwie, vielleicht durch das Trauma mit Paul und seiner Geliebten, fiel mir das gerade nicht so leicht.

„Ich geh´ erstmal ins Bad duschen und so." Ich konnte ihm nicht in die Augen schauen oder ihn küssen. Irgendwie saß sein Verhalten noch tief in meinen Knochen. Ich fühlte mich schwach und müde, und so sah mich mein Spiegelbild auch an. Ich ließ heißes Wasser über meinen

Kopf und Körper laufen, machte mich nach dem Duschen zurecht und wünschte mir, das Wasser hätte einfach alle meine Sorgen und auch Verletzungen mit runtergespült. Als ich den letzten Handgriff in meinem Gesicht vollzog, mir die Wimperntusche auftrug, klingelte es. Die Wohnungstür befand sich direkt neben der Badezimmertür. Chris öffnete und ich hörte eine Frauenstimme. Mein Herz klopfte.

„Chris, lass mich sofort rein!"

„Mel, das geht nicht! Ich muss gleich weg!" Ich hörte, wie er den Eingang wieder schloss. Direkt danach hämmerte es an die Tür und ich hörte sie rufen.

„Chris, ich kenn´ dich, lass mich rein! Ich weiß, dass da ´ne andere Frau drin ist. Mach verdammt nochmal die Tür auf!"

Mir fiel die Wimperntusche aus der Hand und hinterließ lauter schwarze Spritzer im weißen Waschbecken. Ich war wie erstarrt. Chris öffnete die Tür wieder.

„Mel", zischte er, „ich will, dass du verschwindest. Ich dachte, das hätten wir geklärt. Es ist Schluss!" – Ich war beruhigt, das zu hören.

„Ach? Das sah letzte Woche aber noch ganz anders aus, da war ich dir noch gut genug für die Kiste!?"

Es war, als wenn diese Worte den Schock des Jahrhunderts in mir auslösten. Und dann knallte bei mir die Sicherung raus. Ich packte mein Schminkzeug ein, öffnete mit gestrafften Schultern die Badezimmertür und riss all meinen Stolz zusammen, den ich sammeln konnte, um nicht auszurasten.

„Ihr könnt euch gleich weiterstreiten, ich pack nur schnell meine Sachen und bin weg", sagte ich arrogant, während ich hoch erhobenen Hauptes aus dem Bad stapfte.

„Sister…", rief Chris und wollte mich am Arm festhalten, doch ich riss mich los.

„Chris, wer ist das?", rief Mel. „Sister? Was is´n das für´n Name? Sister?", keifte sie. Chris hielt immer noch die Tür nur so weit auf, dass sie nicht einfach reinstürmen konnte.

Sie hatte ihren Fuß in die Tür gestellt, Chris seinen davor. Mit zitternden Händen packte ich meine wenigen Sachen zusammen, zog mich an und stellte mich vor die beiden, die die Tür blockierten.

„Jetzt warte doch", hilflos blickte mich Chris an, während Mel mich fast zerfleischt hätte.

„Jetzt wird mir auch klar, warum ich nicht mit aufs Konzert durfte..." Sie kniff ihre Augen vor Wut zusammen und auch mir wurde klar, warum er bei meinem Anruf so überfordert gewesen war. Er hatte das Wochenende sicherlich mit ihr geplant und hatte ein paar Sekunden überlegen müssen, ob er mir oder ihr absagt. Das setzte dem Ganzen noch die Krone auf. Aber ich hatte genug gehört für heute.

„Könnt ihr mich bitte rauslassen? Danke!" Ich schob Chris grob zur Seite und Mel machte mir freiwillig Platz.

Ich heulte die ganze Fahrt von Chris bis zu Hilde und auch noch fast eine halbe Stunde lang im Auto vor dem Haus, bis ich mich beruhigt hatte.

„Sister, brauchste´n Schnaps?" Frank, Hildes Ehemann hatte die Autotür geöffnet. „Hab dich grad von drinnen gesehen und mich gewundert, warum du nicht aussteigst, deswegen bin ich kucken gekommen, ob du Hilfe brauchst. Und ich hatte wohl recht..."

„Der ist so ein Arsch... ich... er... die...", ich schluchzte und triefte Frank seine ganze Schulter nass. Ich war ihm dankbar, dass er mich gerade auffing wie einen nassen Sack. Als ich mich ausgeheult hatte, munterte er mich mit lockeren Sprüchen wieder auf, und half mir, ungesehen erst einmal ins Badezimmer zu gelangen, um mir das verheulte Gesicht zu entfernen, bevor es meine Kinder sehen könnten.

Noch am selben Nachmittag fuhr ich nach Hause, entgegen den Widersprüchen von Hilde und Frank. Sicher war ich aufgelöst, aber ich wollte auf keinen Fall, dass Chris mich dort noch antreffen würde, um mich zu belabern. Ich hatte das Vertrauen verloren. Nach Paul hatte mir nun ein zweiter Mann das Herz gebrochen und ich würde das nicht mehr weiter mitmachen. Weder mit Paul noch mit Chris.

Zuhause blockierte ich Chris auf meinem Telefon und seine E-Mails landeten ungelesen im Spamordner. Für so etwas gab es für mich keine Ausreden mehr. Hier hatte mir das Universum klar und deutlich gezeigt, dass ich sowohl bei dem einen als auch bei dem anderen einen Schlussstrich ziehen musste. Ich durfte keinem erlauben, so mit mir umzugehen. Diese Entscheidung teilte ich auch meiner Familie mit. Mit mir oder gegen mich. Aber ich verlangte, dass man meine Entscheidung respektierte - gegen Paul, denn er hatte mich betrogen, und die Kinder und mich verlassen! Nicht andersherum!

Wie durch ein Wunder akzeptierte man meine Meinung und auch Paul respektierte, dass es kein Zurück mehr geben würde. Wir nahmen uns vor, die ganzen Angelegenheiten mit Kindern, Haus und Familie wie Erwachsene zu regeln und packten die Trennung gemeinsam an. Ich war gebrochen, das mag sein, doch ich nahm diese Verletzung als Stärke an.

Märchen & Happy Endings gibt es eben nur im Film.

Diese Geschichte widme ich...
Hilde, weil du mir eine große
Schwester warst <3

True
Love
is
born
from
Understanding

Buddha

Kapitel II
Kate Bono
& Hans Phoenix

Alex

Etwa fünfzehn Jahre später erhielt ich beruflich ein Angebot, in Koblenz zu arbeiten. Die Entscheidung fiel mir nicht leicht, da ich erstens meine Kinder zurücklassen musste und zweitens war ich seit damals nicht wieder in dieser Stadt gewesen. Meine Freundin Hilde war vor ein paar Jahren plötzlich gestorben und so bin ich nicht einmal mehr ihre Familie besuchen gefahren. Manchmal lebt man sich auseinander und wenn die Kinder ins Teenageralter kommen, sind sie eh kaum zuhause. Hildes Mann hatte eine neue Partnerin und das war gut so. Ewig sollte man nicht an der Vergangenheit hängen oder alleine bleiben.
„Schlaue Sprüche konntest du schon immer gut", sagte ich zu mir selbst, während ich meinen Laptop zuklappte, in der die E-Mail der Geschäftsleitung auf eine Antwort wartete.
„Mom, das ist doch eine klasse Möglichkeit! Endlich kommst du hier aus dem Dorfleben raus. Warte... ich komm mit! *Ich* komm raus aus dem Dorfleben", lachte Dajana, meine Große, die gerade in der Abschlussprüfung ihrer Ausbildung steckte. Tina, meine kleine Tochter, war da anderer Meinung.

„Kannst du vergessen, ich komm nicht mit. Ich bleib dann bei Papa. Vielleicht komm ich nach, wenn ich das Abi fertig habe, aber ich mag´s hier, ich will nicht weg", jammerte meine Neunzehnjährige, der der Abschied ebenso schwer fallen würde, aber sie liebte die Heimat eben mehr als Dajana und ich.

Paul war nicht sonderlich begeistert davon. Wir hatten wenig Kontakt, vor allem weil die Kinder ihren Umgang und Unterhalt selbst regelten, seit sie im Teenageralter waren, und so hatte ich jegliches Zusammentreffen mit ihm vermeiden können. Zwar hatte ich ihm das damals verziehen, aber ich konnte seine neue Freundin nicht leiden und ihn eigentlich auch nicht. Er war nicht mehr mit der Tusnelda von damals zusammen, auch er hatte in den letzten Jahren sein Glück immer nur kurz gefunden. Wäre auch unfair gewesen, wenn er eine neue, dauerhafte Beziehung gefunden hätte, während ich wegen ihm und Chris dahindümpelte.

Ich hielt also nur das Nötigste an Kontakt, der Kinder wegen. Dass Tina nun bei ihm und seiner Freundin einziehen wollte, passte Paul gar nicht, aber er liebte seine Kinder und konnte ihnen schlecht etwas abschlagen.

So sagte ich der Koblenzer Firma zu und zog wenige Monate später an den Rhein. Dajana käme nach, wenn sie die Ausbildung abgeschlossen hatte. Sie war eigentlich vor einem Jahr mit einer Freundin in eine WG gezogen, aber die Aussicht auf eine neue Umgebung in einer Stadt ließ sie sich nicht nehmen. Und wie sonst hätte man es einfacher haben können, als hinter Mama her zu ziehen, die schon einmal das Nest vorbereitet hatte.

Die Agentur hatte mir eine kleine Penthouse-Wohnung besorgt, die zwar etwas außerhalb von Koblenz in einem Vorort lag, aber der Blick aus diesem gläsernen Dachpalast über den Rhein war einfach traumhaft.

Hier stand ich nun und blickte auf die Stadt, in die ich mich einst verliebt hatte. Nachdem das mit Chris so schiefgegangen war, wollte ich nie wieder herkommen.

Ich hatte oft an den Musiker gedacht, der mir so eine wunderschöne, märchenhafte Zeit offenbarte, aber im Grunde genommen hatte er mir mein Herz zerbrochen. Seitdem war ich zu keiner ernsthaften Beziehung mehr fähig gewesen. Mit der Liebe hatte ich schon lange abgeschlossen. Ich stürzte mich in meine Karriere als Grafikdesignerin und hatte nun die Leitung einer ganzen Abteilung übernommen. Ich hatte mein Hobby zum Beruf gemacht. Ein Mann und das ganze Liebeskummergedöns hätte mir nur unnötig Zeit geraubt. Es war wichtiger, mich auf mich zu konzentrieren. Paul hatte in all den Jahren wenigstens seinen Vater gestanden, wenn er schon nicht als Ehemann taugte. Sonst wäre all das sicher nicht möglich gewesen, mich derart zu entwickeln.

Mein Handy klingelte und die Assistentin der Geschäftsleitung fragte, ob mir ein Termin am Nachmittag passen würde, um die anderen Führungskräfte kennen zu lernen. „Ja sicher, das passt mir gut", erwiderte ich.

Die Agentur warb damit, dass es dort keine Hierarchien gab und dass man nicht *von oben herunter* Befehle erteilte, sondern *jeder* ein wichtiger Teil des großen Ganzen wäre. Allerdings arbeiteten dort auch viele junge Menschen und die anzuleiten, war bei aller Freiheit dennoch wichtig, denn sonst endete alles im Chaos. Das hatten die Gründer in den letzten Jahren leider ausgiebig festgestellt und änderten ihr freizügiges Konzept nun doch etwas.

„Die Freiheiten, die wir ihnen gaben, nutzten leider nicht alle zu unserem Wohl", erklärte mir einer der Gründer des Unternehmens, während wir uns in dem hellen Konferenzraum der Agentur mitten in der Stadt über den Dächern von Koblenz kennen lernten.

„Es gilt die Spreu vom Weizen zu trennen", erwiderte eine meiner zukünftigen Kolleginnen Marianne lachend.

„Die Guten ins Management, die Schlechten an die Leine", lachte eine sehr nette Stimme eines Mannes, der gerade hinter mir den Raum betrat. Ich drehte mich herum und stand auf, da ich jeden persönlich begrüßen wollte.

Wie erstarrt blieb ich stehen. Es war fünfzehn Jahre her, das Gesicht war markanter geworden, älter, aber unverändert sympathisch.

„Alex...", ich reichte ihm die Hand und wartete, ob er mich ebenfalls erkennen würde.

„Ach, witzig, mein Name ist auch Alex", er schüttelte mir freundlich die Hand. Er erkannte mich nicht.

„Nein, mein Name ist Lorena, aber wir kennen uns."

Alex runzelte die Stirn, bis ihm plötzlich ein Licht aufging.

„Ach nein, ohne Zöpfe erkennt man dich gar nicht. Sister! Das ist ja ein Ding!" Er ließ prompt meine Hand los und umarmte mich überraschenderweise. „Wie lange ist das her? Eine Ewigkeit!"

„Sehr gut, ihr kennt euch bereits!" Drei weitere Personen, wovon ich eine als Geschäftsführerin erkannte, die anderen beiden waren Männer, betraten den Konferenzraum und begrüßten mich. Das trennte Alex und meine Konversation und wir landeten gegenübersitzend am großen Tisch.

Die Runde war sehr locker und gut gelaunt. Ich wusste, ich hatte die richtige Entscheidung getroffen, in diesem Unternehmen zu arbeiten. Steife Vorschriften und Hierarchien gepaart mit grauem Vorzeitwissen lagen mir nämlich rein gar nicht. Ich war nie alt geworden, war noch nie konservativ, sondern durch meine Kinder jung und modern geblieben. Weiterentwicklung war mir schon immer wichtig. Steckenbleiben, stagnieren, passte nicht zu mir. So wie ich damals bei Paul und Chris ebenfalls schnelle und klare Entscheidungen getroffen hatte. Alex beobachtete mich amüsiert.

„Lorena? Du hörst nicht zu! Wo bist du nur mit deinen Gedanken?" Isolde, die Geschäftsführerin, hatte voll ins Schwarze getroffen. Ich war froh, dass sie lächelte.

„Das fängt ja schon gut an", zog mich Alex auf.

„Oh, sorry", entschuldigte ich mich, denn es war mir total peinlich, dass ich wieder mit meinen Gedanken abgeschweift war. Daran war Alex schuld. Sowas passierte nur, wenn mich jemand nervös machte. Ich musste mich konzentrieren.

„Alles gut, ich gehe davon aus, dass du bereits Pläne für die neue Kampagne durchdenkst, also sei dir das verziehen", lachte die blonde, etwas dicklichere Frau und erwartete keine Antwort. „Wir wollen deinen Einstieg gerne feiern und heute alle zusammen ins *Alex* gehen. Hast du Zeit und Lust?"

Alex… Alex… warum heißt denn heute alles Alex?!?

„Na klar, gerne!" Ich blickte zu meinem Gegenüber, dessen Name heute Programm war; er grinste.

Das *Alex* war nur ein paar Gehminuten von der Agentur entfernt. Auf dem Spaziergang dahin plapperten alle aufgeregt durcheinander, um mir die Restaurants und Geschäfte beim Vorbeigehen zu erklären und was wichtig zu wissen wäre. Wo das Mittagessen schmeckt und wo man die beste Koblenzer Schokolade kauft.

„Jetzt hört auf, sie kann sich das doch alles gar nicht merken", lachte Marianne und wedelte mit der Hand, als wenn sie die Kollegen davonscheuchen wollte.

„Nun, sie wird sich an die Koblenzer Art schon gewöhnen müssen", wandte Mack, einer der ITler ein.

Alex war die ganze Zeit auf gewisser Distanz gelaufen und hatte die Szene beobachtet. Ich wusste ihn nicht einzuschätzen. Ich hatte das Gefühl, er mied mich, und das gab mir ein ungutes Gefühl. Das von damals war lange her und ich wusste ja nicht, was in der Band noch zwischen Chris und ihm passiert war oder was Chris von mir erzählt hatte.

„Lorena?", und wieder war ich in meinen Gedanken versunken und hatte verpasst, dass die anderen sich zu einem Eingang eines Restaurants begeben hatten. Ich Dussel war einfach weitergelaufen. Alex lachte.

„Sag mal, lachst du mich aus?", fragte ich ihn gespielt böse, während er mir die Tür aufhielt.

„Was, wenn ja?", fragte er verschmitzt zurück.

„Ich hasse Gegenfragen!" Gespielt grimmig blickte ich ihn mit zusammengekniffenen Augen an und ging dann hoch erhobenen Hauptes an ihm vorbei.

Jeder Moment mit den Kollegen zeigte mir, dass es die beste Entscheidung gewesen war, endlich meine Heimat zu verlassen. Auch wenn es Koblenz war und man hier zum zweiten Mal mein Herz gebrochen hatte, so zeigte sich diese Stadt nun von seiner hervorragenden Seite. Ich hoffte nur, dass Alex kein Störfaktor wurde. Irgendetwas stand zwischen uns.

Da Alex mich in den nächsten Wochen mit genauso viel Distanz betrachtete, wie am ersten Tag, tat ich es ebenso. Im Grunde genommen war ich ihm dankbar, denn so gab es wenigstens kein Techtelmechtel am Arbeitsplatz. Ich mein, ich war ja nicht aus Zucker. Selbst eine Frau, die keine Beziehung und keinen Liebeskummer will, hat Bedürfnisse und ich mein… Alex war kein Typ, den man von der Bettkante schubsen würde.

„Erde an Sister", raunte er mir in diesem Moment ins Ohr, während ich, mit einem Kaffee bewaffnet, am Fenster stand und mir Ideen für eine kleine Kampagne überlegte, die die jungen Mitarbeiter meines Teams als Übungsaufgabe übernehmen könnten. Ich hätte fast die Tasse fallen lassen.

„Mensch, Alex, ich bin furchtbar schreckhaft!", schimpfte ich lachend.

„Ja, das habe ich gerade gemerkt, sorry." Er wischte mir mit dem Finger einen Tropfen Kaffee von der Nase, der durch den kleinen Ruck etwas hochgeschwappt war. Falscher Fehler. Diese Berührung löste etwas in mir aus. Ich sagte ja, ich bin nicht aus Zucker, oder eben doch? Diese blöde kleine Berührung aktivierte meine Phantasie und während ich schon wieder in kurze Gedanken versank, beobachtete mich Alex auch schon wieder, wie am ersten Tag.

„Hör auf damit", lachte ich und kniff wieder die Augen zusammen.

„Mit was denn?", fragte er grinsend und tat total unschuldig.

„Du weißt genau, mit was!"

„Nun, *ich* bin damals nicht weggerannt... Aschenputtel hätte wenigstens ihren gläsernen Schuh verloren, damit ich sie suchen kann, liebe Sister." Ich war überrumpelt, aber überraschender Weise meine Schlagfertigkeit nicht.

„Hätte ich denn einen Schuh verlieren sollen?"

Es knisterte.

„Freunde der Nacht, Meeting in fünf!" Elke, die Assistentin der Geschäftsleitung, war in mein Büro gerauscht und hatte uns aus unserer kurzen Verzauberung geholt. Und damit war ich wieder schlagartig nüchtern.

„Wir kommen... Ach, Alex..."

„Ja?" Erwartungsvoll blickte er mich an.

„Nenn mich nicht Sister, das war so ein naives Huhn vom Dorf, das auf die Nase gefallen ist. Das bin ich nicht mehr." Es hatte strenger geklungen als ich es geplant hatte.

„Oh, das ähm... wollte ich auch nicht damit sagen."

Alex schien verstört durch meine Ansage. Ich ließ ihn stehen und ging zum Meeting.

Meine Worte hatten Alex wieder auf seine Distanz-Ebene geschickt. War mir nur recht so. ´*Never fuck in your company*´ war schon immer einer meiner Leitsprüche und daran wollte ich mich halten. So etwas gab nur Probleme. Wir hatten eine geschäftliche Beziehung als Kollegen, die sollten wir pflegen, statt sie durch irgendwelche Flirtereien kaputt zu machen.

Nach einigen Wochen war Dajana nun zu mir gezogen und hatte auch sofort einen Job in einer Koblenzer Kanzlei gefunden. Ich hatte mich mit zwei Kolleginnen, Marianne und Alina, angefreundet und wir genehmigten uns manchmal nach Feierabend noch einige After-Work-Cocktails in der Stadt. Es war einfach so praktisch in einer City zu arbeiten statt auf dem Dorf. Es war schlichtweg ein anderes Leben und vor allem *war* es ein Leben. Für mich waren Dorf und *Tupperabende* nie das Richtige gewesen, ich hatte es nur der Kinder wegen gewählt. Hier konnte ich endlich aufblühen und man schätzte meine Fähigkeiten. An manchen Abenden gesellte sich auch Dajana nach Büroschluss zu uns, doch auch sie hatte nach kurzem einen kleinen Freundeskreis durch eine Kollegin gefunden und so sahen wir uns eher selten.

Alex und meine Distanzhaltung blieb nach wie vor die beste Ebene, auf der wir uns bewegen konnten. Er beobachtete mich oft, so schien es mir. Er setzte sich in jedem Meeting mir gegenüber. Es war mir nicht unangenehm, denn ich mochte ihn. Doch ich wollte und konnte einfach nicht über meinen Schatten springen, mir ein Problem in Form eines Mannes ans Bein zu nageln.

„Lori, wie wäre es heute mit einem Konzert?", sang Alina an einem Freitagabend und wedelte mit einigen Karten in der Luft herum.

„Cool, welche Band? Kenn ich die?", fragte ich aufgeregt. Auf einem Konzert war ich schon lange nicht mehr.

„*Pure Intention* heißen die, kenn die Band aber nicht. Die Karten lagen *for free* im Giveaway-Korb in der Agentur. Also ein Überraschungspaket", sang Alina erneut und wir fuhren voller Aufregung zur Location in der Festung Ehrenbreitstein.

„Das Konzert findet in einem Kuppelsaal statt, der Klang dort ist bombastisch", erzählte meine Freundin. Ich war gespannt, denn ich war da vorher noch nie dort. Man kann die Festung von ganz Koblenz aus oben auf dem Berg thronen sehen. Wir fuhren auf einen großen Parkplatz und stellten uns dann in der Reihe zum Einlass an. Alina kannte einige der anderen Gäste, sie grüßte und winkte am laufenden Band. Ich beobachtete das Ganze amüsiert und wanderte mit meinem Blick durch die Gegend. Bis mich dann kurz drauf fast der Schlag traf. Ein Bandplakat von *Pure Intention* strotzte neben dem Eingang und in typisch obercooler Rockerpose blickte nicht nur Alex mich an, sondern auch Chris. Mir wurde schlecht. Ich wollte auf einen Schlag nicht mehr in dieses blöde Konzert.

„Hast du einen Geist gesehen?" Selbst Alina war mein Stimmungsumschwung aufgefallen.

„Ja, so kann man das nennen." Ich räusperte mich, da mir fast die Stimme versagte. Alex wieder zu sehen in der Agentur war eine Sache, wie aber war es Chris vor die Augen zu treten? Ich wäre am liebsten weggelaufen, mir war schwindelig. Jetzt waren wir ganz vorne und Alina blickte mich fragend an, während sie die Karten am Einlass vorzeigte und wir unsere Bändchen bekamen. Ich war wie ferngesteuert.

„Lori, was in Gottes Namen ist denn passiert?" Alina fasste mich am Arm und wollte eine Antwort.

„Alex spielt Schlagzeug in der Band", stammelte ich.

„Na und?", lachte sie, „aber das ist doch witzig."

„Naja, und mein Ex ist der Bassist. Wir haben uns fünfzehn Jahre nicht gesehen..." Kaum hatte ich das gesagt, wir standen mitten in der Eingangshalle des Kuppelsaals, kam Alex angerannt, um uns zu begrüßen.

„Mensch, was für ´ne Überraschung! Nice!" Er umarmte Alina freundschaftlich und nickte mir zu. Er hielt meine gewünschte Distanz. Wir standen nebeneinander, doch es war, als wenn ein Elektrozaun zwischen uns gespannt wäre, den keiner berühren durfte. Einen kurzen Moment unterhielten sich meine Kollegen ganz normal, doch dann huschte ein Schatten über mein Gesicht und ich versteifte mich. Ich habe es nicht verbergen können. Sowohl Alina als auch Alex sahen es sofort und drehten sich herum. Chris war auf der Bildfläche erschienen, im Arm die vollbusige Sängerin. Er nickte Alex zu und musterte Alina und mich skeptisch, als würde er die Beute von Alex durchleuchten wie ein Tiger und ob es auch für ihn etwas zu holen gäbe. Erst Sekunden später erkannte er mich.

Ich kann nicht sagen, welcher Schatten über dem Gesicht düsterer war – meiner oder seiner. Es war so eine alte Geschichte, warum konnte ich nicht einfach cool bleiben und ihn fröhlich lachend begrüßen? Wie einen alten Kumpel, mit dem man halt eine aufregende Zeit hatte. Doch es ging nicht. Und dann tat ich etwas, dass ich im Hinterkopf zwar wusste, dass es keine gute Idee war, aber Not macht eben erfinderisch. Auch wenn ich dafür keinen Nobelpreis ernten würde.

Ich stellte mich auf die Zehenspitzen und küsste Alex auf den Mund. Alina zog erstaunt die Luft ein, wie ich hinter mir hörte und als ich meine Lippen von denen von Alex löste, der sich total versteift hatte, sah ich wie Chris sich wegdrehte, es aber gesehen hatte.

♡

Eigentlich wäre jetzt der Moment gewesen, in der die Frau dem Mann für so einen Kuss eine gescheuert hätte. Doch ich war der Mann und Lorena hatte mich gerade geküsst. Ich war total überrumpelt, auch wenn mir natürlich vollkommen klar war, warum sie das getan hatte. Erst war ich sauer. Und dann wieder nicht. Es war so schnell gegangen, dass ich nicht einmal die Augen schließen konnte, und so hab ich das geschockte Gesicht von Chris gesehen. Und das war Gold wert.

So gerne ich ihn auch hatte, dieser Schockmoment der Fassungslosigkeit in seinen Augen löste ein Gefühl des

Triumphs in mir aus, wie ich es selten ihm gegenüber gehabt hatte.

„Sind wir im Kindergarten, Madam?", war das erste, was mir einfiel, denn ich wollte sie nicht einfach so davonkommen lassen. „Wir sind Kollegen und ich bin nicht dein Spielzeug!" Mein strenger Blick war wirklich nicht gespielt, aber als ich in Lorenas Augen sah, sie hatte einen Hundeblick aufgelegt, musste ich fast schon wieder lachen.

„Tut mir leid, Alex! Was hab ich gemacht? Es kam so über mich. ´Tschuldigung!" Sie zog ihren Kopf ein und drückte ihre Wangen mit den Händen zusammen, was wirklich total bescheuert aussah, um mich zum Lachen zu bringen. Wie der kleine *Kevin* in *Kevin allein zuhaus´*, als er sich das Rasierwasser aufs Gesicht klatschte. Sie hatte gewonnen.

„Kann mir mal bitte jemand erklären, was das gerade war?" Alina schob Lorena zur Seite und blickte ihr mit aufgerissenem Mund erwartungsvoll in die Augen.

„Können wir das bitte sofort wieder vergessen? Bitte, bitte", jammerte Lorena.

„Das wird nicht so einfach, Kleines. Ich muss jetzt hinter die Bühne und da werd´ ich ´ne Erklärung abliefern müssen."

„Dann sag´ ihm halt die Wahrheit, dass ich dich überrumpelt habe!" Lorena verdrehte die Augen.

„Hallo? Bin ich unsichtbar? Was habt ihr zwei da gerade gemacht?" Alina wurde ungeduldig. Das war alles echt zum Schießen.

„Hm", ich dachte kurz nach und grinste. „Nein, ich sag ihm gar nichts. Da gibt´s ja auch nichts zu sagen." Ich ließ die beiden einfach stehen und ging Backstage.

„Alter, was soll das? Warum hast du mir nicht gesagt, dass Sister hier ist und seit wann...?" Es war klar, dass Chris direkt auf mich losschoss, als wir hinter der Bühne aufeinandertrafen. Ich hatte ihm nie gesagt, dass sie in meiner Agentur arbeitete, geschweige denn, dass sie überhaupt nach Koblenz gezogen war. Ich wusste nicht einmal, ob es war, damit ich meine Ruhe habe oder sie. Mein üblicher Beschützerinstinkt vielleicht.

„Ganz ruhig", unterbrach ich ihn. „Gewöhn' dich einfach dran." Im Hinterkopf wusste ich, dass es eine blöde Idee war, aber ich konnte es auch nicht lassen. Ihn im Unklaren zu lassen, machte einfach zu viel Spaß. „Jetzt sei bitte erwachsen, wir haben einen professionellen Auftritt hinzulegen!"

Mann, was tat das gut den Obercoolen zu spielen. Ich fühlte mich wie zwanzig und irgendwie hatte Lorena frischen Wind in mein Leben gebracht. Ich mochte den Sturm, den sie auslöste.

Wir gingen auf die Bühne, der Kuppelsaal war voll. Die Menge jubelte. Mein Schlagzeug spielte fast von ganz alleine. Ich musste zugeben, dass mir Lorenas Kuss *nicht* gefallen hatte. Weil der Grund Scheisse war. Andererseits hatte er mich beflügelt und, Himmel ja, es war ein geiles Gefühl, dass Chris nicht wusste, was wirklich Sache war.

Meine Gedanken schweiften ab.

Chris und ich kannten uns schon lange. Als wir uns kennenlernten, bekamen wir gerade französische Austauschschüler in die Klasse. Er war mit seinen Eltern neu hinzugezogen und kam am gleichen Tag wie die Franzosen. Lauter Jungs. Denn auf unserer „Schule für Knaben" gab es erst seit einem Jahr Mädchen, und die auch nur in der Oberstufe. Die ehemalige reine Mädchenschule hatte schon viel früher damit begonnen, gemischte Klassen zu machen. Dort waren die französischen Mädchen untergekommen. Scheisse für uns. Wir waren in der neunten Klasse, mitten in der Pubertät. Chris wurde neben mich gesetzt und ich hielt ihn anfangs auch für einen Franzosen. Bis er mich ansprach und sich vorstellte.

„Hi, ich bin Chris!"

„Alex!", sagte ich kurz. Über meine Frage „Kaugummi?", kamen wir ins Gespräch. An Unterricht war wegen der Franzosen eh nicht mehr zu denken.

Das war auch der letzte Tag, an dem wir die meisten französischen Jungs in der Schule sahen. Die wurden nicht überprüft und nachdem sie das spitz hatten, waren sie lieber an der Mädchenschule oder machten den ganzen Tag Halligalli. Chris und ich freundeten uns schnell an, stellten viele Gemeinsamkeiten fest und begannen auch, unsere Freizeit miteinander zu verbringen. Meine Eltern sahen mich im Sommer nachmittags so gut wie nie. Hausaufgaben machte ich morgens im Bus oder in den ersten Stunden. Die Zeugnisse sahen dementsprechend auch aus.

Im Leben gibt es öfter mal Schlüsselmomente. Wir verbrachten in den drei Wochen Schüleraustausch unsere gesamte Freizeit mit den Franzosen. Lagerfeuerabende, Kino, Party bei irgendwem zuhause oder auch einfach nur Rumlungern im Park. Es wurde Deutsch, ein wenig Französisch, aber meistens Englisch gesprochen. Nicht sehr sinnvoll, aber das konnten wir halt alle besser als die jeweilige Landessprache.

Die sehr kurze, aber schon intensive Freundschaft zwischen Chris und mir wurde auf eine erste Probe gestellt. Wir hatten uns nämlich beide in die bildhübsche Michelle verkuckt. In unserer Clique hatten die Jungs eine Skala von eins bis zehn, um im Schwimmbad, auf Partys oder auch sonst die Mädels „einzuordnen". Geschmäcker sind verschieden, klar, aber meistens waren wir uns einig. Vor allem Chris und ich. Auf dieser Skala war Michelle eine satte elf. Braune Haare, schulterlang, eine Figur zum Niederknien, es passte einfach alles. Sie in der Bravo und der Verkauf hätte alle Rekorde gebrochen. Hier bemerkte ich erstmals, dass ich Mädels anders betrachtete. Mich faszinierten ihre Augen, ihr Lächeln, ihre Mimik und

Gestik, ein nahezu perfektes Zusammenspiel. Chris sah nur die Figur, die Brüste und den „Arsch".

Ich mochte es, wenn sie bei uns saß und wir im Dreisprachenkauderwelsch redeten. Chris ging im Gegensatz zu mir voll auf Angriff. Wir redeten natürlich auch über sie. Blöde Situation unter Freunden. Er schlug vor, das Mädel entscheiden zu lassen. Ich willigte ein, vertraute darauf, dass sie sich für mich entscheiden würde. Zu oft hatte sie mich mit ihren Blicken eindeutig angeschaut. Augen, in denen man versinken wollte.

Doch meine Bequemlichkeit mich darauf auszuruhen, stellte sich als fataler Fehler heraus und es folgte besagter Schlüsselmoment. Am Nachmittag tauchte nämlich Chris mit einer 80er auf. Michelle klatschte begeistert in die Hände, stieg hinten auf und die beiden wurden nicht mehr gesehen. Die restlichen Tage war Chris mit ihr zusammen. Es waren zum Glück nicht mehr viele. Ich war froh, als die blöden Franzosen wieder abreisten.

Chris spielte Bass, und ich versuchte mich schon längere Zeit am Schlagzeug, dass ich mir mit Ferienjobs und Weihnachtsgeschenken von meinen Großeltern und Eltern finanziert hatte. Grundvoraussetzungen für eine Bandgründung. Gedacht, gemacht!

In unserem Haus gab es einen großen Keller zum Proben, den wir ruckzuck schalldicht gemacht hatten. Es wohnten nur drei Familien im Haus, die störte das nicht. Und als uns der Sohn der Nachbarn hörte, hatten wir das nächste Bandmitglied. Robert spielte Gitarre.

Robert kam ursprünglich aus Australien, er lebte mit seiner Mutter und ihrem deutschen Freund seit vielen Jahren in Deutschland. Als die Band noch größer wurde und wir sogar einen Sänger in der Oberstufe fanden, war die Band mit Bruno dann komplett und der Kellerraum zu klein. Unser Musiklehrer hat uns dann den Schulkeller klar gemacht, da probten wir dann nach der Schule und am Wochenende.

Anfangs coverten wir viele gute Songs, aber immer mehr kamen auch eigene Stücke dazu. Texte machten Bruno und ich, die einzelnen Parts der Musik und den Instrumenten dazu entstanden bei den Proben.

Natürlich kamen auch irgendwann die ersten öffentlichen Auftritte. Zuerst bei Schulfesten, dann, nach den ersten guten Konzerten, auch in Clubs und Kneipen. Beim ersten Mal in der Schule mussten wir zig Zugaben geben mit unserer Reggae-Version vom *Hanuta*-Werbespot. Die Mitschüler standen Kopf.

„Hanuta, die knusperfrische Schnitte, mit riesig viel Geschmack in der Mitte!", grölten sie mit.

Die knusperfrische Schnitte hatten Bruno und Chris ziemlich schnell verinnerlicht. Und auch den unausgesprochenen „Wettbewerb" zwischen Chris und mir, gewann immer Chris. Gab es nach unseren Konzerten mal Momente, wo wir mit weiblichen Fans zusammenstanden, waren Bruno und Chris die Stars.

In einer Band stehen Sänger und die Gitarristen im Vordergrund. Drummer sind meistens durch das Schlagzeug verdeckt, und auch wenn sie den Rhythmus vorgeben und damit das gesamte Fundament eines Songs bilden, sind sie eher zweitrangig aus Sicht der „Fans". Robert hatte eine sehr intensive und schon lange währende Beziehung, er war außen vor. Er war ein Musiker durch und durch. Oft spielte er alleine nach Konzerten noch weiter in der Kneipe oder in dem Club mit einer Akustikgitarre. Ich habe oft dabeigesessen und zugehört.

Im Gegensatz dazu hatten Chris und Bruno schnell raus, dass sie „etwas Besonderes" waren und nutzten unsere steigende Popularität maßlos aus. Sie waren oft direkt nach dem Konzert mit irgendwelchen Mädels verschwunden und tobten sich aus. Chris konnte und wollte einfach nicht aus seiner Haut heraus. Er war immer der obercoole Aufreißer, er bekam immer die, die er sich als nächstes Opfer auserkoren hatte. Ob ich den Ruf, den er unter den Männern genoss, je auch haben wollte, bezweifelte ich.

Während ich spielte, vor allem bei den ruhigeren Stücken, konnte ich das Publikum beobachten und sah auch die eine oder andere Frau, die mir zugesagt hätte. Doch deren Augen klebten allem voran an Bruno, dichtgefolgt von Rob und natürlich Chris. Mein bester Freund machte auf der Bühne durch Blicke und Zwinkern schon „die Nächste" klar. Bruno auch. Leichtes Spiel. Sie hatten jedes Mal ihre neue „knusperfrische Schnitte".

Das ging über einige Jahre so weiter. Aber je erwachsener wir mit unserer Musik wurden, desto mehr nahmen diese One-Night-Stands der beiden ab. Die „Beziehungen" der beiden hielten immer so in etwa von Auftritt zu Auftritt. Wir hatten ja nicht jedes Wochenende einen. Da wurde wieder neu geflirtet und abgeschleppt, die aktuelle „Freundin" wurde kommentarlos aufs Abstellgleis gestellt.

Ich weiß nicht mehr, wie viele heulende Mädchen ich tröstend im Arm gehalten habe. Es waren unzählige. Viele davon erfüllten das Klischee der „Friseusen". Ich meine das nicht böse, es fiel mir nur auf, dass diese Frauen, genau wie Bruno und Chris, nur auf Äußerlichkeiten achteten. Und einige davon wollten vielleicht auch einfach nur ihren Spaß genau wie meine Bandkollegen. Es gab aber auch die anderen Frauen. Die, die in Bruno oder Chris eine Möglichkeit sahen, sich einen der beiden als festen Partner angeln zu können. Die, die das Gehabe als Fassade ansahen und auf einen guten und ehrlichen Kern hofften. Und es waren tolle Frauen, die wirklich nicht nur gut aussahen, sondern auch etwas auf dem Kasten hatten, die Ziele hatten und in Bruno oder Chris etwas sahen, was die beiden einfach nicht besaßen. Aber meine Jungs waren gut darin, genau das vorzuspielen, um die nächste *Perle* aus der Muschel zu ernten.

Diese Frauen zu trösten, war das Frustrierendste, das ich mitgemacht habe. Es zerriss mir das Herz, wenn ich sie weinend vorfand, hinter der Bühne oder irgendwo anders, einfach zurückgelassen. Wie kann man mit einem Menschen nur so umgehen, als wäre es ein Stück Verpackung, was man einfach so aus dem Autofenster achtlos in die Natur wirft. Ich habe mich in einige der Frauen verliebt, denn das sind ganz besondere Momente zwischen einem Mann und einer Frau. Die Frauen sind verletzlich, zerbrechlich wie ganz dünnes Glas. Man hört zu, gibt Ratschläge, bietet seine Schulter zum Ausheulen und hält Händchen. Und manchmal wird mehr daraus, ich hab mich halt immer mal in die Ableger von meinen Bandkollegen verliebt. Vielleicht aus Mitleid, vielleicht aus Blödheit, keine Ahnung.

Irgendwann nannte ich meine Drumsticks Thelma und Louise. Sie sind meine beiden Frauen, die ich immer bei mir habe. Sie sollten mich daran erinnern, wie ich nicht werden möchte und sie sind ein Andenken an zwei Frauen, die wie die Schauspielerinnen im Film *Thelma & Louise* in den Abgrund gesprungen sind. Also die Frauen, mit denen ich was hatte, sind jetzt nicht wirklich von der Klippe gesprungen, aber es erinnert mich eben an den Abgrund, durch den man in Beziehungen leicht geraten kann, wenn man nicht aufpasst.

„Thelma" stand für Tamara. Auch sie fand ich niedergeschlagen und heulend nach einem Konzert in der Vorhalle auf der Treppe. Wir kamen zusammen, ein paar Monate nur. Sie war eine der Frauen, die sich von denen absonderten, die BHs und Unterwäsche auf die Bühne schmissen. Sie hatte nicht nur ein hübsches Aussehen, eine gute Figur, nein, sie war auch intelligent. An dem Abend, als ich sie auf der Treppe fand, hatte sie kurz zuvor Chris erwischt, als er sich einen Blowjob auf der Damentoilette „gönnte". Ein Schock für sie, aber für mich war das bei Chris normal, irgendwie. Obwohl ich nie so richtig begriffen habe, was Männer, aber vor allem Frauen daran finden konnten. Ist bis heute so.

Das zwischen uns hat nicht lange gehalten. Irgendwann werden Jungs wie ich langweilig für diese Art von Frauen, da konnte ich noch so verliebt sein und Pläne schmieden. Sie suchen Abenteuer und geraten dabei immer wieder an die gleichen Typen. Es war halt die Zeit der Statussymbole, der Machos, der Poser, der Ausnutzer. Sie geriet immer wieder an die gleiche Art von Typen, das kannte ich bereits.

„Louise" nannte ich den anderen Stick wegen Melanie. Chris „eroberte" nur gutaussehende Frauen, und auch bei Melanie erwischte er eine tolle Frau, auch wenn sie etwas kräftiger war. Mit ihr war er auch ein bisschen länger zusammen. Nur deshalb, weil sie bei ihm blieb, obwohl er fremdvögelte. Irgendwann stand sie heulend bei mir vor der Wohnung. Er hatte sie kurz und schmerzlos abends vor die Tür gesetzt. Auch wir waren eine Weile zusammen, bis ich sie mit Bruno erwischte.

Da begriff ich den Abgrund, an den diese Frauen durch diese Groupiescheiße immer wieder gerieten, und mich mitzogen. Und hatte echt die Schnauze voll davon. Der Punkt war erreicht, an dem ich begriff, dass ich aufhören musste, die Ableger von meinen Kumpels abzugreifen.

Das übernahm dann Tommy. Er kam irgendwann im Laufe unserer „Karriere", als unser Roadie zu uns und schleppte freiwillig das ganze Equipment durch die Gegend. Er startete damit, die „Verflossenen" abzufüllen, baggerte sie an und versuchte, sie in die Kiste zu bekommen. Sie waren ja leichte Beute so verletzt wie sie waren.

Natürlich war ich kein Kind von Traurigkeit und auch kein Unschuldslamm. Auch ich habe mich oft im Suff wie Chris und Bruno mit den Groupies vergnügt. Aber ich habe den Mädels nie das Blaue vom Himmel versprochen und sie dann fallen gelassen. Und irgendwann war eben der Punkt erreicht, an dem ich erwachsen wurde.

Ich war fast dreißig damals und hatte mir geschworen, dass ich mich bei der nächsten Gelegenheit positioniere. Gegen Chris und für die Frau. Ich hatte lange genug geschwiegen. Und genau da kam diese *Sister* ins Spiel.

Sie war anders. Chris hatte sie als *Bekannte aus Fulda* vorgestellt. Das war neu. Irgendwie wusste ich, dass er log, aber sie sah nicht aus wie eine von diesen typischen Mädels, die leicht zu beeindrucken waren. Zuerst hat sie mein Interesse geweckt, dann meinen Beschützerinstinkt. Zwischen Chris und ihr funkte es und zwar nicht gerade positiv. Also hatte er gelogen und sie ließ sich das nicht gefallen. Aber genauso schnell, wie sie auftauchte, war sie auch wieder verschwunden. Durchlaufender Posten. Wie immer bei Chris. Immerhin hatte ich es geschafft, nicht wieder eine trösten zu müssen.

Echt schade um das Mädel, sie hatte irgendetwas Besonderes an sich gehabt. Und es nervte mich, dass sie wohl doch auf Chris reingefallen war.

Bei der nächsten Bandprobe sprach ich ihn drauf an. Er wollte nicht drüber reden. Aber irgendwann erzählte er mir, dass er wirklich gedacht hätte, mit dieser Sister würde er es schaffen. Er hatte sie geheim gehalten wie so einen Schatz. Chris erzählte mir die ganze Geschichte. Von ihrer gescheiterten Ehe, von ihren Kindern und, dass er Schiss gehabt hatte, dass sie zu ihrem Exmann zurückgeht. Und dass er sich ein Hintertürchen bei Mel offengehalten hatte. Ja genau, seiner Ex… und meiner Ex, und die von Bruno auch.

Chris hatte eine riesige Angst davor, alleine zu sein. Irgendein Trauma wahrscheinlich. So einen schwachen Moment kannte ich gar nicht von ihm. Diese Sister hatte wirklich etwas in ihm ausgelöst, was ihn fast verändert hätte. Aber nur fast.

Nach diesem Gespräch redeten wir nie wieder darüber und ich glaube, das war der einzige schwache Moment in all den Jahren, die ich Chris kannte.

So etwas kam nie wieder. Außer Mel. Die Frauen kamen, die Frauen gingen. Mel kam immer mal wieder. Nicht zu mir, sondern zu Chris. Was ich einmal ablege, nehm´ ich nicht wieder zurück. Schon gar nicht, wenn es nicht nur Second-Hand war, sondern sie im Dreieck... ach, lassen wir das.

Mel hing an ihm und er nutzte das aus. Sie war einfach immer verfügbar für ihn. Ich konnte nie verstehen, wie man sich als Frau derart erniedrigen lässt.

Ich konzentrierte mich auf unsere Musikkarriere. Leider war Robert zu gut für uns, er war einfach ein Ausnahmetalent. Die meisten Kompositionen gingen auf sein Konto und zum Schluss unserer gemeinsamen Zeit auch vermehrt die Texte. Er und seine Frau waren in dieser Beziehung ein Spitzenteam. Robert und Eva hatten das gefunden, was Chris und Bruno nie finden würden. Sie suchten, aber vergeblich. Sie wussten noch nicht einmal, nach was sie auf der Suche waren. Es ist wie bei Jemandem, der durchs Leben geht, ohne ein festes Ziel zu haben, er wird nie ankommen!

Neben der Musik hatte, außer Robert, keiner seinen Beruf aufgegeben. Ich habe irgendwann Claudia kennen gelernt. Endlich mal eine, die ich nicht aufgrund der Band getroffen hatte, sondern es war eine ernsthafte und eher erwachsene Begegnung. Bei uns gab es viele Paare und Ehepaare in der Firma. Es lässt sich nicht vermeiden, wenn man in größeren Abteilungen den ganzen Tag miteinander verbringt. Bei Claudia war ich endlich kein „Notnagel" mehr. Endlich nicht mehr der Satz der „abgelegten" Eroberungen, der schon wie eine Schallplatte war, die einen Kratzer hatte, an dem die Nadel hängen bleibt. *„Du bist ganz anders als die anderen Männer, aber wir bleiben gute Freunde, Okay?"*

Roberts Erfolg brachte miese Stimmung in die Band. Chris und Bruno waren es einfach nicht gewohnt die „zweite Geige" zu spielen. Sie, die sie doch beim weiblichen Publikum „die größten Erfolge" hatten!

Das ging gar nicht!

Es kam, wie es kommen musste! Rob verließ die Band. Nicht nur wegen der zunehmenden Streitereien, sondern auch, weil er einen Plattenvertrag in der Tasche hatte. Und zwar nur er. Keiner von uns.

Dadurch zerbröckelte unser Traum vom großen Deal. Wir stürzten uns zurück in unsere Berufe. Chris machte seinen Meister als Tischler, Bruno war oft in Norddeutschland und ich hatte mich nach meiner abgeschlossenen Lehre innerhalb des Betriebes auf die Werbung konzentriert. Da gab es Abgabetermine, Deadlines und Überstunden ohne Ende. So zerplatzte für uns alle der Traum. Doch, auch wenn die Zeit knapp war, trafen wir uns regelmäßig zum Proben, um nicht aus der Übung zu kommen und irgendwann, so hofften wir, würden wir wieder eine neue Band gründen. Es gab immer noch Fans, die uns gerne spielen hörten.

Das Leben nahm seinen Lauf. Claudia und ich waren drei Jahre zusammen. Doch auch, wenn wir schöne Zeiten miteinander hatten, so spürten wir, dass wir nicht in dieselbe Zukunft blickten. Wir trennten uns als Freunde. Und dieses Mal meinte ich den Satz „Lass uns Freunde bleiben", wirklich so, wie ich ihn sagte.

Ich bin zu einer Werbeagentur gewechselt, die sich von anderen abhob. Ich fühlte mich sehr wohl dort, weil es eben ein ganz anderes Betriebsklima war. Trotzdem hatte ich den alten Arbeitgeber nie so ganz aus den Augen verloren. Zudem arbeitete Claudia noch dort und wir hielten ab und an noch Kontakt. Sie war inzwischen auch verheiratet, hatte zwei tolle Kinder und einen erfolgreichen Mann.

Bei mir war das anders. Es gab zwar Beziehungen, die hielten aber meist nicht lange. Oft lag es an meinen Arbeitszeiten, die selten regelmäßig waren. Viele in der Firma und auch bei den Kunden verließen sich auf mich, und wenn ich etwas zugesagt hatte, hielt ich es ein. So war bei meinen Partnerinnen irgendwie nie die Richtige dabei gewesen. Ich spürte das immer nach einigen Wochen oder Monaten. Die meisten Frauen versuchten, entweder direkt oder nach einiger Zeit, mich zu verbiegen, mich zu formen, nach ihren Vorstellungen zu verändern. Wenn es gelang, stellten sie fest, dass ich nicht mehr der war, in den sie sich verliebt hatten und es ging zu Ende. Und ebenso ging es zu Ende, wenn ich mich nicht verbiegen ließ. Dann sogar noch schneller.

Ich verglich eine neue Bekanntschaft immer mit einem inneren Bild, dass ich seit fünfzehn Jahren im Kopf hatte. Das Bild war verschwommen geworden. Ein innerer Tensor gab mir Signale, ob es Übereinstimmungen gab, oder nicht. Ich wusste nicht einmal, was dieses Bild genau war, hätte es nicht erklären können. Aber es war da.

Bruno blieb irgendwann dann dauerhaft in Norddeutschland. Nur Chris und ich trafen uns regelmäßig. Wir gründeten sogar eine neue Band – „*Pure Intention*".

Die Musik lässt einen nicht los, egal, wie alt man auch wird. Immer noch Coverstücke und auch eigene. Weil wir keine Sänger finden konnten, die zu uns passten, versuchten wir es mit einer weiblichen Version. Chris und ich waren nicht immer einer Meinung, aber bei einer Sängerin kommt es nun mal auf die Stimme an und nicht auf das Aussehen. Bis wir Jenny gefunden hatten, dauerte es eine Weile, sie fügte sich aber schnell ein. Sie gab unserer „*puren Intention*" eine sexy Note, denn auch ihr Aussehen machte was her. Zumindest für die, die auf vollbusige Blondinen stehen. Viele, viele männliche Fans.

Und Chris.

Sie konnte sich nicht lange seinen „Baggerarbeiten" erwehren, trennte sich seinetwegen sogar von ihrem Freund. Meine Begeisterung hielt sich in Grenzen. Ach was, eigentlich war sie nicht vorhanden. Wenn das schief ging, war unsere komplette Band im Arsch. Und ich wusste: Das ging mit Sicherheit schief! So wie alles, was Chris an Frauen anfasste.

Mein Leben war ausgefüllt. Ich hätte Tage mit achtundvierzig Stunden benötigt. Meine Arbeit und lauter neue Projekte hatten mich voll im Griff. Ein größerer Auftritt stand an, ein ganzes Konzert mit unserer neuen Band für einen guten Zweck. Und mitten in die Vorbereitungszeit mit vielen Proben und dazu noch einem riesigen Projekt für einen wichtigen Kunden wurde „Sister" in mein Leben zurück katapultiert. Der innere Tensor sprang auf 100 Prozent. Ach, sieh an.
Ich hätte fast die Fassung verloren, als ich sie vor mir stehen sah, denn ich hatte sie nicht sofort erkannt. Ich kannte ja nicht einmal ihren richtigen Namen und dann verpeilte ich das Ganze und dachte, sie heißt Alex. Bis es mir schlagartig dämmerte, und auf einmal war dieser Reinfall nach einem Konzert vor fünfzehn Jahren präsent. Mit allem Drum und Dran. Ebenso alle, wirklich alle Tröstungen der vergangenen Jahre liefen wie ein Film vor meinem inneren Auge ab. Es war wie ein Flashback in eine Zeit, die ich längst vergessen hatte und auch vergessen wollte. Doch ich fing mich schnell wieder. Äußerlich zumindest.
So gut sie sich mit den anderen Kollegen und Kolleginnen verstand, mir gegenüber war sie reservierter und auch zickiger. Was war da los? Ich konnte es mir nicht erklären, also ging ich auf Distanz. Ihre Distanz. Wenn man sich so lange mit dem vermeintlich schwachen Geschlecht hat befassen müssen und wenn man so viel gelernt hatte in den letzten Jahren, vor allem Zuhören und Beobachten, Zeichen und Signale zu erkennen, dann weiß

Mann, wann es Zeit ist, den Schritt nach vorne lieber nicht zu gehen und besser abzuwarten.

In den nächsten Wochen wurde mein damaliger Eindruck bestätigt, dass Sister nicht nur schlauer war als andere Ableger von Chris, sondern wirklich etwas Besonderes. Und sie war für mich unnahbar. Sie war eine *harte Nuss*; sie hatte sich eine wirklich harte Schale zugelegt. Kein Vergleich mehr zu der *Sister*, die ich damals kennengelernt hatte. Die war viel weicher, und vor allem verletzlich und zerbrechlich gewesen. Diese neue *Sister,* die ich nicht mehr so nennen durfte, war nun erwachsen geworden.

Naja, zumindest bis zu diesem Moment, in dem sie mich einfach geküsst hatte.

Alina beruhigte sich endlich wieder. Sie hatte so gelacht, als ich ihr die Story erzählte, warum ich Alex geküsst hatte, was das mit Chris gewesen war und dass ich gerade hasste, nach Koblenz gezogen zu sein.

„Lori, das ist eine so geile Geschichte. Ist das nicht witzig? Das sollte so sein – du kriegst *zufällig* ein Jobangebot in Koblenz, dort triffst du in der Agentur *zufällig* auf Alex, der da auch noch arbeitet und wir gehen *zufällig* auf ein Konzert, wo Alex und dein Ex zusammen auftreten. Tataaa – Zufälle gibt's nicht!"

„Karma is a bitch", schimpfte ich. Aber ich musste ebenfalls lachen. Ich war Alina sehr dankbar, dass sie mich mit ihrer Art direkt mitriss, das alles nicht so ernst zu sehen. Wirklich verstehen konnte ich meine Reaktion auch nicht, denn es war scheiß fünfzehn Jahre her und dieser

Chris war es nicht wert, dass ich auch nur eine Träne mehr an ihn vergoss. Er war der Prinz in einem Märchen gewesen, der sich als stinkender Frosch in einem Schlammteich entpuppt hatte. Jetzt musste ich nur das mit Alex wieder geradebiegen. Dass wir Kollegen waren, machte die Sache echt schwierig. Ich hoffte, er nahm mir den Kuss nicht weiter übel.

Alina und ich positionierten uns etwas weiter hinten im Saal, um das Konzert zu sehen. Es war schon beeindruckend, als die Lightshow begann und die Jungs und die Sängerin auf die Bühne kamen. Naja, aus den Jungs waren mittlerweile Männer geworden, aber ihr Auftritt war wie damals. Die Menge jubelte, als sie die Bühne betraten und eins mit ihren Instrumenten wurden. Alex sah man nur teilweise hinter seinem Schlagzeug, doch ich hatte einen astreinen Blick auf Chris und den Rest der Band. Als die Sängerin loslegte, bekam ich Gänsehaut. Sie war wirklich gut, ihre Stimme ging unter die Haut. Chris war noch dünner geworden, als ich ihn in Erinnerung hatte; die anderen der Band kannte ich nicht. Oder es war einfach zu lange her und ich hatte damals ja auch nicht wirklich einen Kopf gehabt dafür, mir alle genau anzuschauen. Die Menge tobte, die Band legte ein grandioses Konzert hin.

Ein wenig Wehmut machte sich in mir breit, als ich an das Konzert vor fünfzehn Jahre dachte, als das Märchen mit Chris vor meinen Augen in tausend Scherben zerbrach und mich in Prinzessin Eisenherz verwandelt hatte. Krass, was solche Schlüsselmomente im Leben eines Menschen anrichten können.

Alina und ich beschlossen, nach der letzten Zugabe noch etwas zu bleiben. Ich wollte den dummen Kuss mit Alex klären, damit nichts zwischen uns stand. Die Situation über´s Wochenende einfach so stehen zu lassen und sich dann montags erst wieder im Büro zu begegnen, fand ich etwas kontraproduktiv.

Wir holten uns noch ein Bier und warteten am Rand. Auch wenn das Publikum älter war als damals und aufgrund der Sängerin auch mehr Männer bei den Fans waren, belagerten viele die Musiker auf der Jagd nach Autogrammen. Ich fand so ein Bandleben immer total aufregend. Zumindest stellte ich mir das sehr cool vor. Begehrt zu werden, im Mittelpunkt zu stehen... fast konnte ich verstehen, wie man da nicht genug von Frauen bekommen konnte, wenn man ein Mann ist, der da oben auf der Bühne steht und die Auswahl unter Hunderten hat. Es ist wie ein Katalog, aus dem man auswählen kann und bevor das Verfallsdatum abläuft, schickt man es zurück und holt sich etwas Neues.

Irgendwann ebbte der Ansturm auf die Band etwas ab und Alex kam mit einem Handtuch um die Schultern zu uns.

„Na, wie war´n wir, Mylady? Ich schätze deine ehrliche Kritik, Kollegin." Alex stellte sich direkt neben mich und ich hatte einen Flashback zu damals, als er fast dasselbe gesagt hatte. Vor fünfzehn Jahren nach dem Konzert.

„Mega. Ihr seid richtig gut, Kompliment", sagte ich ehrlich. Ich war Alex dankbar, dass er den Kuss einfach überspielte und wir so taten, als wäre nie was passiert. Alina beobachtete uns amüsiert, ich trat ihr leicht gegen den Fuß, damit sie aufhörte so zu glotzen und darauf zu warten, dass es zwischen Alex und mir funken würde.

„Wollt ihr was trinken? Ich geb´ einen aus", schlug Alex vor, wartete aber keine Antwort ab, sondern ging einfach los an die Theke. Kaum war er weg, sah ich Chris in unsere Richtung laufen, mit der vollbusigen Sängerin im Arm. Ich sah, wie er die Schultern straffte, seinen wohl lange trainierten Mister Cool auflegte und zu uns trat.

„Na? Sister? Lang nicht gesehen!" Sein abfälliger Tonfall war nicht zu überhören. Ich nahm ihm die obercoole Art nicht ab, aber ich spielte mit.

„Chris. Was´n Ding, hast dich gar nicht verändert", sagte ich spitz und blickte Jenny, die Sängerin, von oben bis unten an, so dass er genau merkte, worauf ich hinauswollte. Tat mir leid für das Mädel, aber die kaute auf einem ihrer Fingernägel und blickte gelangweilt in eine andere Richtung. Sie hatte meine Anspielung gar nicht bemerkt.

„Baby, ich geh in die Umkleide, das Ding hier is zu eng", sprach sie, zeigte auf ihr Latexoberteil, das ihre Brüste zusammenquetschte, und watschelte davon. Ich zog die Augenbraue hoch und lächelte bemitleidend.

Alex klimperte mit den Flaschen Bier, als er zurückkam, auch er hatte wohl einen Schauspielkurs besucht. Ich kam mir vor wie in einem falschen Film. Aber es war eine Komödie, das machte die ganze Sache amüsant.

„Hier, Babe", sprach Alex, gab mir ein Bier, einen Kuss auf die Schläfe und legte ganz cool den Arm um meine Schultern, als wäre es das Normalste der Welt. Alina hätte fast losgeprustet, aber sie konnte sich noch zusammenreißen und ich versuchte ebenfalls, die Situation einfach zu genießen und Chris zu beobachten.

Irgendwie war es nach all den Jahren eine Genugtuung, einfach diesen blöden Scherz mit ihm abzuziehen. Mir schien, als hätte auch Alex eine Rechnung mit ihm offen, und so genoss ich den Moment der Abrechnung.

Chris wusste nicht, wie er reagieren oder was er sagen sollte. Man merkte ihm an, dass er verwirrt war.

„Ich geh´ mal nach meiner Perle kucken", sagte er. „Die zeigt sonst wieder jedem ihre Brüste."

Ich glaub´, was Dämlicheres hätte er gar nicht sagen können. „Manche Dinge ändern sich nie, was? Wieder eine neue Perle, Chris? Auch nach fünfzehn Jahren noch dasselbe Spiel?" Ich versuchte, so mitleidig zu kucken, wie es mir möglich war und doch wandte ich mich ab und blickte zu Alex hoch.

„Du warst soooo gut heute Abend, Schatz!" Ich lächelte ihn an und dieses Mal war es Alex, der mir einen Kuss auf den Mund gab. Chris rauschte ab und ich hatte das Gefühl,

Alex zog diesen Moment absichtlich in die Länge. Ich atmete tief ein. Wir öffneten beide nicht den Mund für mehr, es war nur wie ein Kuss, den man bei einem Theaterstück vorführte und doch... war es ein schönes, warmes Gefühl, wenn sich unsere Lippen berührten.

„Es reicht jetzt! Er ist weg, weg und wir sind wieder allein, allein", Alina lachte und sang. Sie hatte einfach ein Talent dafür, eine Situation aufzulockern. Auch Alex und ich lachten. Er ließ meine Schulter los, trat einen Schritt zur Seite, von mir weg und doch, war da ein Knistern zwischen uns, das mir gefiel und doch wieder nicht. Aber wir beide spielten dieses Spiel gegen Chris, und wir beide hatten unseren Spaß dabei. Also war es eine Art Deal und somit eine Win-Win-Situation, eine Geschäftsbeziehung sozusagen. Damit konnte ich leben.

Der Abend wurde nicht wirklich lang, denn Alex war fix und alle und wollte nach Hause unter die Dusche. Alina und ich waren müde und so trennten wir drei uns mit guter Laune. Die Küsse zwischen Alex und mir waren letztendlich nur Teil eines Schauspiels.

Als wir uns am Montag im Büro wiedertrafen, grinsten wir beide uns an. Und lachten. Und schüttelten mit unseren Köpfen.

„Ich hab´ immer noch ein schlechtes Gewissen, dass ich das gemacht habe. Wie so ein Teenie, der seinen Ex eifersüchtig machen will, dabei ist es so lange her. Einfach lächerlich", versuchte ich mich zu erklären.

„Irgendwie war´s witzig", lachte Alex und stellte seine Tasse unter den Kaffeeautomaten. „Und sind wir mal ehrlich. Chris hat es verdient und ich hatte lange nicht mehr so einen Spaß. Es hat niemandem geschadet, wir sind ja beide Single, oder?"

„Stimmt, na dann", sprach ich und klaute ihm seinen Kaffee vor der Nase weg.

„Na warte, die Rache des Alex wird grausam sein", rief er mir hinterher.

Die Distanz, die ich vorher zu ihm aufgenommen hatte, verlor sich völlig. Wir wurden zu Kollegen, zu Freunden, die sich gut verstanden und im Job ein mega gutes Team bildeten. Das Knistern zwischen uns war vorhanden, ja, aber wir waren so in unsere Arbeit vertieft, dass wir dafür einfach keine Zeit hatten, und ich wollte mich damit einfach nicht näher beschäftigen. Ich sah ihn einfach als guten Freund und so, wie wir uns unterhielten, sah er das genauso.

„Also, ich bin ja echt enttäuscht. Ihr beiden seid so langweilig!" Alina beschwerte sich immer mal, denn sie war fest davon überzeugt gewesen, dass Alex und ich nach unserem zweifachen Filmkuss zusammen kommen würden.
„Alina, never fuck in your company – besser ist das. Glaub mir. Beruf und Privatleben zu trennen, ist einfach das Beste."
„Schaaade…!!!" Ihre Theatralik war zum Schießen.

„Meine Damen und Herren", setzte Alex bei einem Freitagmorgenmeeting sehr förmlich an, was nicht üblich war und auch nicht ernst gemeint.
„Oh, oh, das klingt nach Kündigung", lachte Marianne.
„Endlich", legte ich nach und Alex schüttelte mit dem Kopf. Wir liebten unsere Freitagsmeetings, denn da nahm keiner mehr den anderen so wirklich ernst und wir scherzten gerne. Das hatten wir uns verdient. Während der Woche hatten wir alle immer mega Stress, doch die Geschäftsleitung legte Wert auf Work-Life-Balance, und so war Freitagnachmittags spätestens um 15 Uhr Schluss. Nur im Notfall mussten wir am Wochenende oder bis spät abends arbeiten, wenn wirklich einer der Kunden sehr drängelte oder etwas schief gegangen war.

„Jetzt lasst ihn doch mal ausreden!" Mack war genervt, seine Laune war heute wohl nicht so gut.

„Also, wenn die Tratschtanten dann jetzt mal fertig sind", meckerte Alex im Spaß, „dann kann ich euch mitteilten, dass das Projekt, an dem ich mit Lorena gearbeitet habe, ein voller Erfolg war. Der Kunde hat uns einem anderen Großkunden empfohlen und nun steht uns ein riesiger Auftrag ins Haus." Alle Kollegen klatschten, jubelten oder klopften mit den Knöcheln auf die Tischplatte. Ich atmete stolz auf und ließ mir von unserer Geschäftsleitung begeistert zunicken.

„Gut, dann passt ja unser Vorhaben für heute Abend. Ich hoffe, ihr habt noch keine Pläne, meine Lieben!?" Unsere Chefin Isolde hatte immer eine Überraschung parat. Selbst wenn wir schon etwas vorgehabt *hätten*, sie mochte es nicht, wenn wir absagten. Ich hatte zwar eigentlich ein Essen mit Dajana geplant, aber ich wusste, sie würde es verstehen.

„Puh! Gottseidank, Mom! Ich hatte ein schlechtes Gewissen abzusagen, ich hab nämlich ein Date…", lautete ihre Sprachmemo zu meiner Absage über Telegram und wieder einmal passte alles zusammen wie kleine Zahnrädchen.

„Soll ich euch beide heute Abend mitnehmen?" Alex meinte Alina und mich.

„Wo geht´s eigentlich hin? Ich hab nicht so ganz verstanden, was Isolde gesagt hat." Meine Unaufmerksamkeit bei manchen Dingen hatte sich noch nicht geändert.

„Lass dich überraschen", sang Alina dazwischen. „Aber ich würde gerne selber fahren, ich bleib nämlich nicht so lange. Hab noch ein Date", sie blinzelte mit den Augen.

„Wie bitte? Und warum weiß ich nichts davon?", beschwerte ich mich und verschränkte beleidigt meine Arme, während ich meinen Mund zu einem Schmollmund verzog.

„Hör auf damit, das macht mich ganz scharf, wenn du solche Grimassen ziehst." Alex ging dicht an mir vorbei und hauchte mir diese Worte ins Ohr, so dass mir unweigerlich ein Schauer über den Rücken lief. Das erste Mal in seiner Gegenwart. Lag vielleicht aber auch daran, dass ich schon sehr lange nicht mehr an Sex gedacht, geschweige denn ihn „*vollzogen*" hatte. Ich sagte ja, ich bin nicht aus Zucker.

Alinas Bericht, mit wem sie warum und wann ein Date hatte, konnte ich nur wie in einem Nebel folgen, weil ich schon wieder nur mit halbem Ohr zuhörte, während sie mich nach Hause fuhr. Alex würde mich später von zuhause abholen. Fühlte sich irgendwie aufregend an. Ich hatte zwei Stunden, um mich fertig zu machen.

„Na, dann viel Spaß meine Süße", sagte ich zu meiner Tochter, die mir im Gegensatz zu Alina nicht viel von ihrem Date erzählte.

„Mom, das ist nur ein normales Date, mehr nicht", sagte sie schroff, doch ich wusste, sie wollte mir nur nicht *mehr* erzählen, weil ich sonst wohl aufgeregter gewesen wäre als sie.

Ich duschte und stylte mich und überlegte, was ich anziehen sollte. Ich wusste noch immer nicht genau, wohin wir fahren würden und was Isolde sich ausgedacht hatte, aber ich wählte ein Kleid, das nicht zu sexy, aber auch nicht zu leger aussah. Bei meiner Chefin könnte es ein Schickie-Mickie-Lokal sein oder auch eine Kneipe.

Alex pfiff, als er mich sah. Er war sogar ausgestiegen und hatte mir die Tür von seinem Auto aufgehalten.

„Danke", sagte ich verlegen. Irgendwie machte er mich heute nervös. Ich hätte eine Jeans, ein Top und eine Strickjacke anziehen sollen, damit wäre ich vielleicht besser gefahren.

Im Auto und auf der Fahrt waren wir wieder locker drauf, wie immer. Wir freuten uns tierisch, dass der Auftrag so gut geklappt hatte und wir dadurch sogar einen noch größeren Fisch gefangen hatten. Zwar kannte ich mich mittlerweile in Koblenz und Umgebung schon besser aus, aber wir fuhren in eine Richtung, in die ich noch nie gefahren war.

„Jetzt sag mal, wo fahren wir denn eigentlich hin? Is ja ganz schön außerhalb von Koblenz! Bist du sicher, dass du weißt, wo du hinfährst? Oder verschleppst du mich in einen Wald?", witzelte ich.

„Hm... lass mich überlegen. Beides", somit war mir klar, dass er mir nichts verraten würde.

Irgendwann fuhren wir durch einen mir fremden Ort und einen steilen Berg hinauf, der mit vielen Kurven wie Serpentinen immer höher und höher führte und dann nach einem Waldstück wieder hinunter, fast schon auf einem Feldwegniveau.

„Ich wusste es, du verschleppst mich", jaulte ich theatralisch.

„Ja, ganz genau, meine Liebe!" Er legte einen übertrieben schnulzigen Tonfall auf. „Heute landet Prinzessin Lorena in einem Märchenschloss und es ist mir eine Ehre, Euch hier und heute dort hin zu begleiten."

Eigentlich wollte ich lachen, doch in diesem Moment fuhr Alex auf einen großen Burghof und das Lachen gefror mir irgendwie im Gesicht fest. Ich erkannte den Ort.

Das letzte Mal, als ich hier gewesen war, lag über fünfzehn Jahre zurück und damals war es nachmittags. Chris und ich waren die Strecke von unten nach oben durch den Wald gelaufen, es hatte geregnet wie aus Eimern und wir saßen anschließend quatschnass bei einem Candle-Light-Dinner.

„Oh...", hörte ich Alex sagen. Ich blickte ihn verwundert an, bis mir klar wurde, dass ich das gerade laut vor mich hingesprochen hatte.

„Na, gottseidank ist das hier kein Date und ich hab kein Candle-Light-Dinner für dich gebucht", lachte er und ich prustete los. Dass mich die Sache mit Chris noch immer so belastete, war total ätzend. Aber er war neben meinem

Exmann eben der einzige Kerl in meinem Leben gewesen, dem ich mein Herz geöffnet hatte. Und beide Male wurde es gebrochen. So etwas hinterlässt Spuren. Aber ich würde mir doch nicht von so einem alten Scheiss den Abend verderben lassen.

Ich stieg aus dem Wagen aus, wartete bis Alex um das Auto herumkam, und hakte mich in seinem Arm unter.

„Ritter Alex, es ist mir eine Ehre, mit Ihnen hier und heute zu dinieren." Ich hatte einen nasalen Tonfall aufgesetzt, Alex schüttelte mit dem Kopf.

„Du bist ´ne Marke", lächelte er mich an.

„Aber du, oder was?", feixte ich. Einige unserer Kollegen kamen ebenfalls gerade angefahren, inklusive Alina. Wir liefen alle zusammen in die wundervoll romantische Burg hinein, um unseren Abend zu genießen und unseren Erfolg zu feiern.

Ich merkte schon an dem ekelhaften Geschmack in meinem Mund, als ich am Morgen aufwachte, dass ich viel zu viel getrunken hatte und mir der Kater gleich mit bloßer Faust ins Gesicht schlagen würde, sobald ich mich bewegte. Ich stöhnte und traute mich gar nicht meine Augen zu öffnen.

„Oh Mann", hörte ich daraufhin als Antwort hinter mir und sofort waren meine Augen offen. Vor Schock. Ich versuchte, mich nicht zu bewegen. Ich wünschte, ich wäre unsichtbar. Sofort nahm ich wahr, dass ich zwar in meinem Bett lag, aber wohl nicht alleine. Wie war ich hier hingekommen und, verdammt nochmal, mit wem? Diese Neugier trieb mich dazu mich schlagartig umzudrehen, obwohl ich mich davor fürchtete, wen ich da sehen würde.

„Alex?", rief ich geschockt. Er sah genauso begeistert aus wie ich.

„Lorena", sagte er vorwurfsvoll. Und dann lachte er. „Scheisse!"

„Was ist denn daran so lustig? Wie sind wir hierhergekommen, was machst du in meinem Bett und... ach Scheisse..." Ich ließ mich auf meinen Rücken fallen und griff mir verzweifelt in die Haare. Ich konnte mich an nichts mehr erinnern. Außer an sehr viel Alkohol und viele Schäkereien mit Alex.

Wir fingen an zu lachen und konnten gar nicht mehr aufhören. Was sollten wir uns jetzt noch aufregen, das Kind war in den Brunnen gefallen.

„Haben wir...?", fragte er und schaute unter seine Decke. Ich sah, dass sein Oberkörper nackt war. Wenn er so fragte, wusste er wohl genauso wenig wie ich.

„Keine Ahnung", prustete ich los und sah auch bei mir unter der Bettdecke nach. „Ich bin jedenfalls splitterfasernackt!"

„Eine Schande! Und ich kann mich nicht dran erinnern? Darf ich kucken?" Er griff nach meiner Decke und ich schlug ihm geräuschvoll auf die Hand.

„Untersteh´ dich!", schimpfte ich.

„Ja, aber wenn wir doch eh..."

„Alex!" Ich konnte immer noch nicht aufhören zu lachen. „Vergiss es. Wenn wir uns beide nicht erinnern können, dann ist nie was passiert. Hörst du?"

„Liegen denn irgendwo Kondome rum?", fragte er amüsiert. Wir blickten rund ums Bett herum und auf unsere Nachttische, doch wir sahen nur unsere Klamotten überall im Zimmer verteilt herumliegen oder vielleicht war es nur ein Teil und der Rest lag wohl im Wohnzimmer. Mein Kleid und sein Hemd waren nämlich nicht zu entdecken.

Ich sah ihn mit düsterem Blick an. „Wehe du hast kein Kondom benutzt!"

„Warum ich? Dazu gehören immer noch zwei", er grinste total unverschämt. Ich war wirklich froh, dass wir uns beide an nichts erinnern konnten. Aber irgendwie war das auch schade. Erst nach unserem Lachanfall wurde uns bewusst, was wir getan hatten und automatisch folgte eine peinliche Stille.

„Oh Mann, Scheiße", stöhnte Alex und nun war er es, der sich mit der Hand durch die verstrubbelten Haare fuhr. Wir starrten beide an die Decke.

„Mhm", stimmte ich ihm zu.

Es klopfte. Verstört blickten wir uns an und zogen automatisch die Decken bis unters Kinn.

„Haben wir noch wen mitgenommen?", fragte ich Lorena.

„Hallo? Ich kann mich nicht einmal an irgendwas erinnern, geschweige denn, wen wir mitgenommen haben", meckerte Lorena quietschend.

„Mom? Seid ihr wach?" Ich hörte eine junge Frauenstimme und aufgrund der Anrede schlussfolgerte ich, dass es Lorenas Tochter sein musste. Jetzt wurde es unangenehm und sehr peinlich. Zu meinem Nachteil wartete das Mädel nicht einmal auf die Erlaubnis hereinzutreten. Sie tat es einfach.

„Haha, lebt ihr wieder?" Die junge Frau sah aus wie ihre Mutter, nur zwanzig Jahre jünger. Wie ein Zwilling.

„Dajana, wie peinlich, sorry... Alex, das ist meine Tochter Dajana, Kind, das ist Alex, mein Kollege", Lorena nahm das Ganze mit viel Coolness und Humor. Das war einer der lustigsten und gleichzeitig peinlichsten Momente meines Lebens. Man träumt doch echt davon, nackt im Bett nach einer durchsoffenen Nacht, die Familie der Bettnachbarin kennen zu lernen. Ganz großes Kino. Ich tat einfach auf cool und winkte ihr. „Moin!"

„Nur zu Eurer Info. Mom, du hast mich gestern angerufen, total besoffen, ich soll dich sofort abholen. Als ich ankam, wart ihr dann zu zweit und der Taxifahrer wollte euch betrunkenes Pack nicht mitnehmen und ist einfach wieder gefahren." Dajana kicherte. „Ich hab euch dann mit Mühe und Not hier hochgekriegt. Mom, so betrunken hab ich dich noch nie gesehen. Ihr wart beide zum Schießen. Und dann...", sie lachte und hielt sich den Bauch. „Habt ihr euch einfach ausgezogen, mitten im Wohnzimmer und habt was davon gefaselt, dass ich mir keine Gedanken machen soll und ihr wärt ja nur Kollegen. Ich konnte es nicht verhindern, dass ihr beiden splitterfasernackt im Bett gelandet seid."
„Oh mein Gott, ich hab mich noch nie so vor meinem Kind blamiert!" Lorena zog sich die Decke über den Kopf. Ich überlegte kurz, ob ich vor Scham aus dem Fenster flüchten sollte. Ernsthaft. Vor irgendwem wäre mir das egal gewesen, aber hatten wir vor den Augen ihrer Tochter völlig nackt rumgemacht? Ich klatschte mir mit meiner Hand vor die Stirn.

Dajana tat so als würde sie den Raum verlassen. Im Nachhinein wusste ich, dass sie den Moment genoss, uns im Unklaren zu lassen. Denn sie drehte sich dann doch noch einmal rum.
„Und... macht euch keine Gedanken. Ihr seid sofort eingeschlafen. Ihr wart so besoffen, da wäre nichts mehr

gelaufen, selbst wenn ich euch aufeinander gebunden hätte." Sie prustete und verließ das Schlafzimmer.

Lorena kam wieder unter der Bettdecke hervor und blickte mich an.

„Na, Gottseidank", atmete sie erleichtert aus.

„Hey, so schlimm bin ich nun auch nicht", meckerte ich.

„Nein, so meine ich das nicht, aber wenn, dann möchte ich mich schon daran erinnern, wenn wir... ich meine..., wenn ich mit irgendwem Sex hatte!" Lorena überspielte geschickt die Tatsache, dass es sie nervös machte.

„Glaub mir Baby, du würdest dich ganz sicher daran erinnern, wenn wir Sex gehabt hätten", frotzelte ich und hatte einen arroganten machomäßigen Ton aufgelegt. Lorena schnappte sich ein Kissen und schlug nach mir. Wir veranstalteten eine kleine Kissenschlacht, peinlich darauf bedacht, dass wir uns nicht zu nahe kamen. Wir waren immer noch nackt. Lorena hielt sich ihre Decke fest an den Oberkörper gepresst. Schade, ich hätte ihr gerne mal die Decke weggezogen.

Nach einem kurzen Frühstück, das aus einem großen starken Kaffee und einer Aspirin bestand, hatte mich Lorena nach Hause gefahren. Wir verabschiedeten uns mit einem freundschaftlichen Kuss auf die Wange. Die Nacht hatte Gottseidank keine bittere Note hinterlassen. Wir regelten das unausgesprochen wie zwei Erwachsene, wie zwei Freunde. Ich glaube, wir waren beide überrumpelt davon, was passiert war. Oder sagen wir, dass zum Glück *nicht* passiert war.

♡

In der Kaffeeküche, als wir uns am Montagmorgen wieder begegneten, mussten wir grinsen. Dieses Mal hielt ich meine Kaffeetasse fest umschlossen.

„Noch einmal wirst du mir den ersten Kaffee nicht klauen. Beim letzten Mal waren die Bohnen leer und das Auffangbecken voll. Wenn man, wie ich seinen morgendlichen Koffeinschub benötigt, um seine schlechte Laune zu bekämpfen, kann man sich vorstellen, was das in mir für einen Stress ausgelöst hat."

„Ooooh, du armer, armer Kerl", zog sie mich auf und tätschelte mir den Kopf.

Alina betrat ebenfalls unsere Küche.

„Na, ihr beiden Suffnasen? Mack hat mir erzählt, dass ihr euch tooootal abgeschossen habt? Manno, und ich war nicht dabei. Das Date war scheiße, ich hätte bleiben und mittrinken sollen." Meine rothaarige Kollegin blickte uns abwechselnd durchdringend an.

„Wie lange wart ihr noch da? Wie seid ihr denn heimgekommen? Mack sagte, ihr seid die letzten gewesen, er sei vor euch gefahren."

„Mit dem Taxi...", sagte Lorena, doch ich hatte gleichzeitig den Satz begonnen: „Lorenas Tochter hat uns..." und Lorena korrigierte: „Ja, also meine Tochter hat Taxi gespielt" und ich nickte: „Ja, genau!"

Wir benahmen uns völlig unauffällig... *nicht*!

Alina hob die Augenbrauen. „Ihr zwei seid seltsam. Was sich der liebe Gott dabei gedacht hat, euch zwei zusammen zu stecken, werd´ ich wohl nie verstehen." Sie schnappte sich ihren Tee und verließ die Küche. Dicht gefolgt von Lorena, die sichtlich neugierig war, was ihre Kollegin über das verpatzte Date zu sagen hatte. Ich war heilfroh, dass „unsere Nacht" keine bleibenden Schäden zwischen Lorena und mir hinterlassen hatte. Dennoch... ganz abgeneigt, ihr näher zu kommen, war ich jetzt nicht unbedingt. Aber besser wir lassen das.

Das, was wir gerade hatten, zu riskieren, wäre es einfach nicht wert.

Der Großkunde hatte uns jede Menge Anfragen geschickt, wollte Muster sehen und Gespräche führen. In den nächsten zwei Wochen waren Lorena und ich mit unseren Teams extrem eingespannt. Oft sogar bis spät abends, da wir nicht nur mit Leidenschaft an die Sache gingen, sondern wir einfach immer grandiose Arbeit leisten wollten. Ich hatte sogar alle Proben mit der Band abgesagt, hatte Chris seit dem Auftritt in Ehrenbreitstein auch gar nicht mehr gesehen. Ja, vielleicht nutzte ich die Arbeit auch als Ausrede, ihm nicht unter die Augen zu treten, denn ich hatte keinen Bock, ihm die Wahrheit zu sagen. Mein Ego spielte hier wirklich eine große Rolle. Er war ja eigentlich mein bester Freund, und ich wollte ihn nicht auf Dauer anlügen. Aber wenn ich ihm die Wahrheit sagen würde, wäre aus meinem Triumph gleich sein Triumph geworden. Nämlich, dass wir ihm das Schauspiel geliefert hatten, um ihn zu ärgern oder eifersüchtig zu machen. Das hätte wiederum sein Ego gepinselt und er würde mich damit immer wieder aufziehen. Und wer weiß, vielleicht würde er sich wieder an Lorena ranmachen. Ich dachte an die Französin damals, die süße Michelle und wie sie sich für Chris entschieden hatte. Das könnte ich nicht noch einmal ertragen, dass sich dieser Schlüsselmoment wiederholt. Da geht es nicht um Sieg, das wäre ein Riss in meiner Matrix ohne Gleichen. Ich würde den Glauben an alle Frauen verlieren, glaube ich. Ja, ich hab´ manchmal einen Hang zur Dramatik.

Ich wusste, dass ich Chris irgendwann wieder unter die Augen treten müsste, allein schon, weil ich die Band und meinen Freund nicht aufgeben würde nach all den Jahren. Aber bis dahin war vielleicht Gras über die Sache gewachsen und mir würde eine Lösung einfallen. Ganz bestimmt.

Es war wieder mal ein Freitag, an dem alle Mitarbeiter froh waren, dass wir sie gegen 16 Uhr in den Feierabend schickten. Ich hatte vorgeschlagen, für alle Essen zu bestellen, als Belohnung für den Stress der letzten Wochen. Doch fast alle wählten die Couch oder alles andere, nur, um nicht mehr im Büro zu bleiben.

Außer Lorena und mir, wir waren wie versessen.

„Lori, lass uns mal ´ne Pause machen, komm, du hast schon viereckige Augen!" Sie saß auch vier Stunden später noch hochkonzentriert vor ihren drei Bildschirmen und ihren Grafiken und sah aus, als wenn die Screens sie gleich hineinziehen und verschlucken würden. Ich hatte Sushi liefern lassen; ich wusste, dass sie das liebte.

„Hach, danke, ich kenn´ wohl einfach keine Bremse." Sie rollte mit ihrem Stuhl zurück und warf ihren Kopf in den Nacken, ließ die Arme hängen und selbst in dieser völlig abstrusen Haltung sah sie sexy aus. Müde, aber irgendwie echt sexy.

„Alex, glotz nicht so!" Sie hatte mich erwischt. Ich lachte leise.

„Du brauchst echt jemanden, der dich auf der Autobahn manchmal auf eine Ausfahrt lenkt. Du kannst nicht immer Vollgas geben!" Ich hörte mich an wie meine eigene Mutter.

„Sagt der Typ, der jeden Tag genau so viele Stunden hier im Büro verbringt wie ich und nicht einmal mehr Proben geht. Wann hast du das letzte Mal geduscht?", zog sie mich auf. Ich lachte nur noch.

„Komm, das Sushi wird warm, Guapa", neckte ich sie.

„Guapa? Hört sich an wie eine Kaulquappe, was bedeutet das?" Sie war aufgestanden und trat an meine Seite.

„Ich wollte dir ein Kompliment machen, nicht dich beleidigen. Das ist spanisch und heißt *Hübsche*." Ich zwinkerte sie an, verbeugte mich leicht vor ihr und deutete mit meiner Hand in Richtung des kleinen Besprechungsraums. Ich hatte die Tische weggeschoben und das Sushi mit einer Flasche Wein auf dem Boden hergerichtet.

Ich weiß gar nicht, warum ich plötzlich diesen Hang zur Romantik verspürte, aber ich wollte ihr eine Freude machen. Denn egal, was zwischen uns war oder nicht, ich mochte sie. Sehr sogar.

Als ich sah, dass er den Besprechungsraum in eine fast schon romantische Stimmung getaucht hatte, wollte ich erst einen blöden Spruch machen, so wie wir es immer taten, doch das wäre unpassend gewesen. Er hatte sich wirklich Mühe gegeben und das hatte schon lange kein Mann mehr für mich gemacht. Ich drehte mich herum, er stand direkt hinter mir. Ich gab ihm, ohne groß zu überlegen, einen Kuss auf die Wange.
„Danke Alex, das tut richtig gut!" Ich sah das Funkeln in seinen Augen, doch bevor es peinlich wurde, setzte ich mich auf den Boden, der zum Glück mit einem Teppich ausgelegt war, und Alex setzte sich mir gegenüber.
Wir erzählten uns Dinge aus unserer Vergangenheit, lustige Erlebnisse unserer Kindheit. Ich erzählte ihm von meinen Kindern, die nun fast schon erwachsen waren und wie sehr ich Tina vermisste, die bei ihrem Vater wohnte, aber von der ich hoffte, dass sie bald nach Koblenz nachkommen würde.
„Das klingt alles richtig gut", merkte Alex an. „Ich hab´ das mit Kindern und Vater zu werden irgendwie voll verpasst. Aber da kam ein Zeitpunkt, an dem ich einfach beschlossen hatte, wenn es bis dahin nicht mit einer ernsthaften Beziehung geklappt hat, dann werd´ ich es lassen."
„Naja, aber Männer sind doch mit 40 oder auch 50 noch nicht zu alt Vater zu werden. Wir Frauen dann eher schon."

„Neh, lass ma! Ich hab´ meinen Job, die Musik, und meine Drums sind meine Kinder."

„Und deine Sticks sind deine Frauen, richtig? Thääälma und Louiiiise." Ich zog die Namen etwas theatralisch in die Länge.

„Das ist es", rief Alex plötzlich aus, sprang auf und hätte fast seinen Wein umgeschüttet. Ich blickte ihm nach, wie er in sein Büro rannte, schnappte mir unsere Weingläser und lief ihm neugierig hinterher. Mir war klar, dass ihm eine Idee für die Kampagne eingefallen war.

Er begann einige Sätze im Grafikprogramm hin und her zu schieben. Ich setzte mich auf seinen Schreibtisch neben seinen linken Arm und stellte ihm sein Glas Wein vor die Tastatur. Wir sponnen ein bisschen herum und das neue Set des Werbefilms nahm Gestalt an, während ich uns eine zweite Weinflasche holte und mich wieder auf den Schreibtisch setzte.

„Aber meinst du nicht, dass das zu gewagt ist?", fragte mich Alex. Es war schon nach Mitternacht und wir hatten die zweite Flasche Wein geleert, während er mir wie so ganz nebenbei die Hand aufs Knie legte.

„*Das* ist auf jeden Fall *sehr* gewagt, Mister." Ich fokussierte ihn verschmitzt, peilte seine Hand an, und dann wieder seine Augen. Er grinste.

„Ist es das?" Seine Frage mit heiserer Stimme ging mir plötzlich durch und durch. Es war provokant. Es schien, als wenn ich jetzt die Entscheidung treffen müsste, wie es weiterging. Das Knistern, was immer nur im Hintergrund geschlummert hatte, war aufgewacht und bahnte sich seinen Weg durch meine Wirbelsäule hinein in meinen Bauch. Oder war es der Rotwein?

Die Stelle, wo seine Hand lag, kribbelte. Ich spürte, wie mein Herz schneller zu schlagen begann. Wortlos hingen wir im Zeit- und Raumgefüge seiner Frage, unfähig uns zu entscheiden, was wir nun tun. Sollten wir wirklich etwas kaputt machen, das wir gerade aufgebaut hatten?

Unsere Blicke trafen sich und wir unterhielten uns wortlos. *Wollen wir das wirklich?* Ganz langsam, aber unaufhörlich übernahm die Vernunft wieder die Überhand. Wir beide hatten eine Symbiose, eine Synchronizität unserer Gedanken. Er lächelte. Und zog die Hand sanft wieder weg. *Lass uns vernünftig bleiben*, war unser beider Antwort.

„Wollen wir eigentlich hier übernachten? Wir sollten mal langsam nach Hause, oder? Soll ich uns ein Taxi rufen?"

Ich versuchte, meine Nervosität zu verbergen oder, eher gesagt, war es schon mehr als das. Ich war erregt, es prickelte in mir. Mir schoss plötzlich die Erinnerung in den Kopf, als er nackt neben mir im Bett gelegen hatte. Sein Oberkörper war sexy gewesen und die Erinnerung daran heizte mich weiter auf.

Ich stand auf und wollte auf die Toilette, um mir etwas kaltes Wasser auf die Arme und ins Gesicht zu spritzen, um mich abzukühlen. Er hatte mir nicht geantwortet. Ich ging an ihm vorbei, streifte seinen Arm, und als ich durch den Wein leicht schwankte, hielt ich mich an seiner Schulter fest.

Fast als hätte uns durch diese Berührung ein Blitz getroffen, durchzog uns ein Feuer, das nicht mehr aufzuhalten war. Ich spürte es brennen und wusste eine Sekunde später, dass es Alex genauso ging.

Mit einem Griff hatte Alex mich nach unten zu sich auf seinen Schoss gezogen. Ich blickte ihm direkt in die Augen, mir wurde heiß und schwindelig. Es war ein Moment voller Aufregung und Spannung, nur Sekunden davon entfernt, etwas zwischen uns zu verändern. Und zwar massiv. Das wussten wir beide.

„Alex...", hauchte ich, wollte meinen Widerstand deutlich klar machen, doch da war fast keiner mehr.

„Ich will dich. Und zwar jetzt", hauchte Alex fordernd und ich zögerte keine Sekunde mehr, meinen Verstand zu verlieren.

Und dieses Mal...

...würden wir uns daran erinnern, dass wir es getan hatten.

Und ich wusste ganz sicher, wir würden es ab jetzt für immer tun. Ständig.

Diese Geschichte widme ich...
den Schlüsselmomenten im Leben.
Die, wenn man eine andere Entscheidung trifft,
ein komplett anderes Leben erschaffen.

Wait for the one, who will find you in the dark and listen in the silence.

J M Storm

Kapitel III

Kate Bono

Dunja

„Mann, Mama, wie weit isses denn noch? Ich dachte, wir gehen spazieren, nicht wandern."

Dunja war froh, dass sie ihre Tochter endlich mal aus dem Haus bekommen hatte. Die Teenagerin war ein Nerd durch und durch, vergrub sich in ihrem Zimmer vor ihrem PC und kam äußerst selten an die frische Luft. Manchmal hatte Dunja Sorge, dass das Sonnenlicht das Kind verbrennen würde wie einen Vampir, wenn sie so viele Tage am Stück in ihrem Zimmer hing und dann in die Sonne trat. Aber so war das nun mal in der Plandemiezeit. Fabienne machte ihre Ausbildung per Fernstudium, um nicht mehr in die Schule zu müssen.

„Es ist nicht mehr weit. Meine Güte, wir gehen doch erst seit fünf Minuten." Dunja lachte. Tatsächlich waren sie erst wenige Minuten unterwegs und die Bewegung würde Fabienne sehr guttun. Die junge Mutter wollte ihrer Tochter unbedingt etwas zeigen. Sie hatte bei einer ihrer Sommerspaziergänge eine abenteuerliche Bank oberhalb der Ruppertsklamm entdeckt. Mitten im Wald am Abgrund eines Berges, der einen wundervollen Blick auf das Lahntal bot. Diese kleine, ungefährliche, aber wunderschöne Schlucht war eine sehr beliebte Wander-Kletter-Tour. Dunja war mit Fabienne, als sie noch klein war, dort ein paar Mal wandern gegangen, doch ganz oben waren sie nie angekommen, weil ihre Tochter schon immer viel zu schnell müde wurde und keine Lust hatte, ewig lange durch die *dumme Natur* zu laufen.

„Schau, da vorne geht es jetzt rechts ab durch den Wald!" Dunja hüpfte begeistert über einen kleinen Graben in den Wald hinein.

„Och nö, Mama, da werden meine weißen Turnschuhe ja voller Dreck!", maulte Fabienne.

„Mann, dann steck´ ich sie halt in die Waschmaschine. Jetzt stell dich nicht so an!" Dunja verdrehte die Augen und betrachtete ihre Tochter, die mühsam versuchte nur auf Laub und nicht auf Dreckhaufen zu treten. *Wer hat dich nur erzogen, Kind?* Diese Frage war rein rhetorisch, denn Dunja hatte ihre Tochter fast alleine groß gezogen, seit ihr Mann verstorben war. Da war Fabienne gerade Mal fünf Jahre alt gewesen. Deshalb zog das Mädchen sich auch so sehr von der Außenwelt zurück. Sie wollte sich emotional sicher an niemanden mehr klammern oder gewöhnen. Selbst ihre Mutter stieß sie manchmal von sich weg.

„Fabienne, ich bitte dich. Können wir nicht einfach mal die Natur genießen? Ich freu mich, dass du mitgekommen bist. Es ist doch…"

„Mom, bitte halte mir keine Standpauke. Ich bin ja da und ich lauf ja hinter dir her. Aber bitte zwing mich nicht, Spaß dabei zu haben und am Ende noch Kastanien sammeln zu müssen." Fabienne kickte gegen eine dieser Baumfrüchte, die mit lautem Knall an einen Baum krachte.

„Oh, Kastanien!", rief Dunja aus. „Wollen wir zuhause damit basteln, wie früher?" Doch bevor sie weitersprach sah sie in das entgeisterte, genervte Gesicht ihrer Tochter und zuckte mit den Achseln.

„Egal, ich sammele trotzdem welche auf dem Rückweg für die Deko auf dem Esszimmertisch."

Dunja setzte ihren Weg fort, Fabienne lief in einiger Entfernung hinterher. Sie hatte Spaß daran, die Kastanien mit einem Tritt gegen die Bäume zu schießen. Sie war darin sogar überraschend gut.

„Gaming ist doch zu was gut. Zielen kann ich immerhin", lachte Fabienne und Dunja lächelte. Es ging ihr ins Herz, wenn ihre Tochter endlich mal lachte. Das tat sie so selten.

Eine Weile stiefelten sie noch durch das Waldstück, die Abendsonne schien noch stellenweise durch die Baumwipfel und das herbstliche Laub leuchtete in einem goldenen Licht. Dunja hoffte, dass die Bank, die über den Abgrund ragte, zu dieser Uhrzeit frei wäre, damit sie Fabienne dieses kleine Gefühl des Nervenkitzels, gepaart mit einer wundervollen Aussicht, zeigen könnte. Es war schon kurz vorm Sonnenuntergang am Spätnachmittag.

Dunja hüpfte durchs Geäst. Sie liebte es, wenn sie fühlen konnte, wie der Waldboden unter ihren Turnschuhen sanft nachgab, wenn die kleinen Äste knackten und das Laub raschelte. Zwar konnte man von weitem, von unten aus dem Tal, eine Band proben hören, doch ansonsten war es angenehm still hier oben. Kein anderer Wanderer war noch unterwegs. Im Dunkeln war es in der Schlucht auch viel zu gefährlich und selbst hier oben wollte man nicht alleine sein, wenn es zu dämmern begann. Überall gab es kleine tiefe Gräben und die Berge waren mit kleinen Schluchten dazwischen aneinandergereiht. Ein falscher Tritt vom Weg ab und man würde in die Tiefe purzeln.

Die Mutter trat aus dem Wald auf die kleine Lichtung am Ende des Berges, kurz vor dem Abgrund, und erblickte die besagte Bank. Dort saß ein Mann mit Hund, einer Weinflasche und zwei blauen Bechern und genoss die letzten Sonnenstrahlen.

„Mist", flüsterte Dunja enttäuscht. Leider sahen der Wein, der noch nicht geöffnet war, und die Becher nach einer längeren Sitzung dort aus. Da wollte sich wohl einer den Sonnenuntergang anschauen.

Unter ihrem Fuß knackte ein Ast. Der kleine Yorkshire Terrier sprang auf und der Mann schnellte herum.

Der sympathisch lächelnde Lockenkopf, etwa in Dunjas Alter, drehte sich zu ihr und hielt seinen Hund fest an der Leine. Seine Augen blitzten, als er Dunja sah und sein Lächeln wurde noch breiter.

„Hi", sagte er sehr begeistert.

„Hallo", sagte Dunja freundlich. „Lass dich von uns nicht stören!" Sie trat etwas näher, um wenigstens den Ausblick mit Fabienne zu teilen, wenn schon nicht die Bank.

„Uns?", fragte der Lockenkopf verwirrt. Es knackte wieder, Fabienne kam aus dem Wald und lief zu ihrer Mutter.

„Ach", der Mann schien enttäuscht. „Ich dachte, du wärst mein Date." Er lachte nervös und räumte die Weinflasche und Becher zur Seite, als wollte er aufstehen oder als wäre es ihm peinlich, dass man ihn dabei ertappt hatte, während er auf ein Blind Date wartete und sie verwechselt hatte.

„Nein", lachte Dunja, „nicht, dass ich wüsste."

„Schade aber auch", grinste der Lockenkopf.

„Vielleicht solltest *du* sein Date werden?", flüsterte Fabienne und kicherte. Dunja stieß sie mit dem Ellenbogen an und verzog ihr Gesicht, was so viel hieß: „Halt ja deinen Mund, Kind!"

Der Mann verwickelte Dunja in ein Gespräch über den wundervollen Ausblick. Die Mutter erwiderte, dass sie all die Jahre alles nur von unten kannten. Sie erklärte ihrer Tochter, welche Straße unten am Fuß des Berges zu finden war, die sie seit Jahren schon entlangfuhren. Fabienne war begeistert, dass sie alles wiedererkennen konnte und es von oben so ganz anders aussah.

Nach ein paar Minuten entstand eine peinliche Stille. Dunja wusste, dass ihre Tochter nun endlich wieder gehen wollte und Fabienne wusste, dass sie sich wie ein fünftes Rad am Wagen fühlte. Wie schön das gewesen wäre, hätte ihre Mutter den Mann alleine beim Spazierengehen getroffen. Kurz überlegte sie, ob sie ihre Mom überreden sollte, einfach das Date zu übernehmen und wenn die wahre Verabredung kommen würde, könnte sie sie ja einfach umhauen und aus dem Wald schleppen. Fabienne kicherte.

„Was ist so lustig", fragte ihre Mutter.

„Können wir gehen?" Sie legte einen genervten Tonfall auf, damit man ja nicht denken könnte, sie hätte Spaß. Hatte sie, aber nur mit ihrer Fantasie. Das Gedöns im Wald und das Gelaber der Erwachsenen waren ihr zu doof.

„Ähm, ja, also, wir gehen dann mal wieder...", stammelte Dunja dem Mann entgegen.

„Ähm, ja, dann macht das mal...", stammelte der Kerl zurück.

„Viel Spaß mit deinem Date", lachte Dunja und zwinkerte Mister Locke belustigt zu. *Ich hätte nichts dagegen, wenn ICH das Date wäre...*

Der Mann erwiderte nichts mehr und blickte den beiden Frauen hinterher.

„Oh Mann, Mom, du hättest einfach dableiben sollen."

„Und was wäre mit dir? Wolltest du die zwanzig Kilometer nachhause laufen? Du?", lachte Dunja.

„Oh Scheisse, ja, das wäre maximal ätzend", lachte das Mädchen. „Hätte ich aber einen Führerschein..."

„Würde dir auch nicht helfen, dann müsste ich dir ja erlauben mein Auto zu fahren und da ich deine Gaming-Gene befürchte, kaufe ich dir lieber direkt einen verbeulten Schrotthaufen", ärgerte Dunja ihre Tochter, die ständig meckerte, den Führerschein noch nicht machen zu können. Aber das war das einzige Druckmittel, welches Dunja noch hatte, damit Fabienne sich Mühe beim Fernstudium gab. Wenn sie das ordentlich und mit guten Noten durchzog, würde sie ihr den Führerschein bezahlen. Auch wenn das noch fast zwei Jahre dauern würde, da musste Fabienne eben durch.

„Aber, war der Mann denn nichts für dich?", bohrte das Mädchen nach, die sich wünschte, ihre Mutter endlich wieder in einer glücklichen Beziehung zu sehen. Der Tod von ihrem Vater hatte beide in ein Loch geworfen, in dem sie noch immer unglücklich drin rumdümpelten.

„Hm...", überlegte Dunja, während sie ein paar Kastanien aufsammelte und sich freute, dass Fabienne sie dabei sogar unterstützte. „Doch, der sah ganz nett aus."

„Und ein Mann mit Hund ist ja eh deins", stellte sie fest, während sie das Gesicht verzog, weil ihre Hände durch das Aufheben der Kastanien voller Dreck waren.

„Ich hasse Natur!" Fabienne machte Würgegeräusche.

„Aber er hat ja ein Date und die sind vielleicht zusammen." Dunja beobachtete ihre Tochter und lachte sich kaputt. Das Mädchen wäre der geborene Comedian, wenn man außer Acht lassen würde, dass sie das Getue ernst meinte.

„Mom, der hat *dich* für sein Date gehalten. Also ist es ein *Blind Date* und... Ach, du Scheiße! Du brauchst dir keine Sorgen zu machen, er bleibt auch mit Sicherheit weiterhin Single!" Fabienne gluckste und hatte mitten im Satz die Stimme gesenkt, während sie vorsichtig mit der Nase in die Richtung zeigte, in die sie zurück zum Parkplatz liefen.

Eine Frau, die man als graue Maus bezeichnen könnte, kam ihnen entgegen. Den Blick gesenkt, mit einer Ausstrahlung von schlechter Laune, die Haare einfach ungekämmt zu einem Zopf zusammengebunden, so als wäre sie gerade erst aufgestanden. Das Gesicht ungeschminkt, ihre ganze Gestalt wirkte verbissen und dunkel.

„Na, *das* nenn´ ich mal Kontrastprogramm", kicherte der Teenager leise, während die Frau auf ihre Höhe kam.

„Hallo", sprachen Fabienne und Dunja freundlich wie sie es immer mit entgegenkommenden Menschen taten, doch die Frau blickte weiter stur auf den Boden und beachtete Mutter und Tochter mit keinem Blick.

„Ultrakontrastprogramm", lachte Dunja. Die beiden versuchten nicht zu laut zu lachen. Dunja hatte blonde Haare, trug heute helle Kleidung und strahlte eine Fröhlichkeit und Freundlichkeit aus, dass man nicht ahnen konnte, was dahinter für ein Schicksalsschlag und Traurigkeit steckten.

„Der Mann tut mir voll leid! Vielleicht solltest du ihn echt retten." Fabienne schmierte immer noch ihre Hände an ihrer Jeans ab, die Kastanien hatte sie alle ihrer Mutter in die Hände gelegt, die die Pyramide vor sich hertrug wie ein Heiligtum.

„Näh, nicht meine Aufgabe. Der soll sie schön selbst wieder wegschicken und wenn er für mich gemacht ist, werden wir uns einfach noch mal begegnen", sang Dunja.

„Ach Mom, du immer mit deinen romantischen Vorgaben ans Universum. Du wirst ewig alleine bleiben, wenn du immer nur wartest, dass er irgendwann vor deiner Tür steht", schimpfte Fabienne.

„Naja, *dein* zukünftiger Partner kommt auch nicht aus dem Drucker in deinem Zimmer, mein Kind", schimpfte Dunja spaßig zurück.

Fabienne stupste ihre Mutter mit dem Finger in die Seite, was die Kastanien-Pyramide fast zum Einsturz gebracht hätte. Aber Dunja schaffte es tatsächlich, das Gebilde vollständig in den Kofferraum des Autos zu befördern, in den sie einfach alle Kastanien hineinwarf.

„Typisch Mom, davon finden wir noch nächsten Sommer welche hier drin, weil du nicht alle rausholst", lachte Fabienne. Ihre Mutter war manchmal einfach etwas unorganisiert, aber das liebte sie so sehr an ihr.

„Warum bist du denn nicht einfach geblieben?", schimpfte ihre Freundin Johanna, als Dunja ihr bei einem Videocall am Abend von der witzigen Begegnung im Wald erzählte.

„Ich kann doch nicht einfach ein Date crashen", lachte Dunja.

„Mensch, du hättest ihm aber deine Nummer geben können, falls das Date nix wird!" Johanna ließ nicht locker.

„Hätte, hätte, Fahrradkette!" Dunja hatte keine Lust, darüber zu diskutieren, was hätte sein können. „Außerdem hätte er ja auch reagieren können, wenn er mich so toll gefunden hat. Also hören wir jetzt auf. Es war eine witzige Begegnung und gut ist."

Tatsächlich machten sich alle mehr Gedanken um ihr Liebesleben als Dunja selbst. Sie hatte irgendwie keine Lust, sich auf irgendeinen neuen Mann einzustellen und ja, vielleicht war auch Verlustangst dabei und auch noch immer das Gefühl, sie würde Jochen fremdgehen. Es fühlte sich so an, als wäre er immer in ihrer Nähe. Sie wusste, dass ihr verstorbener Mann ihr einen neuen Partner nicht verübeln würde, aber Dunja bezweifelte, dass sie sich je wieder verlieben könnte. Oder dass irgendwer noch einmal diese Liebe erreichen könnte, die sie für Jochen empfand. Und sie wollte keinem anderen Mann dieses Gefühl von Konkurrenz geben.

„Mom, ich treff' mich mit ein paar Freunden am Wochenende, wir machen LAN-Party!" Wie beiläufig erzählte Fabienne von diesem sehr ungewöhnlichen Wochenendplan.

„Moment, Moment, das muss ich gerade verdauen. Erstens – du hast Freunde?" Dunja tat total überrascht.

„Mom, auch wenn die Leute für dich nicht sichtbar sind, sind es trotzdem meine Freunde – wir teilen ein gemeinsames Hobby...", beschwerte sich das Mädchen.

„Jaja, ich weiß ja, war ein Scherz und warte, der Zweite muss auch noch raus..."

„Mom!", der Teenager kniff vorwurfsvoll die Augen zusammen.

„Doch, doch, das gönn ich mir: Zweitens – du gehst freiwillig unter Menschen? Ein Wunder, ein Wunder!" Dunja hob die Arme und tat total theatralisch.

„Mom, ich hasse dich", Fabienne lachte und warf das Geschirrtuch nach ihrer Mutter.

„Ich dich auch mein Schatz!" Dunja nahm ihre Tochter in die Arme und drückte sie, während Fabienne versuchte, sich aus dieser Umarmung zu befreien. „Ich freu´ mich so für dich, Schatzi."

„Mom, hör auf! Mann! Ich kann das nicht leiden, mann!", schimpfte sie teils ernst, teils mit einem Lachen. Dunja wusste, dass ihre Tochter tatsächlich hin- und hergerissen war, was solche Körpernähe betraf. Früher hatten sie viel gekuschelt, aber als Fabienne mit vierzehn plötzlich aufhörte damit und sich ihr entfernte, kaum noch aus ihrem Zimmer kam, hoffte Dunja, dass das alles nur ein Nebeneffekt der Pubertät war und irgendwann wieder vorbei gehen würde. Wenn kleine Kinder erwachsen wurden, war das echt ätzend, weil man irgendwie die gewohnte Nest-Nähe zu ihnen verlor.

„Soll ich dich hinfahren oder abholen? Wo ist das überhaupt?" Während Dunja Einkäufe in den Kühlschrank räumte, machte sich Fabienne einen Kaffee.

„Ne, ich werde abgeholt und du kannst ihn auch kennen lernen. Is´ mir eh lieber, du schätzt ihn mal ´ne Runde ein."

Dunja war überrascht und unglaublich stolz. Nicht nur, dass das fast erwachsene Kind Wert auf die Meinung ihrer Mutter legte, sondern den Typen auch erst vorstellen wollte. Das war neu.

„Ich wusste ja nicht, dass es gleich mit einem Kerl zu tun hat dieses Treffen... also ist es ein Date?"

„Nein! Ieh! Der Typ, der mich abholt, ist nur ein Freund, aber ich will nicht von einem Fremden abgeholt werden, den ich nur aus dem Internet kenne und ich will, dass du einschätzt, ob er okay ist. So vom Gefühl her." Fabienne schnappte sich den Kaffee und ging ohne ein weiteres Wort aus der Küchentür hinauf in ihr Zimmer.

Dunja blieb verdutzt zurück. Sie war stolz, dass das Mädchen so vorsichtig war und es war tatsächlich lange her, dass Fabienne sie nach ihrer Meinung gefragt hatte. Der Mutter ging das Herz auf und sie lächelte. Vielleicht ging endlich diese verflixte Pubertät zu Ende.

Aber sie hat mir nicht beantwortet, wo das alles stattfindet, das Biest. Dunja schnaubte belustigt. Immerhin verließ ihre Tochter endlich mal wieder das Haus und hatte *echte* soziale Kontakte. Außerdem war sie volljährig und konnte selbst entscheiden, was sie tat. Dunja vertraute ihrer Tochter.

Eine Woche später wurde Fabienne von einem netten, gutaussehenden jungen Mann abgeholt. Dunja konnte genau beobachten, wie der Junge ihre Tochter betrachtete – nämlich mit großem Interesse und das war bestimmt nicht nur aus Freundschaft.

Während die jungen Erwachsenen mit dem Auto davon fuhren, Dunja hatte den jungen Mann nur kurz begrüßt, begutachtet und ihrer Tochter zustimmend zugenickt, dachte sie an Jochen.

„Babe, unser Kind ist erwachsen", seufzte die junge Witwe und stellte sich vor, wie ihr verstorbener Mann reagiert hätte, wenn Fabienne von einem Jungen abgeholt wurde. Er war nie eifersüchtig gewesen, aber sicher wäre er besorgt und hätte den jungen Mann ausgequetscht wie lange er denn schon den Führerschein hätte und das alles. Dunja schloss kurz die Augen und stellte sich vor, wie Jochen hinter ihr stehen und sie im Arm halten würde, wie früher immer. Sie war froh, dass sie nicht mehr zu schlimm trauerte. Sie vermisste ihn, aber sie hatte ihren Frieden damit gemacht, dass Gott ihn so früh geholt hatte. *Sicher braucht Gott dich im Innendienst.*

Angespornt durch die Begegnung mit dem fremden Lockenkopf, meldete sich Dunja nun bei einer Single-App an. Wie sonst hatte der Kerl ein Blind Date. Mit Sicherheit hatten die beiden sich auf so einer App kennen gelernt. Dunja hielt davon nicht viel. Sie kannte die Geschichten ihrer Freundinnen über missglückte Begegnungen, von nervigen Dates und sinnlosen Konversationen. Sie hatte kein Interesse, damit ihre Zeit zu verschwenden. Naja, bis zu dem Zeitpunkt vor ein paar Wochen, als sie Mister Locke oben am Aussichtspunkt getroffen hatte. Irgendwie hatte sie gehofft, dass sie ihn dort sehen und matchen könnte, so nach dem Motto „Hach, was für ein Zufall, du auch hier?" Doch in all den tausend Kerlen fand sie keinen Lockenkopf und auch sonst keinen interessanten Mann. Sie hatte sogar das Alter von ihrem Suchradius um zehn Jahre tiefer gesetzt, als sie war und fünf Jahre höher. Doch noch älter war der lockige Typ auf keinen Fall gewesen und jünger ganz bestimmt auch nicht.

„Warst du denn nochmal bei der Bank? Ich würde um dieselbe Uhrzeit noch einmal dort hingehen, am besten auch noch am selben Tag!" Ihre Freundin Johanna fand das ganze total spannend. Und es verging keine Woche, in der sie ihrer Freundin Dunja keinen Vorwurf machte, dass die beiden Singles bei ihrer Begegnung keine Nummern ausgetauscht hatten.

„Ja, ich war noch zweimal da – mal an einem Samstag, mal an einem Sonntag. Ich will ja nicht wie eine Verzweifelte da ständig nach ihm suchen oder auf ihn warten, ganz so toll war er ja nun auch nicht." Dunja verzog das Gesicht.

„Hach Süße, ich find´s echt gemein. Da freu ich mich einerseits, dass du endlich mal jemand Männlichen interessant findest und vielleicht sogar näher an dich ranlassen würdest, doch dann hat das Universum da so ´ne blöde Tussi hingeschickt."

„Vielleicht ist er ja auch ein totaler Blödmann und das Universum hat mich beschützt? So!", schloss Dunja die Unterhaltung. Sie wollte nicht ständig über einen Mann reden der ihr nur ein einziges Mal über den Weg gelaufen oder, besser gesagt, im Weg gesessen hatte.

Fabienne war mittlerweile integriert in eine Clique, die sich des Öfteren für LAN-Partys traf oder einfach so feierte. Die jungen Leute hatten sich mit den durch die Pandemie geschlossenen Kneipen und Diskotheken arrangiert. Sie trafen sich privat irgendwo und ließen sich von den irrsinnigen Restriktionen nicht einsperren.

Lukas, der Typ der Fabienne beim ersten Mal schon abgeholt hatte, holte sie fast bei jedem Treffen zuhause ab. Dunja traute sich schon gar nicht mehr zu fragen, ob da doch mehr zwischen den beiden liefen, da ihre Tochter mehrfach miesgelaunt reagiert hatte.

„Mom, nerv mich doch nicht. Lukas ist ein Kumpel. That´s it. Er ist für mich wie ein Bruder."

„Naja, sieht er das auch so?", hakte Dunja nach, denn Lukas ging mittlerweile zweimal die Woche bei ihnen zuhause ein und aus und so ganz nahm sie ihrer Tochter die Kumpelnummer nicht ab.

„Ja, wir reden da ganz offen drüber. Wir sind wie Bruder und Schwester. Die Typen in meinem Alter sind doch alle Nerds und so komisch. Wenn, bräuchte ich einen älteren Mann..." Fabienne pausierte, weil ihre Mutter sich am Kaffee verschluckte.

„Älterer Mann?", gluckste sie nicht sonderlich begeistert.

„Boah Mama, leg nicht immer alles auf die Goldwaage. Meine Freunde sind gerade mal volljährig. Mit einem älteren Mann rede ich von Mitte Zwanzig und aufwärts. Ich kann mit Kindern halt nicht so." Fabienne warf ein paar Pommes in die Heißluft-Fritteuse.

„Haha", lachte Dunja nervös. Sie hoffte, dass das Wort *aufwärts* bei sechsundzwanzig stoppen würde.

Einige Wochen später war es kurz vor Weihnachten und Fabienne machte sich fertig für eine Weihnachtsparty, die bei Lukas zuhause starten würde.

„Mama, kannst du mich hinfahren und dann später auch abholen? Die trinken ja alle was und ich will da nicht schlafen. War ja noch nie bei Lukas zuhause. Der war ja immer nur hier bei uns, weil ich kein Auto habe." So viele Sätze benutzte Fabienne nur, wenn sie um etwas bettelte.

„Klar, um wieviel Uhr?"

„Frag´ lieber nicht, kann ich das nicht offenlassen?"

„Hm, na gut, dann bleib´ ich wach."

Dunjas Eltern hatten das nie für sie getan. Deshalb hatte sie sich damals als Teenager geschworen, dass, wenn sie jemals Kinder hätte, sie diese immer hin und her fahren würde. Es war ja auch viel besser sicherzustellen, dass das Kind heil nach Hause kommt, vor allem nachts. Dunja erinnerte sich an ihre eigene Jugend, bevor sie einen Führerschein besaß und welche abenteuerlichen Mitfahrgelegenheiten sie manchmal genutzt hatte. Es war gottseidank immer gut gegangen, aber Freundinnen von ihr hatten ziemlich üble Erfahrungen gemacht mit Übergriffen oder Unfällen. Sie wollte sich lieber nicht vorstellen, dass Fabienne in einen fremden Wagen einstieg, vielleicht sogar per Anhalter oder im Auto eines Betrunkenen mitfuhr.

Das Elternhaus in dem Lukas wohnte, war hell erleuchtet und an vielen Fenstern waren Lichterketten angebracht. Während Dunja mit ihrer Tochter nur in einer kleinen Wohnung wohnte, beneidete sie die Eltern von Lukas jetzt schon. Zudem lag das Haus in einer teuren und idyllischen Wohngegend. Zwar voller Altbauten, aber eben liebevoll renovierte Gebäude mit verträumten Gärten und das auch noch an einem Seitenarm des Rheins gelegen. Ein Traum für Dunja. Ein unerreichbarer Traum.

Fabienne sprang aus dem Auto, warf ihrer Mutter eine Kusshand zu und lief zur Haustür, die sich prompt öffnete. Lukas steckte den Kopf raus und ließ seine schwesterliche Freundin hinein. Dunja blieb für einen Moment noch im Auto vor dem Haus stehen und seufzte. Auf einer Party war sie schon lange nicht mehr gewesen. Die Weihnachtszeit war eh schon heftig, weil immer wieder Jochen in der Luft hing und wie sehr Dunja ihn vermisste. Am liebsten hätte sie sich jetzt zuhause betrunken, doch da sie Fabienne noch abholen musste, konnte sie das ja leider nicht tun.

„Universum, irgendwie wäre ich mal bereit für eine Überraschung. Danke!" Dunja startete den Motor und sah plötzlich etwas auf dem Beifahrersitz leuchten. Fabiennes Handy. Es war ihr wohl aus der Hosentasche gerutscht. Also schaltete die Mutter das Auto wieder aus, nahm das Handy und stiefelte zur Haustür des romantisch beleuchteten Hauses, aus dem allerdings gerade Technomusik dröhnte.

„Ob da überhaupt jemand mein Klingeln hört?", lachte sie und drückte auf den kleinen, messingfarbenen Knopf unter dem Namensschild.

„Adam Maybach, Architekt. Wie nobel", las sie leise die geschwungene Gravur auf einem goldenen Schild vor, als sich plötzlich die Haustür öffnete und die laute Musik Dunja fast vom Hauseingang gefegt hätte.

„Nein, was für eine Überraschung!", hörte sie eine männliche Stimme und Dunja blickte in die leuchtenden Augen des Lockenkopfs von der Bank im Wald.

„Das gibt´s doch nicht", lachte Dunja. Die Situation war so konträr, da die elektronische Musik dröhnte, sie eher laut schreien mussten, um sich zu verstehen, aber der Moment und dieser romantisch beleuchtete Hauseingang, waren einfach magisch. Der Lockenkopf reichte Dunja seine Hand.

„Ich bin Adam. Hast du dich verlaufen?"

Dunja nahm seine Hand und lachte. „Hi, ich bin Dunja, ich bin Fabiennes Mutter und sie hat ihr Handy im Auto liegen lassen."

„Nein, das ist ja witzig. Ich hab´ sie ja eben gesehen und noch überlegt, woher ich sie kenne. Ich glaub´ das jetzt nicht. Da erzählt Lukas immer wieder von einer Fabienne und war die letzten Wochen sehr oft bei euch und…", Adam stockte, grinste und schüttelte mit dem Kopf. Erst jetzt bemerkten beide, dass sie ihre Hand noch immer schüttelten und ließen sie peinlich berührt rasch los.

„Komm doch erst mal rein", Adam strich sich nervös durch sein lockiges Haar. „Es gibt gottseidank Bereiche im Haus, da ist es nicht ganz so laut. Die feiern halt direkt hier im Wohn- und Esszimmer. Und ich glaube die Küche haben sie auch in Beschlag genommen."

Dunja folgte Adam ins Haus. Erst jetzt wurde ihr bewusst, dass sie nicht für eine Party gekleidet war, schon gar nicht für ein Wiedersehen mit diesem gutaussehenden Mann. Sie nahm sich vor, nie wieder in *normalen Klamotten* aus dem Haus zu gehen. Es war ihr *Samstags-„ich-fahr-ja-nur-schnell-einkaufen"*-Look.

„Mom?! Was machst du denn hier?", rief Fabienne, die gerade lachend mit Lukas um die Ecke des Wohnzimmers in den Flur gerannt kam. Sie blickte auf den Lockenmann und zeigte auf ihn. „Genau deswegen wollte ich dich gerade anrufen und hab' mein Handy gesucht", lachte das junge Mädel amüsiert. „Aber das hat sich ja gerade erledigt, wie ich sehe."

Dunja reichte ihr grinsend das Handy und wurde rot. Irgendwie war die Situation reichlich seltsam.

„Ach, kennt ihr euch?", fragte Lukas. „Tony, mach doch mal die Musik leiser, hier versteht man ja sein eigenes Wort nicht mehr!", schrie er zurück ins Wohnzimmer und prompt wurde die Lautstärke etwas erträglicher.

„Die beiden haben sich im Wald getroffen, als dein Dad ein Blind Date hatte", klärte Fabienne ihn auf.

„Du hast Dates?", fragte Lukas. „*Ihr* hattet ein Date?", hängte er hinterher und fuchtelte mit dem Zeigefinger zwischen den Erwachsenen hin und her.

„Ja, Junge, ich habe Dates und nein, *leider* hatten Dunja und ich *noch* kein Date!" Adam lächelte verschmitzt, Dunja wurde noch dunkelroter.

Dann trat ein anderer Ausdruck auf Lukas' Gesicht.

„Ach... dann bist du die Frau, die mein Vater schon seit Wochen sucht?" Dunja und Fabienne blickten sich verdutzt an, dann wanderten alle Blicke zu Adam. Dieser räusperte sich nervös und blickte auf seine Schuhspitzen.

„Naja, egal, komm wir machen jetzt die Shisha fertig, habt Spaß!" Fabienne erlöste die Elternteile aus der etwas verfänglichen Situation und zog Lukas mit sich in die

Küche. Ein kurzer Moment peinlicher Stille, die mit elektronischer Musik untermalt war, wurde nach wenigen Sekunden durch einen Hund unterbrochen. Der kleine Yorkiemix sprang an Dunjas Beinen hoch.

„Jack, wer hat dich denn rausgelassen. Mann, was für ein Chaos. Es tut mir leid, Dunja." Adam lachte, schnappte sich den kleinen Hund und zeigte mit dem Kopf nach hinten, in einen weiteren Teil des Hauses.

„Du musst dich nicht entschuldigen, ich bin ja völlig unangemeldet da", lachte die Blondine.

„Naja, aber ich hätte mir unser Wiedersehen etwas anders vorgestellt." Adam zwinkerte ihr zu.

„Unser Kennenlernen war ja auch nicht normal, also wen wundert es, dass es jetzt so kommt?"

„Stimmt auch wieder!"

Adam führte sie durch eine Art Büro in einen Wintergarten, der ebenfalls mit Lichterketten und Kerzen in eine wundervolle Stimmung getaucht war. Dadurch, dass Adam hinter ihnen die Tür des Flurs, des Büros und des Wintergartens geschlossen hatte, war es in diesem Bereich nun erheblich leiser. Die Musik der Kids dröhnte nur ganz leicht durch die Wände. Im Wintergarten plätscherte ein kleiner Brunnen. Adam ließ Jack wieder frei laufen und bot Dunja einen Platz auf einem der alten Ledersessel an.

„Tee?", fragte Adam.

„Ja, mit Schuss bitte", witzelte Dunja.

„Dann mach ich uns einen Eierpunsch", beschloss Adam und verschwand, ohne auf Antwort zu warten. Der kleine Yorkie sprang auf Dunjas Schoss und beschnupperte sie neugierig.

„Oh mann, Jack. Da hat das Universum die Überraschung schneller ausgeliefert als ich sie ausgesprochen hatte, was?" Dunja flüsterte ganz leise und der kleine Hund leckte ihr über die Nase, wie ein kleiner Kuss zur Bestätigung.

Einen Moment später kam Adam mit zwei Gläsern wieder zurück und reichte eines davon Dunja, bevor er sich auf den Ledersessel gegenüber setzte.

„Sorry, ich hab nicht mal gefragt, ob du sowas überhaupt trinkst, ich bin einfach überrumpelt. Wie kommt man denn auf die Idee Eierpunsch anzubieten? Du hast mich wohl etwas aus dem Konzept gebracht. Trinkst du Eierpunsch? Ich kann dir sonst was anderes machen." Adams Stimme hüpfte nervös, das fand Dunja ziemlich süß.

„Alles gut, ich hätte mich schon beschwert, wenn es nicht so wäre", sie zwinkerte und nahm sich einen Klecks Sahne auf den Finger und leckte ihn ab. „Hmmm, schon lange nicht mehr getrunken."

„Na, dann hab´ ich ja alles richtig gemacht." Adam prostete ihr zu. Seine Augen funkelten vergnügt.

„Bei deinem Blind Date damals auch?", witzelte Dunja, die es nicht lassen konnte, dieses Thema auf den Tisch zu bringen.

„Nein, wenn ich alles richtig gemacht hätte, hätte ich dich nicht einfach weggehen lassen, ohne nach deiner Nummer zu fragen."

Dunja hätte sich nach diesem Satz fast an ihrem Getränk verschluckt. Sie fühlte sich geschmeichelt und lächelte einfach nur.

„Also war es kein Erfolg?", sie überspielte die Ansage von Adam.

„Hast du sie nicht noch gesehen, als ihr zurück aus dem Wald gegangen seid? Sie sah aus wie eine Wilde, direkt aus dem Wald. Und irgendwie hatte sie ihre schlechte Laune direkt mitgebracht, gepaart mit einem üblen Mundgeruch und... kurz gesagt, sah sie aus wie eine verwilderte Version ihrer Profilbilder auf der SingleApp und dazu noch zwanzig Jahre älter."

„Ach, stehst du auf jüngere?", feixte Dunja, um ihn herauszufordern.

„Nein", lachte er. „Das war nur ein Beispiel. Ich finde, das Alter sollte schon so sein wie das von dir und mir", konterte

Adam und grinste. Er beugte sich nach vorne, stellte sein Glas auf den kleinen Beistelltisch, stütze die Ellenbogen auf seine Knie und faltete seine Hände, während er Dunja direkt in die Augen blickte. Sie zog eine ihrer Augenbrauen hoch.

„Ich steh´ nicht so auf Prinz-Charming-Getue", sie grinste. Es machte ihr Spaß, seine Schmeicheleien und direkten Anmachen zu kontern. Sie hatte lange vergessen, wie es ist, zu flirten und zu kokettieren.

„Ach, ich benehme mich wie Prinz Charming?" Adam verstand den Spaß.

„Ja, irgendwie schon."

„Mist, soll ich die Türen wieder öffnen, damit die romantische Stimmung flöten geht?", er tat schockiert.

„Nein", lachte Dunja, „aber ich kann mit so direkten Ansagen nicht umgehen. Ich brauche eine Weile, um überhaupt mit irgendwem warm zu werden…" Sie war ehrlich, Spielchen und Getue lagen ihr nicht.

„Okay, dann gehen wir die Sache langsam an. Immerhin habe ich dich wochenlang gesucht, dann kann ich auch noch wochenlang einen Gang runter schalten", auch Adam mochte die direkte Art, seine Gedanken und Gefühle auszudrücken. Dunjas Wangen taten schon weh vom Grinsen. Sie nippte an ihrem Eierpunsch und Adam lehnte sich wieder zurück in seinen Sessel und lächelte sie an.

„Ich bin Adam Maybach und ich freue mich, dich ab heute endlich näher kennen lernen zu dürfen", setzte er an, um einen Neuanfang zu starten.

„Sehr erfreut, ich bin Dunja Flöck und ich bin froh, dass ich mich nicht mehr auf Singleseiten anmelden muss, um dich zu finden."

„Oh nein", Adam klatschte sich vor Lachen auf seinen Oberschenkel. „Direkt nach dem missglückten Date habe ich mich dort abgemeldet. Hätte ich das gewusst…"

Der Abend verlief bis in die tiefe Nacht mit witzigen, aber auch interessanten und ernsten Gesprächen. Dunja hätte sich eine Begegnung mit einem vielleicht neuen Mann in ihrem Leben nie so schön und einfach vorstellen können. Ein langsamer Start in einen Anfang, der langsam zeigen würde, ob die beiden zueinander finden. Und ob Adam den Platz von Jochen einnehmen könnte.

♛

Ein Jahr später saß Adam wieder mit einer Flasche Wein und zwei blauen Plastikbechern bewaffnet auf der Bank am Abgrund über der Ruppertsklamm und wartete auf sein Date. Dieses Mal war es allerdings kein Blind Date. Er kannte seine Verabredung seit einem Jahr ziemlich gut und wusste, er würde keine böse Überraschung mehr erleben. Er lächelte, als er sich daran erinnerte, wie die erste Begegnung mit Dunja ihn damals schon fasziniert hatte. Als Jack aufsprang, ließ er ihn dieses Mal laufen, denn der kleine Yorkie sprang los, um Dunja zu begrüßen. Die Blondine nahm den kleinen Hund auf den Arm, kam lächelnd zur Bank und setzte sich neben Adam.

Bisher hatten sie es wirklich sehr langsam angehen lassen. Beide hatten damals ihre Partner durch den Tod verloren und es war schwer, einem neuen Menschen diesen Platz frei zu machen. Es war Glück, dass die beiden sich auf diese Weise gefunden hatten, aber vielleicht war es auch Schicksal.

„Hättest du nicht im Sommer auf diese Idee kommen können, sich hierhin zu setzen?" Dunja zog sich ihren Schal enger um den Hals, es war Weihnachtszeit.

„Nein, das hätte ich nicht. Denn heute genau vor einem Jahr, standest du vor meiner Haustür und das wollte ich feiern an dem Ort, wo wir uns das erste Mal begegnet sind." Adam reichte ihr einen Becher, in den er etwas Wein gegossen hatte. Dunja stieß mit ihm an und schmiegte ihren Kopf vorsichtig an seine Schulter. Adam legte seinen Arm um seine Freundin und zog sie liebevoll sanft an sich heran, während er mit geschlossenen Augen ihren vertrauten Geruch einatmete.

Dunja dachte daran, dass ihre Tochter und der Sohn von Adam es instinktiv gespürt haben mussten, dass sie sich nicht verlieben, sondern wie Geschwister waren. Und so konnten auch beide Kinder die neuen Partner leichter akzeptieren.

Adam und Dunja hatten keine aufregende Liebesgeschichte erlebt, sie hatten keine wilden Sexeskapaden miteinander verbracht, denn es war als wäre es fast schon eine heilige Verbindung, über die die verstorbenen Ehepartner wie Engel darüber wachten.

Wer weiß, vielleicht haben sie absichtlich alles so eingefädelt, wie es passiert war...

Diese Geschichte widme ich...
dem Lockenkopf auf der Bank im Wald
über der Ruppertsklamm
Ja, den gab's wirklich und er hat mich
zu dieser Story inspiriert

Come
live in my
heart
and pay no
rent

Samuel Lover

Kapitel IV

Kate Bono

Marek

Punkt 11:55 Uhr im Büro der Personalabteilung.
„Machen wir Mittagspause?", fragte Niklas
„Klingt nach 'nem Plan. Rewe?", antwortete Linda.
„Gebongt, du fährst!", lachte er.
„Ey, warum immer ich?", protestierte die Blondine.
„Quatsch nicht rum, ich bin das letzte Mal gefahren." Der junge Mann tippte Linda an den Kopf und ihr fiel ein, dass er recht hatte.

Niklas war ihr jüngerer Kollege, der erst seit einigen Monaten mit ihr im Team arbeitete. Sie hatten sich auf Anhieb gut verstanden und trotz der fast zwanzig Jahre Altersunterschied, er war sechsundzwanzig, waren die beiden mittlerweile gute Freunde geworden. Zwar arbeitete Linda schon drei Jahre in dieser Firma, aber der Ort, in dem sich das Unternehmen befand, war dreißig Minuten Fahrtzeit von zuhause weg und ihr bis heute fremd geblieben. Sie hatte die meisten Mittagspausen im Büro oder mit einem kurzen Spaziergang an den Feldern entlang rund um die Bürogebäude verbracht, welche sich außerhalb der Stadt auf einem Berg in ländlicher Gegend befanden. Wenn sie überhaupt eine Pause einlegte. Manchmal arbeitete sie lieber durch und konnte dann früher Feierabend machen. Kontakt mit anderen Kollegen war eher schwierig, denn wenn man in der Personalabteilung arbeitet, meiden einen die anderen gerne und kaum einer kommt auf die Idee, dass die Personaler genauso Kollegen sind wie alle anderen auch. Aber das war nicht das erste Unternehmen, in dem man Linda als Bestandteil der Geschäftsleitung derart ausgrenzte.

Man kam sich vor, als würden einen die Kollegen als Gefahr betrachten. Der Vorgesetzte bezeichnete die Mitarbeiter als „unsere Kunden" und den Beruf des Personalers als „Dienstleister". Dabei war Linda doch kein *Key Account Manager* bei einem Telefonunternehmen oder ein Mitarbeiter einer Hotline eines Callcenters, sondern eine Spezialistin mit weitreichenden Fachkenntnissen. Linda nervte diese Ausgrenzung kolossal. Von beiden Seiten. Für Linda waren alle Mitarbeiter Kollegen, wie bei jedem anderen Job auch.

Und der Vorgesetzte war nun mal ein Individuum, das einem *vor*-gesetzt wurde. In modernen Unternehmen gab es diese Art von Hierarchie und Herabsetzung schon lange nicht mehr. Nur hier in diesem Haus war man irgendwie noch in der Steinzeit. Nicht nur vom Denken her, sondern auch die Software glich eher einer geschminkten Oma als moderner Technik. Niklas und Linda versuchten jeden Tag, das Beste draus zu machen.

Nachdem die beiden am Rewe inmitten der Stadt geparkt hatten, blödelten sie herum, als wären sie zwei Schulkinder, und liefen dabei in Richtung des Supermarkteingangs. Niklas war zwei Köpfe größer als Linda, selbst mit ihren hohen Schuhen ging sie ihm nur bis knapp über die Schulter. Damit zog er sie ständig auf.

Sie kicherten und schubsten sich herum, damit einer von ihnen stolperte, bis Linda beinahe in die Blumen vor dem Eingang gefallen wäre. Und außerdem hätte sie fast einen

Mann in einem Anzug um gerempelt, an dessen Arm sie sich im letzten Moment festgehalten hatte.

Gerade als sie sich bei dem Herrn entschuldigen wollte, erkannte sie, wer es war und sie konnte nicht verhindern, dass ihr alles aus dem Gesicht fiel.

Em[1]...

„Hey," hörte Linda ihn begeistert und fröhlich sagen, während das Herz ihr in die Hose rutschte und ihre Beine weich wie Pudding wurden.

„Heh", krächzte sie und rappelte sich halbwegs wieder auf. Sie hatte sich angehört wie ein sterbender Schwan.

„Geht's dir gut?", fragte Em lachend, während Linda ein „Jaja, alles gut", stammelte, sich an Niklas´ Arm festhielt und schnurstracks mit diesem ins Rewe stolzierte, ohne sich noch einmal herumzudrehen.

„Was war *das* bitte?", lachte Niklas amüsiert.

„Das... war *Eminem*!", säuselte Linda, wie ein Groupie. Wie ein durchgeknallter Teenie-Fan eines Popstars.

„Was? *Eminem*?", lachte ihr Kollege. „Der hatte nicht einmal ansatzweise Ähnlichkeit mit dem Rapper!" Niklas konnte sich gar nicht mehr einkriegen, weil Linda sich so danebenbenahm.

„Sei still und lass mich mich beruhigen. Ich muss mich erst einmal sammeln", kicherte sie.

„Das kann ich bestätigen, du benimmst dich wie so ein verliebtes Teenie-Girl." Niklas hielt sich den Bauch vor Lachen.

„Mann, war das peinlich", jaulte Linda.

„Das war es durchaus, haha!"

Sie wusste genau, mit was Niklas sie zukünftig immer wieder aufziehen würde.

---

[1] Für alle Leser des ersten AYNILs ist dies ein Aha-Effekt, für alle anderen erkläre ich es gleich...

„Ich brauch´ einen Schnaps, oder lieber gleich drei!"

„Kannst du mir jetzt bitte mal erzählen, was das für ein Zwischenfall war?"

Während sich Linda wieder langsam einfangen konnte, packte sie sich an der Salatbar ein paar verschiedene Zutaten in die Pappschüssel.

„Naja, in Kurzform: ich hab´ ihn vor ein paar Jahren in einer Bar kennen gelernt und... mich in ihn verknallt. Wir hatten dann ein kurzes Techtelmechtel. Aber wegen dem Altersunterschied habe ich ihn auf Distanz gehalten und das leider erfolgreich." Linda seufzte.

„Ja, den Altersunterschied hab´ ich gesehen. Der ist aber doch nur ein paar Jahre älter als ich."

„Das ist das Problem!"

„Quatsch, das ist nur ein Problem in deinem Kopf. Meine Frau ist ja auch fünf Jahre älter als ich."

„Fünf. Nicht fünfzehn!"

„Ach, du siehst das zu eng. So wie das ausgesehen hat, empfindet der doch dasselbe wie du."

„Hat es?" Linda sah vom Salat hoffnungsvoll in Niklas´ Augen.

„Haha, dieser Blick ist zu köstlich. Also empfindest du noch was für ihn?"

„Natürlich, das hat doch nie aufgehört. Ich hab´ ihn nicht weggeschickt, weil ich ihn nicht gerne hatte, sondern... naja, wegen dem Altersunterschied."

„Dumme Entscheidung!" Niklas verzog das Gesicht, während er sich Nudelsalat in seine Box schippte.

„Ich weiß...", seufzte Linda weiter.

„Wann habt ihr euch das letzte Mal gesehen?"

„Vor fünf Jahren..."

„Wusstest du, dass er hier in der Stadt arbeitet?"

„Nein! Vielleicht ist er ja nur auf der Durchreise, damals hat er viel weiter weg gearbeitet." Linda wünschte sich, sie wäre ihm nicht begegnet. Es hatte etwas in ihr aufgerissen. Bisher war Em weit weg gewesen, nur ein Teil ihrer verstaubten Erinnerungen. Doch jetzt...

„Und wenn ihr...", setzte Niklas an, doch Linda unterbrach ihn, indem sie mit dem Salatbesteck bedrohlich vor seiner Nase fuchtelte.

„Sei still, ich will jetzt nicht weiter darüber nachdenken...", doch der junge Mann hatte Spaß daran, ihr auf die Nerven zu gehen.

„Weißt du, ich hab´ da so eine Kollegin und die würde jetzt sagen: Wenn das Universum einen Plan hat...", kicherte er belustigt.

„Du sollst still sein!" Linda lachte und warf eine Olive nach ihm. Dieser Kerl schlug sie mit ihren eigenen Waffen.

„Hey, ich bitte Sie!", rief eine Frau, die die Olive getroffen hatte, weil die Blondine eine schlechte Werferin war.

„Oh sorry", rief Linda. *Was hab´ ich mir nur dabei gedacht, eine Olive durch die Gegend zu pfeffern.* „Dank Eminem ist mein Gehirn gleich Brei", jammerte sie.

„Ich glaube, *ich* sollte dein Auto nach oben zur Firma fahren, du bist ja nicht mehr zurechnungsfähig", scherzte Niklas. Linda blickte ihn gespielt böse an.

„Mein Auto hat noch nie ein Mann gefahren", Linda hatte eine bedrohliche Stimmlage aufgelegt, „und das bleibt auch so! Naja, außer die Werkstattmänner, aber die zählen nicht!"

„Wirst du ihn nun anrufen?" Der junge, nervige Kollege bohrte weiter und weiter, selbst am Nachmittag noch.

„Hör auf jetzt, nein, werde ich nicht! Ich habe seine Nummer gar nicht mehr. Das ist fünf Jahre her!"

Linda schleuderte nun einen Gummiball nach ihm, doch auch hier warf sie völlig daneben. Man hörte wie die Stiftebox der Azubine vom Tisch fiel.

„Ey, ich verlange hier bald Gefahrenzulage bei Euch", schimpfte sie und warf den Ball lachend zurück. Immerhin konnte Linda besser fangen als werfen.

In Wahrheit hatte sie zwar nicht *Eminems* Nummer, doch sie wusste, dass er auf Instagram zu finden war. Er folgte ihr nämlich noch immer und manchmal hatte er in den letzten Jahren ein Like hinterlassen. Nicht regelmäßig. Immer genau dann, wenn Linda gar nicht mehr an ihn dachte. *Warum auch nicht, wir hatten uns ja nicht gestritten oder so, sondern einfach distanziert aus Vernunftsgründen,* versank sie in Gedanken. Linda war ihm vor einem Jahr entfolgt, so dass sie ihn nicht mehr sehen musste, wenn er postete. Ja, sie hatte echt versucht, ihn aus ihrem Kopf zu bekommen, aber ihr Herz hatte andere Pläne.

Ohne Niklas was davon zu verraten, damit er sie nicht hänseln konnte, gab Linda *Eminems* richtigen Namen in die Suchleiste bei Insta ein und fand ihn auch direkt.

„Erwischt!" Niklas stand unerwartet und urplötzlich direkt neben Linda – sie hatte nicht mitbekommen, dass er an ihren Schreibtisch getreten war.

„Scheisse, Niklas, erschreck mich doch nicht so!"

Er nahm ihr das Handy aus der Hand und kicherte.

„Das ist also der *große Eminem*? Wie heißt der wirklich? Marek? Is das ein Name oder eine Käsesorte?" Linda ließ zu, dass er sich durch die Bilder scrollte. „Bissl fetter ist er ja geworden, denn auf den Bildern ist er schlanker als eben. Hat sich wohl aus Frust einen angefressen, was?"

„Niklas, was bist du nur so gehässig, mann", lachte Linda, stand nun neben ihm und blickte ebenfalls auf die Bilder.

„Ich will dir nur dabei helfen, diesen Kerl nicht mehr so toll zu finden, Madam!" Er warf ihr einen strengen Seitenblick zu.

„Okay, mach weiter". Er war einfach der Beste. „Scheisse, nein!", rief sie eine Sekunde später, als sie sah, dass Niklas auf das Profilbild klickte. Es öffnete sich eine neue Story, die Marek gerade gepostet hatte. Ihr Kollege war doch nicht der Beste, er war eine Katastrophe.

„Was denn?", lachte Niklas, dem Linda nun das Handy aus der Hand riss.

„Bist du doof? Jetzt sieht er, dass ich mir seine Story angekuckt habe, das wollte ich vermeiden! Manno!" Es ärgerte sie wirklich.

Niklas kicherte nur noch und schüttelte mit dem Kopf, während er sich wieder auf seinen Platz setzte.

Linda schloss Instagram und legte frustriert das Handy weg, als wenn das helfen würde. Marek konnte nun genau sehen, dass sie ihn nach dem Einkaufen direkt gestalked hatte. Dann nahm sie das Handy Sekunden später doch wieder in die Hand, öffnete Instagram und abonnierte Eminems Kanal.

„Und was hast du *jetzt* schon wieder gemacht?", fragte Niklas, der schon wieder an ihrem Schreibtisch stand.

„Alter, hör auf jetzt, ich hab´ ihn wieder abonniert, damit er nicht denkt ich stalke nur seine Story."

„Schreib ihm ja nicht!", blitzte sie ihr Kollege an.

„Was? Hab´ ich ja auch nicht vor!"

„Ich mein´ das ernst! Schreib´ ihm ja nicht! Zieh das von damals durch, sonst tust du ihm noch einmal weh!"

Damit könnte Niklas Recht haben. Soweit hatte sie noch gar nicht gedacht.

„Aber wie kommst du darauf, dass ich ihm weh getan habe?" Woher sollte er das wissen?

Niklas nahm ihr noch einmal das Handy ab, klickte ein weiteres Mal auf die Story von Marek und hielt sie ihr vor die Nase. Beim ersten Mal hatte sie nicht drauf geachtet, doch jetzt hörte sie das Lied von seinem Post und sah die Worte des Textes vor ihren Augen ablaufen.

„Das hast du noch gar nicht gerafft, oder? Ein Kerl hat dich gerade nach fünf Jahren wiedergesehen, und ich denke, du hast ihm damals definitiv das Herz gebrochen, denn kurz nach eurem Treffen heute, postet er diese Story und die erzählt von Herzschmerz. Herzlichen Glückwunsch, Madam."

Vorwurfsvoll blickte der junge Mann auf Linda herunter und er kam ihr erwachsener vor als sie sich in diesem Moment benahm.

Der Text erzählte von blanker Wut, die eine Frau bei einem Mann hinterlassen hatte; von tiefer Liebe, die abgestorben war und doch versteckte sich hinter dieser

Wut und dem gebrochenen Herzen dieselbe Liebe wie damals. Der Mann sang davon, dass er nicht wüsste, ob er der Frau jemals wieder begegnen möchte, doch wenn, dann hoffte er, dass die Wut überwiegen würde.

„Autsch!" Linda fühlte einen Stich in ihrem Herzen. „Ich hatte mir nie Gedanken darüber gemacht, wie sehr ich Em verletzt haben könnte. Danke Niklas, soweit habe ich einfach nicht gedacht."

„Deshalb hast du ja mich", zwinkerte er sie an. „Und jetzt nenn ihn nicht ständig Em, das ist schlimmer als Marek. Ich kann immer noch nicht verstehen, wie du überhaupt auf *Eminem* kommst. Der hat Null, aber auch Nullkommanix Ähnlichkeit mit..."

„Jaha, ist gut jetzt, Papa!", zog sie ihn auf.

Linda nahm sich vor, Marek nicht weiter zu belästigen. Wahrscheinlich würde sie ihn nie wiedersehen. Er war vielleicht nur auf der Durchreise gewesen. Damals, als sie sich kennen lernten, hatte er in einem Ort fünfzig Kilometer weit weg gewohnt und dort auch gearbeitet. Dass er an dem einen Abend vor sechs Jahren mit seinen Fußballerjungs in Koblenz unterwegs gewesen war, war durchaus eine Seltenheit. Somit war ihr Zusammentreffen damals eher Zufall. Oder ein Plan des Universums.

Scheiss aufs Universum. Ich vergess´ das jetzt einfach wieder und konzentriere mich auf wichtigere Dinge.

Leider hatte Linda die Rechnung ohne das Universum gemacht! Denn egal zu welcher Uhrzeit und an welchem Tag Niklas und sie ein- oder zweimal die Woche in den Supermarkt hinunter in die Stadt fuhren, trafen sie auf Marek. Der oft genau in demselben Moment im Rewe umherspazierte wie die Kollegen der Personalabteilung. Niklas schien einen Beschützerinstinkt in sich gefunden zu haben, denn er sah die Beute meist eher als Linda und verwickelte sie prompt in eine Kabbelei oder ein Gespräch, so dass sie meist lachend und mit Niklas schäkernd ohne große Worte an Marek vorbeiliefen.

Wenn Linda ihn überhaupt wahrnahm, warf sie ihm immer nur ein Lächeln und ein *Hi* zu. Marek erwiderte es genauso zurück.

Es ist lange her, lassen wir Gras drüber wachsen, dachte sie bei sich und klickte bei Instagram auch seine Stories nicht mehr an. Dennoch konnte sie nicht *nicht* an ihn denken.

Oft wechselte sie absichtlich die Uhrzeiten und Tage an denen sie mit ihrem Kollegen oder der Azubine in den Rewe fuhr, um Em so wenig wie möglich zu begegnen. Sie hatte mittlerweile schlussgefolgert, dass er dort in der Nähe arbeiten würde, weil er nie mit dem Auto gefahren war, sondern zu Fuß vom Parkplatz des Supermarkts lief. Das Universum ließ jedoch selten einen Tag oder eine Uhrzeit aus, an dem es das ungleiche Paar nicht doch gleichzeitig aufeinandertreffen ließ. Selbst Niklas fand das schon seltsam.

„Sag mal, bekommt ihr beiden gleichzeitig das Kommando aus dem Kosmos, in den Rewe zu fahren? Das ist doch unnormal! Ab jetzt lege *ich* die Zeiten fest."

Und es funktionierte. Linda sah Em eine ganze Weile nicht mehr in der Mittagspause. Das war tatsächlich sehr seltsam.

Bis Niklas einige Wochen später in den Urlaub ging.

Linda hatte schon lange nicht mehr an Marek gedacht, denn die Welt war beherrscht von der Apokalypse - einer vermeintlichen Bedrohung durch einen tödlichen Virus. Da schlug man sich jeden Tag mit gesichtslosen Wesen mit einem Stück Stoff im Gesicht und mit Angst im Nacken herum. Für die meisten Menschen war nur noch dieser Virus Thema, dazu Hygienekonzepte und Abstandsregeln. Für Liebe und Romantik schien da kein Platz mehr im Leben. So gut es ging versuchte Linda, immer ein Lächeln zu behalten, auch wenn man es unter der Maske, die alle Menschen beim Einkaufen tragen mussten, nicht mehr sah. Es blieb nur, die innere Einstellung zu behalten und versuchen das auch auszustrahlen.

Als Linda den Supermarkt betrat, fiel ihr das erste Mal auf, dass er viel leerer war als sonst. Man sah auch kaum Mitarbeiter herumspringen. Während sie an der Obst- und Gemüseabteilung vorbeilief, sich eine Avocado schnappte und nach hinten in Richtung Honig laufen wollte, sah sie Marek an der Fleischtheke stehen, um sich wohl sein Mittagessen zu holen. *Scheiiiiisse...*

Linda machte eine Kehrtwendung nach links, hätte bald noch eine alte Frau mit ihrem Einkaufswagen umgerannt und ging bis ganz hinten durch in die Kühlabteilung. Ans andere Ende der Welt, um *Eminem* nicht begegnen zu müssen. *Warum kann ich mich nicht einfach ganz normal benehmen? Warum macht mich das so unsicher und...* es war halt so, wie es ist. Em machte sie noch immer nervös und unsicher, und sie konnte es nicht verhindern. Punkt.

Sie verbrachte noch etwas Zeit in der Spirituosen-Abteilung, griff sich im Vorbeigehen eine Hanf-Cola aus dem Kühlregal und dachte, dass mittlerweile genug Zeit vergangen war und Mister X bestimmt schon wieder aus dem Rewe Markt hinausgeschlendert war.

Pustekuchen. Linda sah ihn an Kasse 6. Ganz rechts außen. Er war an dritter Stelle hinter zwei älteren Frauen und niemand stand hinter ihm. *Das tue ich mir nicht an. Zu viel Nähe zum feindlichen Energiefeld.*

Sie schwang also ihren Paradekörper ganz unauffällig hinter den Regalen der Gefrierware nach links zu Kasse 1. Geschlossen. Ihr Blick zu Kasse 2 bis 5 zeigte dasselbe Ergebnis. *Wollt ihr mich verarschen?*

Noch nie! Noch nie zuvor waren irgendwelche Kassen verschlossen gewesen, meistens waren zwei oder sogar drei geöffnet. *Das ist ein schlechter Scherz, Universum.* Linda gammelte noch etwas vor den Geburtstagskarten rum, hinter dem Regal mit Ausschussware, und wartete. Dann linste sie um das Regal herum und sah, dass die alte

Dame vor Marek wohl Probleme mit ihrem Geldbeutel hatte. Er stand geduldig in der Mitte der Kasse und wartete.

Gott, sieht der gut aus. Er hatte abgenommen. Zwar fand sie ihn in seinem hellblauen Anzug völlig fehl-angezogen, da Linda ihn mit seinen sonst so coolen Klamotten viel anziehender fand, aber auch sein Büro-Job passte nicht zu ihm. *Handwerker wäre viel besser*, fand Linda.

Eine Frau quetschte sich an ihr vorbei, um an die Geburtstagskarten zu kommen und holte Linda aus ihrem Tagtraum.

Em stand immer noch an der Kasse. Nun fuchtelte die Kassiererin mit der Kassenrolle rum, die alte Frau stand auch noch am selben Platz. *Das darf doch nicht wahr sein. Universum… Ich weiß, das machst du doch alles mit Absicht. Hör auf damit!*

Linda konnte nicht verstehen, dass sich nicht ein einziger hinter Em gestellt hatte und nun auch noch die Kasse rebellierte. Sie fühlte sich vom Universum gemobbt.

„Okay, ich hab´s gerafft, ich kapituliere", flüsterte sie, straffte ihre Schultern, atmete tief durch und ging zu Kasse 6. Sie stellte sich direkt hinter *Eminem*.

„Hi", er hatte sie direkt bemerkt und strahlte Linda entgegen, als sie ihre Sachen hinter ihm aufs Band warf. Insoweit sie seine zusammengekniffenen Augen als Strahlen interpretieren konnte, denn den Mund sah man ja hinter der Scheiss Maske nicht.

„Hi", versuchte sie, so cool wie möglich zu erwidern.

„Na, wie geht's dir denn so?", sagte *Mister Perfect* und Linda zitterten die Knie.

„Gut, wie es einem in so einer Plandemie halt geht. Und dir?" Ein ´*Ich habe eine Wassermelone getragen*´ aus dem Film *Dirty Dancing* hatte etwa dieselbe Qualität.

„Auch gut", antwortete dieser wundervolle Kerl und Linda hätte ihn gerne noch weiter angehimmelt, doch nun war die Dame vor ihm abgefertigt. Die Kasse funktionierte wieder und *Em* war dran zu bezahlen.

Als er ging, drehte er sich noch einmal herum.

„Na, dann wünsch ich dir noch einen schönen Tag. War schön, dich zu sehen!", sagte er. Linda wurde schwindelig.

„Ja, fand ich auch", antwortete sie und wünschte sich, er würde sie nach einem Date fragen.

Frag du ihn doch, schubste sie der Mut, doch ihre Feigheit war stärker.

„Elfeuroachtzig", sagte die Verkäuferin und holte Linda aus ihrer Seifenblase.

Traurig und doch beschwingt ging sie zu ihrem Auto. Beim Hinausgehen schaute sie sich noch einmal auf dem Parkplatz um, doch Eminem war schon weg.

Schade, ich dachte, das Universum hatte uns zu einem bestimmten Zweck aufeinandertreffen lassen.

♛
♡

Immer, wenn er sie sah, hatte sie diesen jungen Kerl dabei. Schon als Marek ihr vor ein paar Monaten das erste Mal wieder begegnet war, als sie ihn vor dem Supermarkt fast umgerannt hatte, war *er* dabei gewesen. Wie so ein Aufpass-Wauwau. Außerdem wirkte er total arrogant und grinste völlig bescheuert. So, als wüsste er genau, dass sie ihn damals abgeschossen hatte. Das machte ihn wütend.

Egal was er damals, vor ein paar Jahren, in seinem jugendlichen Leichtsinn versucht hatte, er hatte sie nicht davon überzeugen können, ihm eine Chance zu geben. Der Altersunterschied war ihr einfach zu groß. Ihm war das völlig egal gewesen, sie war seine Traumfrau, schon als er sie das erste Mal gesehen hatte. Da ging kein Weg dran vorbei, sie war das Non plus Ultra.

Auch wenn ihr Argument, dass er noch Kinder haben und eine Familie gründen wollte, nicht wirklich weit hergeholt war. Damals war das noch gar kein Thema für ihn, weil er sich für noch viel zu jung hielt, überhaupt darüber nachzudenken. Aber leider hatte er ihr damit recht geben müssen. Sein Verstand hatte sich von ihrem irgendwann überzeugen lassen.

Manchmal hatte er sich Vorwürfe gemacht, dass er nicht einfach zu ihr hingefahren war und es wenigstens versucht hatte. Er wusste, dass er das gekonnt hätte, aber seine ganzen Freunde, die das Geknutsche damals im Brauhaus mitbekommen hatten, zogen ihn auf, weil er auf eine „ältere Frau" stand.

Alle hatten ihn zwar dazu ermutigt, sich diese *ältere Frau* einfach zu schnappen, um Erfahrungen zu sammeln, aber sie konnten einfach nicht nachvollziehen, dass sie mehr für ihn war.

„Ach Junge, du bist noch ein Kind für die! Was willst du? Die ist nicht auf Abenteuer aus und du willst dich doch noch nicht wirklich festlegen. Du bist viel zu jung", hatte ihm sein älterer Bruder geraten. Ja, irgendwie hatten alle recht.

Warum sollte er zudem noch einmal riskieren, verletzt zu werden. Seine große Liebe hatte ihn betrogen und den Laufpass gegeben, als er Anfang zwanzig war. Seitdem hatte er sich nie wieder verliebt. Das hatte er sich geschworen und sogar ein dazugehöriges Tattoo stechen lassen. Der Spruch „*Das Herz eines Kriegers öffnet sich nur, wenn ein Schwert hineinsticht*", war sein Lebens- und Liebesmotto.

Zumindest, bis er Linda damals im Brauhaus getroffen hatte. Das Alter war ihm von Anfang an scheißegal gewesen. Erst hatte er sie nur angebaggert, weil er sie attraktiv fand, aber was dann zwischen ihnen passiert war, löste ein Gefühl in ihm aus, dass er eigentlich nicht mehr hatte fühlen wollen. Als dieses Knistern zwischen ihnen passierte, wusste er einfach, dass sie die Richtige für ihn war. Die Traumfrau *par excellance*. Er konnte überhaupt nicht verstehen, warum sie ihn von Anfang an *Eminem* nannte, aber es gefiel ihm. Sie war so süß verrückt, das mochte er an ihr. Linda war keine *alte Frau*, wie alle anderen in ihrem Alter, sie war viel cooler.

Aber als sie ihn ablehnte, nur wegen des Altersunterschieds und ihm nicht einmal den Hauch einer Chance gab, traf er zum zweiten Mal den Entschluss, sich nicht wieder das Herz brechen zu lassen. Er würde zukünftig Single bleiben und sein Leben in vollen Zügen genießen, statt sich noch einmal Gefühle für irgendeine Frau zu erlauben.

In den letzten fünf Jahren hatte Marek ein Mädel nach dem anderen gedatet und seinen Spaß gehabt. Genau so lief das alles perfekt. Warum sollte er das ändern? Zwar heirateten viele seiner Jungs um ihn herum, einer nach dem anderen, aber das war für ihn einfach nicht mehr sein Lebensziel. In einem Haus zu versauern, samstags die Straße zu kehren und sein Auto zu waschen - das war ein Leben, das ihm jetzt schon in seinen Vorstellungen zum Hals raushing. Darauf hatte er keinen Bock.

Marek hatte die letzten Jahre gebraucht, um sich darüber klar zu werden und auch darüber, dass er keine Kinder will. Seine Freunde sagten ihm immer wieder, dass er doch noch jung wäre mit Anfang dreißig und dass er vielleicht doch noch irgendwann Vater werden wollte. Doch er war sich noch nie so sicher, dass nicht. In diese kaputte Welt wollte er ganz gewiss kein Kind setzen.

Hätte er das nur damals schon gewusst, dann hätte er sie vielleicht überzeugen können. Doch für sie war er fast noch ein Kind gewesen, wie es seine Kumpels ausgedrückt hatten. Sie hätte es ihm damals einfach noch nicht geglaubt.

All die Jahre hatte er sie bei Instagram beobachtet. Manchmal hatte er sich zusammenreißen können, keine Reaktion zu zeigen, wenn sie etwas postete, doch manchmal eben nicht. Er wusste selbst nicht, warum er das tat. Vielleicht um ihr ein Zeichen zu senden, einen Hinweis, dass da noch irgendetwas war. Vielleicht erhoffte er auch von ihr eine Reaktion. Bei Insta war es immer direkt ein Herz, das man sendete, aber anscheinend bedeutete ihr das nichts. Sie reagierte nie.

Er hakte es ab und führte sein wildes Party-Leben weiter wie zuvor.

Bis Linda ihn an diesem einen Tag vor dem Supermarkt fast umrannte. Sein Herz war ihm in die Hose gerutscht. Er hatte sich so gefreut, sie wieder zu sehen, dass er sie am liebsten umarmt hätte... bis er den schlaksigen Kerl neben ihr gesehen hatte. Den großen, jungen, viel zu gutaussehenden, dunkelhaarigen Kerl, Mitte Zwanzig.

Marek wäre fast die Galle hochgekommen und nach einem kurzen *Hi* war sie kichernd und lachend am Arm von diesem Arschloch in den Rewe gegangen, ohne sich noch einmal nach ihm umzudrehen.

Kaum im Büro angekommen, hatte er dann eine Story bei Instagram abgesetzt, mit einem Song, der seine Wut zeigen sollte. Diese dumme Kuh hat ihn abgewiesen wegen des großen Altersunterschieds und nun hatte sie einen noch viel jüngeren Typen?

Eine Stunde nach seinem Post wollte er diesen wieder löschen, doch er sah, dass sie ihn sich bereits angeschaut hatte. Ihm war das zweite Mal das Herz in die Hose gerutscht. Sie hatte es gesehen. Er war sich nicht mehr sicher, ob das jetzt gut oder schlecht war. Er stellte sich vor, wie sie sich mit ihrem neuen jungen Kerl lustig über ihn machen würde und löschte den Post wieder. Was hatte er sich nur dabei gedacht. Gefühle zu zeigen jedweder Art war einfach Scheiße.

Als er ihre Abo-Anfrage bei Insta sah, wusste er das nicht zu deuten. *Warum tut sie das?*

Manchmal hatte Marek darauf gewartet, dass sie ihn einfach anschreibt. Fast jede Mittagspause, in der er in den Rewe ging, liefen sie sich irgendwie über den Weg. Meist sah sie ihn nicht einmal, weil sie zu sehr mit diesem Kerl beschäftigt war. Sie schien aber glücklich zu sein, denn er sah sie immerzu lachen und Spaß haben. *Immerhin macht er sie glücklich.* Ein Schmerz durchzog sein System.
Ach Scheiße, vielleicht hätte ich mich damals mehr ins Zeug legen sollen. Er konnte mit niemandem drüber reden, denn jeder hätte ihn ausgelacht. Für alle anderen war sie eine Frau, die viel zu alt für ihn war. Er könnte ganz andere haben.
Er versuchte sogar seine Mittagspause und seinen Gang in den Supermarkt ständig zu verändern, um ihr und diesem Blödmann nicht über den Weg laufen zu müssen, doch das funktionierte einfach nicht. Er sah sie jedes Mal.

Und dann schien es aufzuhören. Irgendwie begegnete er ihr für eine Weile nun gar nicht mehr. Das machte ihn unruhig, und obwohl er es sich gewünscht hatte, gefiel ihm das nun überhaupt nicht mehr. Er versuchte sogar, die Zeiten seiner Pause immer wieder zu variieren, doch er traf sie nicht mehr. Sie postete auch sehr wenig bei Instagram. Und überhaupt hatte sie noch nie einen Post mit diesem Kerl abgesetzt; kein Bild, keine Story, wo er drauf zu sehen war. Waren sie am Ende gar nicht zusammen? Waren sie nur Kollegen? Er klatschte sich mit der Hand vor die Stirn. In seiner Eifersucht hatte er nicht einmal daran gedacht, dass sie vielleicht einfach nur Kollegen waren. *Nein, dafür gehen sie zu vertraut miteinander um. Ein einfacher Kollege macht doch eine Frau nicht so glücklich.* Seine Gedanken machten ihn fast wahnsinnig.

Da sie damals schon ein Problem mit dem Altersunterschied hatte, hielt sie diesen Kerl vielleicht geheim und stellte die Beziehung nicht in die Öffentlichkeit.

„Maaaaann", rief er und trat gegen den Büromülleimer, der geräuschvoll gegen die Wand donnerte. Er hatte sich vor einer ganzen Weile geschworen, sich von einer Frau nie wieder so verwirren zu lassen und jetzt war er der Witz eines Mannes, der alles andere als cool über allem steht.

„Alles gut?" Seine ältere Kollegin blickte um die Ecke in sein Büro, die ihrem Alter entsprechend so aussah wie sie alt war. Mitte Vierzig, etwas untersetzt, Hausfrauenfrisur und ein dickbäckiges, sympathisches Lächeln. Eine Mama, eine Hausfrau eben. Linda war hingegen eine völlig andere Version einer Frau Mitte Vierzig. Sie war cool, tätowiert, kleidete sich in ihrem eigenen lockeren Stil und wirkte dabei wie Mitte Dreißig. Alles, was sie tat, war nicht *altersgerecht* oder *ihrem Alter entsprechend* wie es eben die Gesellschaft erwarten würde. Marek verfolgte ihre Urlaubsreisen, ihre Sportaktivitäten, ihre Abenteuer. Ein paar Monate, nachdem Linda ihm den Laufpass gegeben hatte, war sie mit einem Vollidioten zusammengekommen. Anfangs hatte Marek ihr noch Whatsapps geschrieben und wollte sie überreden, dem Blödmann den Laufpass zu geben, denn er hatte einfach gefühlt, dass sie unglücklich war. Dieser Kerl war total hässlich, stellte er fest, als Linda Bilder von sich und ihm im Netz gepostet hatte. Marek konnte nicht verstehen, was sie an diesem schrägen Typen gut fand. Und er war nur ein paar Jahre älter als er selbst.

Nach etwa zwei Jahren waren plötzlich alle Bilder von den beiden von Lindas Socialmediakonten verschwunden und Marek wusste, dass sie sich getrennt hatten. Sowas war immer ein sicheres Zeichen und die ganze Welt konnte die meisten Paare genau beobachten. Zumindest die, die sich immer im Netz präsentierten. Und seit drei Jahren hatte Linda sich bis heute mit keinem Freund mehr im Netz gezeigt. Sie flog immer mit Freundinnen in den Urlaub oder alleine, das hatte er alles genau verfolgt. Und er war jedes Mal erleichtert, dass sie nie romantische Pärchen-Bilder mit irgendeinem neuen Vollhonk postete.

„Irgendwie seid ihr beide auch ohne einander in den letzten Jahren nicht glücklich geworden, oder?", fragte seine Kollegin Helga, der er gerade in einem Redeschwall die ganze Geschichte erzählt hatte.

„Nein...", seufzte er.

„Und, wenn du sie einfach mal nach einem Date fragst?", schlug Helga vor.

„Und mich dann wieder wie damals mehrmals abweisen lasse? No way! Das tu´ ich mir nicht noch einmal an!"

„Hm", tönte Helga und zuckte verzweifelt mit den Schultern, weil sie nicht wusste, wie sie ihrem Kollegen helfen könnte.

„Und außerdem ist da doch dieser junge Kerl, das wirkt ja, als wären die zusammen", erwiderte er abfällig.

„Ach komm schon, du siehst sie immer in der Mittagszeit. Meinst du nicht, dass das eher dafürspricht, dass er ihr Kollege ist? Und nicht ihr Freund, du Dummchen?"

Helga lachte und er fühlte sich wie ein Idiot.

„Ja, aber sicher sein kann ich mir nicht. Und wenn ich frage, mache ich mich lächerlich. Egal, wie."

„Ach Quatsch! Du hast sie mir doch eben gezeigt und so wie du von ihr erzählst, wenn sie wirklich so toll ist, dann ist sie doch nicht so eine blöde Kuh, wie du denkst. Vielleicht ist ihr das damals auch nicht leichtgefallen. Ich mein... Mein Mann ist sieben Jahre älter als ich. *Ich* könnte mir niemals vorstellen, mit einem jüngeren Kerl zusammen zu sein."

„Ja, dass Männer älter sind als Frauen, ist ja auch normal. Mir ist das aber scheißegal, ich hätte sie trotzdem genommen!"

„Bist du dir sicher? Warum hast du damals nicht gekämpft? Bist du jemals zu ihr hingefahren, außer sie immer nur anzurufen oder ihr zu schreiben?"

„Nein." Marek wurde nachdenklicher. „Aber sie hat mich doch immer direkt abgeblockt..."

„Ja, auf schriftlichem Weg per Messenger ist das auch immer sehr einfach, mein Lieber. Vielleicht hätte sie sich gewünscht, dass du ihr mehr auf die Pelle rückst, damit sie sieht, dass du es wirklich ernst meinst." Helga strich ihm aufmunternd über den Rücken. Marek seufzte.

„Ich glaube du hast Recht, ich bin ein Idiot!"

„Nein", lachte Helga, „ich glaube, du warst damals noch nicht bereit und sie vielleicht auch nicht. Aber eventuell hat das Universum noch was vor mit euch beiden und deshalb trefft ihr euch jetzt ständig."

„Meinst du?" So etwas wie Aufregung flackerte in Mareks Augen.

„*Ich* würde es herausfinden wollen!", lachte Helga.

Von da an hoffte Marek jeden Tag, sie zu sehen. Er befürchtete, dass Linda den Job und den Ort gewechselt haben könnte, weil er sie lange nicht getroffen hatte. Aber er ging dennoch weiter seiner Mittagspause nach und dachte, dass, wenn das Universum einen Plan hätte, würde es sich Mühe geben müssen.

An diesem einen Tag war nur eine der Kassen geöffnet. Marek wartete nun schon seit einer Ewigkeit mit seinem Mittagessen auf dem Laufband darauf, dass die alte Dame vor ihm das Kleingeld zusammen bekommen würde, um ihren Einkauf zu bezahlen. Zwischendurch fiel ihr der Geldbeutel herunter. Marek hatte ihr geholfen, das Kleingeld einzusammeln und zu zählen, damit sie endlich fertig wäre. Doch kaum hatte sie bezahlt, machte die Kasse Probleme und die Kassenrolle war leer. Noch ein paar Minuten und aus der Mittagspause war ein halber Tag Urlaub geworden. Sein Essen wurde kalt.

Hinter ihm warf jemand seine Einkäufe aufs Band und als er sich umdrehte, sah er *sie*. Und direkt hinter ihr sah er nichts. Keinen jungen Kerl. Sie war alleine.

„Hi", war das einzige was er herausbekommen konnte. Er war froh, dass man unter der Maske sein Grinnsen nicht sehen konnte.

„Hi", erwiderte sie und er suchte nach einem Gesprächsthema. Er hoffte, dass das blöde Kassenrollenband noch weitere Probleme machen würde.

„Na, wie geht's dir denn so?", mehr fiel ihm nicht ein, dabei hätte er ihr gerne tausend Fragen gestellt. Durch die Gesichtsmaskierung konnte er nicht sehen, ob sie lächelte oder genervt war. Dennoch sah sie selbst mit diesem schwarzen Stück Stoff im Gesicht einfach cool aus. Das war typisch für sie, dass sie nicht die üblichen blauen OP-Masken trug. Langweilig stand ihr einfach nicht.

„Gut, wie es einem in so einer Plandemie halt geht. Und dir?" Was sollte er dazu schon sagen? Er stockte.

„Auch gut." Marek suchte nach einem Aufhänger, er wollte sie so gerne fragen, wo ihr *Kollege* wäre, doch er befürchtete, dass sie ihm antworten würde, dass es gar nicht der Kollege wäre.

Just in diesem Moment war die neue Kassenrolle eingesetzt, die Dame vor ihm abgefertigt, die Kasse funktionierte wieder und Marek war daran zu bezahlen.

Als er ging, drehte er sich noch einmal zu ihr herum.

„Na, dann wünsch ich dir noch einen schönen Tag. War schön, dich zu sehen!", sagte er und das meinte er wirklich. Wie ein kleiner Schuljunge freute er sich, dass sie nicht den Job gewechselt hatte und auch dieser blöde Kerl nicht dabei war. Vielleicht hatte er ja den Job geschmissen.

„Ja, fand ich auch", antwortete sie, sein Herz hüpfte. *Frag sie doch nach einem Date*, höre er seine innere Stimme, doch er traute sich nicht. Er wollte nicht von ihr zurückgewiesen werden. Nicht noch einmal.

„Elfeuroachtzig", sagte die Verkäuferin und damit war Lindas Aufmerksamkeit auf ihren Geldbeutel gerichtet.

Einen Moment überlegte Marek noch, ob er auf sie warten sollte, doch er hatte einfach nicht den Mut.

„Mehr hast du ihr nicht gesagt?", schimpfte Helga enttäuscht. „Mensch, die Kasse hat gestreikt und sie stellt sich *zuuufällig* genau hinter dich. Welchen Schubs vom Universum brauchst du denn *noch*?"
„Ich hab´s mit dem Universum nicht so", sagte er schroff. Er ärgerte sich ja selbst. Aber nun war das Kind schon in den Brunnen gefallen.
„Egal, ich glaube fest daran, dass das Universum euch zusammenbringt und zwar so lange, bis ihr aufeinander knallt und ihr nicht mehr weglaufen könnt", sang Helga.
„Ich bin gespannt." Wirklich glauben konnte er das nicht.

Eine Woche später, er hatte sie seit dem Zusammentreffen an der Kasse nicht mehr gesehen, ging er nach Feierabend noch einmal in den Supermarkt. Ihm war eingefallen, dass er für den Abend mit seinen Jungs noch ein paar Bier und Chips besorgen musste.
Auf dem Weg in die Getränkeabteilung sah er plötzlich den jungen Kerl, mit dem Linda sonst immer unterwegs gewesen war. Marek zog sich etwas zurück hinter ein Regal, um ihn zu beobachten und erwartete, dass *sie* auch irgendwo rumspringen würde. In diesem Moment trat eine blonde, hübsche Frau zu dem Konkurrenten, schlang ihren Arm um seinen Körper und er küsste sie auf die Schläfe. Und diese Frau war nicht Linda. Marek beobachtete, wie die beiden verliebt einen Einkaufswagen vor sich herschoben.
Sein Herz machte einen Satz vor Freude. *Er ist nur der Kollege, er ist mit einer anderen zusammen.*

♡

„Du bist dran!", rief Linda, während sie sich aus dem System in die Mittagspause einloggte.

„Ne, ich bin vorgestern gefahren", wies Niklas sie zurecht und loggte sich ebenfalls aus dem System.

„Lügner, ich bin gefahren, weil dein Tank leer war!", schimpfte Linda lachend.

„Stimmt, Scheiße", lachte Niklas und die beiden begannen gleichzeitig wie Zombies den Flur entlang zu stolpern – den Oberkörper leicht hängend, die Arme baumelnd und mit einem hüpfenden Schritt. Sofort verfielen sie in ein lautes Lachen, denn das hatten sie sich nicht vorher abgesprochen, es war beiden unabhängig voneinander zeitgleich genauso eingefallen.

Niklas und Linda waren wie Geschwister. Sie hatten sich bis vor einem Jahr nicht einmal gekannt, bevor Niklas bei ihr im Büro eingestellt worden war. Doch schnell hatten sie herausgefunden, dass sie so viele Gemeinsamkeiten in Humor und Denkweise hatten, dass man meinen könnte, sie wären aus demselben verrückten Nest gefallen.

Linda sah ihn wie einen kleinen und doch großen Bruder an. Er war in vielen Dingen noch so jung und unerfahren, was das Arbeiten anging, aber in Lebensfragen war er ihr ein gleichwertiger Freund mit sehr weisen Ratschlägen. Da waren keinerlei Gefühle und auch gar keine Gedanken daran. Linda hatte ihm mal gesagt, dass er für sie ein *Neutrum* wäre, was Niklas eher beleidigend empfand. Aber genau das war die Ebene der beiden – völlig neutral, aber so vertraut wie Bruder und Schwester.

Solche Dinge, dass sie beide plötzlich wie Zombies liefen, passierte andauernd. Der eine dachte etwas, der andere sprach es aus. Der eine machte Blödsinn, der andere stieg ohne zu überlegen mit ein. Ohne Niklas an ihrer Seite, hätte Linda im Unternehmen schon längst gekündigt. Aber so einen Glücksgriff am Arbeitsplatz zu haben, an dem man die Hälfte seines Tages verbringt, war Gold wert. Das aufzugeben, wäre eine schwere Entscheidung und aktuell für Linda undenkbar.

„Auf was haben wir Hunger?", fragte Niklas. Denn auch das war ein fast immerwährendes Mysterium – sie waren sich in vielen Dingen so gruselig ähnlich.

„Salat von der Salatbar im Rewe", entschied Linda.

„Gebongt", stimmte Niklas zu und sie fuhren wie meistens zum *Rewe Andernach*. Dieser war in der aktuellen Zeit der sympathischste Markt in der ganzen Umgebung, weil sie so wenig Buhei um die Hygieneregeln der Apokalypse machten wie notwendig und man sich fast schon gerne dran hielt, weil man wusste, dass der Besitzer es nur in dem Maße umsetzte, wie er musste.

Vor der Salatbar scheiterte der Plan jedoch kläglich, da es keine Behälter mehr gab. Frustriert schauten sie in der Fertig-Salat-Abteilung, aber das machte sie nicht glücklich. Also nervten sie eine der Mitarbeiterinnen, die sich sofort daran machte, neue Behälter zu besorgen.

„TickTack, das geht alles von unserer Mittagspause ab", jammerte Linda, deren Laune plötzlich auf total genervt umgeschwungen war.

„Die paar Minuten werden dir nicht weh tun", zog sie Niklas auf.

Nach einiger Zeit kam endlich die Rettung und sie schnappten sich die Salatschüsseln aus ökologisch abbaubarem Material und Linda lud sich ein Gemisch aus Paprika, Grünzeugs und Oliven drauf. Niklas war eher der Nudelsalat-Mensch. Linda bevorzugte alles, was keine Kohlehydrate oder Fleisch enthielt und war ein weiteres Mal genervt, da die Auswahl an vegetarischen Salaten nicht so wirklich vorhanden war.

„Ach mann, Eier haben sie auch nicht... und Avocado auch net...", jammerte Linda und lud sich frustriert noch ein paar Falaffelbällchen auf die Paprikas, bevor sie sich nach rechts drehte, um nach dem Olivenöl zu greifen.

„Die haben nicht mal Olivenöl, das is Sonnenblumenöl", ihre Laune sank die Kellertreppe hinunter...

„Ach mann, sie haben keine Eier, keine Avocado, kein Olivenöl und ich muss dir leider eine weitere schlechte Nachricht überbringen: sie haben auch keine abbaubaren Deckel mehr, wir müssen Alufolie nehmen."

Linda hatte erwartet, dass Niklas rechts neben ihr stand, doch als sie die Stimme von Em hörte, fiel ihr fast das Salat-Potpourri aus der Hand. Ihre Augen weiteten sich, sie spürte, dass sie puterrot anlief und den Überraschungsgast einfach nur anstarrte.

„Oh mein Gott, warum bin ich heute überhaupt aufgestanden," platzte sie heraus, ohne darüber nachzudenken, dass sie das gar nicht laut aussprechen wollte.

Marek riss einen Teil der Alufolie ab und reichte Linda den Deckelersatz für ihren Salat. Sie konnten aufgrund der Masken nur ihre Augen sehen, es war für beide nicht ersichtlich, ob der andere lächelte oder keine Miene verzog. Lindas Gehirn war überfordert. Sie nahm die Alufolie und deckte zitternd ihre Pappschale ab.

„Hey, wie wär´s, wenn ihr beide endlich mal die Mittagspause zusammen verbringt? Es ist so cooles Wetter und nicht weit von hier gibt es bestimmt ein sonniges Plätzchen am Rhein!?" Niklas, der Verkuppler, zwängte sich zwischen die beiden und nahm Marek die Alufolie aus der Hand. Er hatte genug von dem ewigen Hin und Her.

„Das halte ich für eine guuute Idee! Das macht Marek sicherlich seeehr gerne", tönte es von der anderen Seite der Salatbar herüber, wo man Helga sehen konnte. Sie nickte Niklas unbekannterweise zu, Niklas nickte zurück, auch wenn er diese fremde Frau nicht kannte. Sie schien wohl die Kollegin von *Eminem* zu sein.

„Aber... ich hab´ kein Auto...", stammelte Linda, die schlichtweg überfordert und völlig nervös wurde.

„Aber ich", antwortete Marek und Lindas Herz machte einen Satz. „Ich kann dich nachher zu deiner Firma fahren."

„Gut, dann wäre das ja geklärt. Bis später!" Niklas lachte, ohne sich noch einmal umzudrehen und lief zur Kasse. Helga war neugierig und beobachtete das ungleiche Paar, das nun wohl endlich mal miteinander reden würde. Sie lächelte. Das war einer der romantischsten Geschichten, die sie je miterlebt hatte.

„Das ist besser als im Film", flüsterte sie leise. „Bis später", sang sie ihrem Kollegen entgegen, während sie Niklas dann doch zur Kasse folgte. „Und es ist okay, wenn du später kommst!".

„Dann ist das wohl entschieden!" Mareks Stimme brachte Linda wieder zurück in die Realität, auch wenn ihre Beine das noch nicht so sahen. Ihre Blicke trafen sich und Linda schoss die Erinnerung in den Kopf, wie es war, als sie sich geküsst hatten. Und zwar jedes einzelne Mal, wenn die Welt um sie herum aufhörte zu existieren. Ihre Knie waren weich wie Butter.

„Immer noch schlimm, dass du heute Morgen aufgestanden bist?" Marek rettete den peinlichen Moment, in dem Linda einfach keine Worte über die Lippen kommen wollten. Ihr Gehirn war einfach nur gähnende Leere. Sie lachte nervös.

„Hah, nein, irgendwie nicht mehr", sie bekam langsam wieder die Kontrolle über ihre Stimmbänder.

„Gut, lass uns gehen!" Marek nickte mit dem Kopf in Richtung Kasse und Linda folgte ihm aufgeregt. Es war ein komisches Gefühl, in sein Auto zu steigen. Sie war froh, dass sie nach dem Verlassen des Supermarkts die Masken abnahmen und sie nun sein Gesicht mustern konnte, während er vom Parkplatz herunter fuhr in Richtung Rheinufer.

„Was?", lachte Marek, als er bemerkte, wie sie ihn beobachtete.

„Ich sitze mit *Em* im Auto, ich fasse es nicht", Linda grinste.

„So schlimm?"

„Ganz im Gegenteil. Aber so surreal."

„Waren unsere Begegnungen immer, weißt du noch?", Linda lächelte, als sie sich an die wenigen Male erinnerte, die sie sich begegnet waren.

„Wie könnte ich das vergessen…", flüsterte sie und schaute aus dem Beifahrerfenster, damit Marek ihre Unsicherheit nicht bemerkte. Endlich waren sie am Parkplatz am Rheinufer angekommen und stiegen wortlos aus dem Wagen aus. Wie zwei Schulkinder trugen sie brav ihre Salate in der Hand mit sich und suchten sich einen Platz auf der Rheinmauer, wo sie sich hinsetzten und den Salat mit dem Alufoliendeckel neben sich abstellten. Linda ließ ihre Beine baumeln, ihre Hände unter ihrem Po verstaut. Sie wusste nicht was sie sagen sollte und blickte auf den Fluss, auf dem gerade ein Frachtschiff vorbeifuhr. Da war es wieder. Dieses unglaubliche Knistern zwischen Marek und ihr. Sie bekam eine Gänsehaut.

„Es ist immer noch da…", sagte Marek und beobachtete Lindas Reaktion. Sie wusste genau, von was er sprach.

„Ja… das ist unglaublich. Ich hab´ Angst, dass wenn du mich berührst, ich einen elektrischen Schlag bekomme und das Bewusstsein verliere", lachte sie. Immerhin hatte sie ihren Humor wieder gefunden.

„Wir können es ausprobieren", Marek grinste und hatte seinen Kopf zur Seite gelegt, während er sie herausfordernd anblickte. Linda tat es ihm nach und kniff ihre Augen zusammen.

„Du willst mich wohl tot sehen, was?", feixte sie.

„Nein, ich will dich einfach nur küssen!" Diesen Satz hatte Linda genauso wenig erwartet, wie dass Marek von der Mauer hüpfte und sich direkt vor sie stellte.

Linda zuckte zurück. Sie hatte Angst. Angst vor ihrer eigenen Entschlossenheit von damals, als sie ihm einen Laufpass gegeben hatte, weil er so viele Jahre jünger war als sie. Ihre Vernunft hatte damals gewonnen und sie wusste nicht, ob der Verstand nicht doch wieder über das Herz gewinnen würde.

„Das kannst du vergessen!" Mareks Stimme war sanft und leise, er war nur ein paar Zentimeter mit seinem Gesicht von ihrem entfernt, hatte die Hände locker auf ihre Oberschenkel gelegt.

„Was?", fragte Linda, während sie auf ihrer Unterlippe kaute.

„Mich noch einmal abzuschießen. Das kannst du vergessen. Ich bin nicht mehr der kleine Junge, der sich von dir in die Ecke stellen lässt. Ich bin ein Mann und ich werd´ dir zeigen, dass das mit uns passt."

Die Spannung zwischen den beiden lud sich immer mehr auf. Linda wusste nicht, warum sie solche Angst hatte. Von anderen ausgelacht zu werden? Von ihm verlassen zu werden, wenn sie zu alt werden würde?

„Fünfzehn Jahre, Em…"

„Das kannst du vergessen! Linda, das zieht nicht mehr!" Mareks Worte erlaubten keine Widerrede. Er grinste. „Ich steh nicht nach über fünf Jahren hier vor dir, nach dem das komische Universum uns in den letzten Monaten ständig hat aufeinandertreffen lassen, damit du mir noch einmal einen Korb gibst. No way, Kleines, das kannst du vergessen." Marek hob eine Hand und strich Linda mit dem Zeigefinger sanft über die Nasenspitze.

Und da war er. Der Stromschlag.

Es war, als hätte Marek sie mit dieser Berührung aktiviert und sie vergaß augenblicklich ihre ganzen Bedenken. Sie zog ihn zu sich heran und küsste ihn, leidenschaftlich.

Es war wie damals, es war, als wenn sie nie getrennt gewesen wären. Es war, als wären beide füreinander geschaffen. Der Kuss ließ die Welt um sie herum völlig verschwinden. Marek trat noch dichter an Linda heran, sie waren sich ganz nah. Linda schlang ihre Beine um ihn herum, während sie noch immer auf der Mauer saß. Es gab weder Zeit noch Raum, nur sie beide.

„Scheiße hab´ ich das vermisst", flüsterte Linda.

„Mhm", antwortete Marek und küsste sie wieder.

„Scheiße, wir müssen zurück ins Büro", flüsterte er.

„Das kannst du vergessen!" Linda hielt ihn noch fester umschlungen. „Wir gehen heute nirgendwo mehr hin, außer zu dir oder zu mir!" Mareks Augen leuchteten.

„Du meinst, wir haben viel nachzuholen?"

„Ohja", grinste die Blondine.

„Ich warne dich! Dann kommen wir nämlich die nächsten fünf Monate nicht mehr ins Büro", lachte Marek.

„Scheißegal...", sie küssten sich wieder.

„Und du schießt mich nie wieder ab, hörst du?" Marek hielt ihr Gesicht in seinen Händen und blickte ihr tief in die Augen.

„Nie wieder", versprach Linda. Marek hob sein Mädchen von der Mauer, nahm ihre Hand, und mit ihren Salaten in der anderen Hand bepackt, steuerten sie aufs Auto zu. Sie informierten Helga und Niklas, dass sie heute nicht mehr zurück ins Büro kommen werden und beide antworteten synchron mit „Viel Spaß und treibt´s nicht zu wild!"

„Doch, das tun wir", lachte Marek.

„Das kannst du vergessen", feixte Linda.

„Das werden wir ja seh´n, Kleines."

Marek fuhr auf die Autobahn in Richtung seines Zuhauses und gab Gas. Linda lachte, während sie ihm liebevoll mit der Hand durch die Haare wuschelte.

Vielleicht waren die fünf Jahre der Trennung wichtig gewesen, um sich zu entwickeln und heute passte alles perfekt.

Das Universum macht keine Fehler.

Diese Geschichte widme ich...
„Em" und dem Rewe Andernach ;)

Suche nicht
nach dem
Abenteuer
Aber gehe ihm
nicht aus dem
Weg

unknown

Kapitel V
Hans Phoenix & Kate Bono

Tanja

Auf dem Heimweg saß ich am Steuer unseres Wagens, neben mir meine Frau, und ich konnte es immer noch nicht fassen, was mir da gerade passiert war. Wir hatten vor ein paar Minuten *Kundin Nummer Eins* getroffen.

Meine Frau Geli hatte eine kleine Werbeagentur gegründet und die erste Kundin war ihre ehemalige Dozentin Tanja. Sie hatte in der Abendschule eine Weiterbildungsmaßnahme der Agentur für Arbeit geleitet. Die beiden Frauen hatten sich etwas angefreundet, die geschäftliche Verbindung war eine Folge davon. Zur ersten Lieferung der Werbemittel hatten wir uns auf einem Park & Ride-Parkplatz getroffen, weil wir etwas weiter voneinander entfernt wohnten. Und ich sollte unbedingt mitkommen, weil ich den Hauptteil der Grafikarbeiten gemacht hatte. Ich sollte *Kundin Nummer Eins* unbedingt kennen lernen; Geli war total begeistert von dieser Frau.

Etwas verspätet kam sie dann auf dem Parkplatz an, meine Frau begrüßte sie zuerst, ich hielt mich zurück. Ich bin nicht so der überschwängliche Typ und für mich war sie ja eine Fremde. Die beiden Frauen umarmten sich freundschaftlich, nun ja, die beiden kannten sich ja.

Dann kam Tanja auf mich zu, deutete auch einen „Umarmungswillen" an, indem sie die Arme ausbreitete und mich anlächelte, und ich ließ es überrascht zu. Gerade wollte ich noch irritiert sein, weil ich mit dem linken Arm unter und mit dem rechten über ihre geöffnete Jacke kam, da traf mich die Umarmung wie ein Donnerschlag. So etwas hatte ich noch nie verspürt, es war schon fast magisch. Nicht nur die unerwartete Umarmung selber, schließlich kannte sie mich ja nicht, und für mich war das nicht so alltäglich, dass ich von Fremden einfach so umarmt wurde, sondern auch das Drumherum. Es war irgendwie elektrisierend. Und ihr musste es auch so gegangen sein, denn das „Schön, dich kennen zu lernen!" klang doch irgendwie, als hätte sie sich verschluckt oder einen Kloß im Hals. Jedenfalls war da ein Bruchteil einer Sekunde, in der es peinlich wurde und wir die Umarmung irritiert lösten.

Darüber musste ich auf der Rückfahrt ständig nachdenken. Was war da gerade geschehen? Wer war diese Tanja, dass sie mich dermaßen von den Socken haute? Durch eine Umarmung? Ernsthaft?

„Hans?", wurde ich von Geli aus meinen Gedanken gerissen. „Woran denkst du? Du bist so still?! Habe ich dir nicht gesagt, Tanja ist nett?"

„Ja, ist sie, die *Kundin Nummer Eins*. Ich war nur etwas irritiert, weil sie mich auch direkt umarmt hat. Ist ja nicht gerade normal bei einem ersten Treffen, oder?"

„So ist sie eben, sie ist sehr herzlich und wir haben uns auch direkt von Anfang an gut verstanden."

Meine Frau war stolz über den ersten Auftrag. Der erste zufriedene Kunde. Ich lenkte das Gespräch auf andere Themen. Erstens, um mich abzulenken von den schönen, aber ungewöhnlichen Empfindungen, zweitens, um überhaupt von Tanja abzulenken. Ich hatte die Befürchtung, dass meine Frau etwas bemerkt hatte und ich hätte ihr nicht einmal beantworten können, was da passiert war, denn ich wusste es ja selbst nicht.

Das alles ereignete sich im Jahr 2009.

Vergessen konnte ich Tanja und das Erlebnis nicht, denn es wurde in den nachfolgenden Jahren immer wieder aufgefrischt. Entweder durch Telefonate, die ich mit Tanja führte, oder durch weitere Auslieferungen, die ich (warum auch immer) nicht der Post oder einem Lieferservice überlassen wollte. Immer, wenn ich ihre Stimme hörte, wenn ich sie wiedersah, wurde ich an diesen Abend erinnert, als der *SMASH* passiert war. Genau so nannte ich es, denn ein anderer Begriff fiel mir dafür nicht ein.

Meine Frau Geli, eigentlich Angelika, und ich führten zwar eine schon lange andauernde Ehe, aber keine besonders gute. Leider war kurz nach der Geburt unseres Sohnes die Luft ziemlich schnell raus, wie man so unschön sagt. Das verflixte siebte Jahr war bei uns bereits nach vier Jahren erreicht. Dies steigerte sich, als Geli beschloss, sich aus der Kindererziehung zurückzuziehen. Es war eh schon schlimm für unser Verhältnis zum Kind, dass wir eine Tagesmutter beschäftigen mussten, weil wir beide einer Vollzeitbeschäftigung nachgingen. Für mich war das unerklärlich, dass Geli nicht die Hausfrauenrolle übernehmen wollte, aber ich stellte mich der Aufgabe.

Unsere Ehe machte zu dem Zeitpunkt eine zweite (oder war es schon die dritte?) Krise durch. So wurde das Papa-Sohn-Team gegründet, ungewollt. Wie oft habe ich versucht, das Ruder wieder herumzureißen, aber Geli blieb hart. Mir schossen schon zu diesem Zeitpunkt immer die Sprüche meiner Oma durch den Kopf: *"Junge, drum prüfe, wer sich ewig bindet!"* oder *„Ihr werdet nicht glücklich! Sie ist eine kühle Frau!"*.

Meine andere Oma sagte mir auch Ähnliches. Ich aber hatte die rosarote Brille auf, war auf Wolke 7, und die ersten drei Jahre liefen ja auch völlig „normal". Da wollte ich das einfach nicht hören und wahrhaben schon gar dreimal nicht.

Dass in einer Beziehung, einer Ehe, das anfängliche Verliebtsein nachlässt, war mir bewusst. Wir erleben es tagtäglich in der realen Welt, dass sich Partner scheiden lassen oder dass sich auch unverheiratete Paare trennen.

Oft war ich überrascht, wenn sich – für mich – glückliche Beziehungen plötzlich trennten, weil es im Außen keine Anzeichen dafür gegeben hatte. Die heile Welt wird von Vielen einfach nur vorgegaukelt, das habe ich schon gemerkt. Und so war es auch bei uns: nach außen hin wurde vieles nicht gezeigt. Das Schlimme aber war, dass es innerhalb der Beziehung auch so ging. Ich merkte irgendwann, dass ich mein Vertrauen verlor; nicht so sehr die Liebe, sondern das, was ich dachte, was ich fühlte, was ich auf dem Herzen hatte. Es gab einfach keinen Raum mehr, in dem ich das was mich bewegte, mitteilen konnte.

Kann man mit kühlen Frauen eine langfristige Beziehung führen? Ja, Man(n) kann. Aber es führt zu einer Selbstaufgabe, zu einseitigen Kompromissen und zu einem „Verbiegen", nur um ein paar Stunden vermeintliche Zweisamkeit zu haben. Vom Sex ganz zu schweigen. In den ersten beiden Jahren gehörte das noch zum Alltag, doch es wurde immer weniger. Auch das scheint oder schien normal zu sein. Doch die Macht, die Geli über mich damit ausgeübt hatte, dadurch dass nur *sie* bestimmte, wann wir Sex hatten, wurde mir viel zu spät bewusst. Immer mehr und immer öfter überprüfte ich, wie meine Gefühle zu ihr sind. Wenn es ein „Ja, ich liebe sie noch" war, habe ich weiter „mitgespielt". Ein Zweifel kam selten oder ich ignorierte ihn gekonnt.

Einseitiges Vertrauen kann fatal sein in einer Beziehung. Das habe ich in den Jahren mit Geli gelernt. Es gab da in den letzten Jahren Vorfälle, die ich bis heute nicht verstehe, die ich seitdem fest im Hinterkopf habe. Sie sind wie Würmer, die sich in den Verstand fressen und dich nicht mehr loslassen.

Wir waren auf einer Vereinsfeier, im November, es war ziemlich kalt. Der Alkohol floss in Strömen, gute und weniger gute Unterhaltungen, aber eigentlich ein schöner Abend. Jegliches Zeitgefühl war verschwunden, auf einmal waren nur noch der Kassierer da und ich. Wo war Geli? Ich fragte Karl, der zuckte mit den Schultern. Ihre Jacke hing noch da und ich nahm sie mit, als wir das Bürgerhaus verschlossen und ich mich auf den Heimweg machte. Geli war nicht zu sehen. Ich ging nach Hause, auf einen Schlag stocknüchtern, setzte mich ins Wohnzimmer und wartete. Es wurde schon hell, da hörte ich ein Auto auf den Hof fahren, Türen zuschlagen und Geli kam ins Haus. Das Auto kannte ich, es gehörte dem Ortsvorsteher. Ich fragte sie noch, wo sie denn gewesen sei, sie murmelte etwas und verschwand im Schlafzimmer. Kein Gespräch mehr möglich, sie war sofort eingeschlafen.

Am nächsten Morgen fragte ich sie wieder. Sie sagte, sie wäre an die frische Luft gegangen, wäre durchs Dorf gelaufen und hätte einen Filmriss. *Alles klar, Mädel, glaube ich sofort! Im November. Saukalt, und du rennst ohne Jacke durchs Dorf. Meine Frau, die Frostbeule, rennt stundenlang durch die Gegend. Ja nee, is klar!*

Wie sie denn nach Hause gekommen sei, will ich wissen. Na, der Ernst habe sie aufgelesen und schnell nach Hause gebracht. *Auch klar, der Ernst, der am Vorabend ziemlich viel getrunken hatte, fährt dann mit dem Auto durch das Dorf und sammelt Frauen mit Filmriss ein, alles klar!*

Ich hätte etwas sagen sollen. Hab ich aber nicht.

Im weiteren Verlauf der Jahre gab es dann immer wieder merkwürdige Geschehnisse mit den beiden. Einmal bin ich ausgerastet, was in einen Riesenkrach ausgeartet ist und ein paar Tage Funkstille nach sich zog. Weil die beiden bei einem Dorffest engumschlungen getanzt hatten. Seine Hand auf ihrem Hintern. Dem Hintern *meiner* Frau.

Geli hat es aber immer wieder geschafft, mein Vertrauen in sie wieder zu kitten, meistens mit Sex. Heute ärgere ich mich, dass Männer in dieser Beziehung so einfach gestrickt und so leicht zu manipulieren sind. Männer, vor allem die, die so naiv und gutgläubig sind wie ich, sind das eigentlich schwache Geschlecht. Doch Zweifel, wenn sie einmal eingepflanzt sind, wachsen.

Noch heute hat Geli die Telefonnummer von Ernst in ihrem Handy und sie schreiben sich über WhatsApp. Seit über vier Jahren ist mir das egal. Ich habe eine Trennung von Tisch und Bett vollzogen, nachdem sie sich entschieden hatte, sich nur noch mit ihrem Tablet, dem Fernsehprogramm und ihrem Teilzeitjob zu befassen. Haushalt, unser Sohn, gemeinsame Vorhaben, alles bloß noch nebensächlich.

Bei mir gibt es keine andere Frau. Ich kenne zwar viele nette Frauen, aber sie sind durch Entfernung, Alter oder durch Partnerschaften unerreichbar für mich.

Eine endgültige Trennung von Geli ist aber *in Arbeit*, wie ich es auf meine typisch männliche, rationale Art sagen würde. Rückblickend betrachtet, konnte ich bei Geli nie die „Erwartungen" erfüllen, so sehr ich mich ihr auch angepasst hatte. Ob es Aussehen war (*wer kann schon mit Richard Gere mithalten?*) - oder Reichtum (*Ernst war nicht nur Ortsvorsteher, er schwamm in Geld*) – oder das Tanzen. Jeder, der besser tanzen konnte als ich *(und das war nicht schwer)*, hatte leichtes Spiel und ich war abgemeldet. Geli war auf Äußerlichkeiten fixiert. Und ich fragte mich oft, warum sie nicht einfach versuchte mir das Tanzen beizubringen, damit wir mal irgendetwas zusammen machen könnten.

Das ganze Desaster meiner Ehe war vor dem Treffen mit *Kundin Nummer Eins* passiert. Durch die wenigen Begegnungen mit Tanja lernte ich eine Seite beim weiblichen Geschlecht kennen, die ich selten gesehen und erlebt hatte. Die ehrliche, offene, herzliche Seite. Durch diese Frau bildete sich da etwas heran in meinem Herzen, was mir unmöglich oder undenkbar vorgekommen war.

Die Telefonate und kurzen Auslieferungstreffen mit Tanja wurden auf der gefühlten Ebene immer schöner für mich. Es war eine Vertrautheit zwischen uns beiden, die ich nicht beschreiben kann. Etwas Ähnliches hatte ich noch nie erlebt, selbst bei Geli nicht. Da war immer eine unüberbrückbare Distanz, eine unsichtbare Mauer, die keiner von uns beiden einreißen konnte oder wollte.

Tanja war fast immer gut gelaunt, wir lachten viel, bei jeder Begegnung. Vor allem brachte sie mir gegenüber immer eine Wertschätzung meiner Person entgegen, nicht nur der gelieferten Arbeit oder dem Service, die wir leisteten. Natürlich sprach sie auch manchmal mit Geli, aber eigentlich erwischte sie oft Zeitpunkte, an denen nur ich ans Telefon gehen konnte. In meinen Gedanken habe ich mir gewünscht, dass sie das absichtlich tut. So entwickelte sich eine Freundschaft. Mit gebührendem Abstand, versteht sich. Nur die Umarmungen lösten immer den gleichen *SMASH* in mir aus, wie beim ersten Mal.

Nach einiger Zeit beschlossen wir, einen Spieleabend bei uns zu Hause zu veranstalten. Tanja hatte sich etwas rarer gemacht, sie hatte ein neues Standbein mit einem befreundeten Kollegen gegründet. Den Kollegen/Partner wollte sie mitbringen, so könnten wir ihn direkt kennen lernen. Auch wir hatten einige Neuerungen in der Agentur, wollten das Private mit neuen Angeboten für Tanjas neues Standbein verbinden.

Da die beiden fahren mussten, hielten auch wir uns mit Alkohol zurück, nur zum Essen gab es ein Glas Wein. Kurt, der Kollege von Tanja, war ein netter Kerl. Wenn er auch mit ihr zusammen war, versteckten sie es gut. Ich weiß bis heute nicht, wie ich den Mut aufgebracht hatte, aber ich fragte sie einfach danach. Nein, sie waren nur Kollegen und Geschäftspartner des neuen Projekts.

Der Abend verlief unerwartet toll. Nach dem Essen haben wir verschiedene Spiele gespielt - Canasta, Jenga,

Malefiz, immer in unterschiedlichen Teams. Mal Männer gegen Frauen, mal Geli und ich, mal Tanja und ich. Bei letzterer Konstellation war das Team unschlagbar, egal welches Spiel. Ob High five oder ein Siegerjubel, Tanja und ich waren wirklich ein Dream-Team. Lief etwas nicht gut, bekam ich einen Knuff in die Rippen oder einen Schlag auf den Arm. Frauen klapsen oder schlagen gerne, vor allem, wenn sie gespielt erbost oder ärgerlich sind. Das war mir schon öfter aufgefallen, in eigenen oder anderen Beziehungen.

Jede Berührung von ihr oder von mir war wie ein elektrischer Schlag. Ihr Lächeln und ihr Lachen waren unbeschreiblich schön. Ihre Anerkennung ging mir unter die Haut, genau wie ihre Blicke. Ich hatte immer wieder das Gefühl, dass die Luft elektrisch aufgeladen ist, das Knistern zwischen uns beiden war deutlich spürbar. Wenn Geli und Kurt davon etwas mitbekamen, versteckten sie es gut. Die Themen, die wir ansprachen, endeten meist in einem Dialog zwischen Tanja und mir. Ich hatte das Gefühl, dass ich mit ihr über alles sprechen konnte. Diese Vertrautheit, dieses Urvertrauen, war schon beängstigend.

Der Abend war viel zu schnell zu Ende. Wir hatten ihn schon überzogen, es war spät geworden und die beiden mussten gehen. Die Abschiedsumarmung zwischen Tanja und mir dauerte Bruchteile von Sekunden länger als sie hätte sein müssen. Von ihr aus. Und wieder hatte ich ein wohlig-warmes Gefühl in der Herzgegend, Schauer liefen mir über den Rücken. Lange hatte ich so etwas nicht mehr gefühlt. Wie bei jedem ersten Kuss in einer neuen Beziehung, wenn sich der Himmel auftut, man den Boden unter den Füßen verliert und die Schmetterlinge im Bauch Samba tanzen.

Leider sollte das der letzte Abend in dieser Richtung sein. Unsere künftigen Telefonate und Treffen waren wieder rein geschäftlich und wurden auch immer seltener.

Erst einige Jahre später, in 2016, lebte das plötzlich wieder auf. Sie war mir nie aus dem Kopf gegangen. Auf meinem Handy war sie der einzige Kontakt, den ich mit einem Foto hinterlegt hatte. In ruhigen, stillen Momenten schaute ich mir das Bild an und jede Berührung wurde lebendig, jedes Treffen, jede Umarmung war präsent. Und die Gefühle wurden immer intensiver. Bei einer Auslieferung, die ich wieder alleine machte, musste ich vor Tanjas Haus etwas warten. Als „Entschädigung" machte sie einen Kaffee und wir unterhielten uns dabei.

Ich wurde etwas mutiger, fragte sie nach Beziehungen.

„So eine tolle Frau wie du muss doch einen Partner haben?!", sagte ich möglichst beiläufig und fragte mich, woher ich den Mut genommen hatte, so direkt zu sein.

Doch sie verneinte und wurde ernst. Sie sagte, dass sie ein schwieriger Partner wäre und Männer es nicht einfach mit ihr hätten. Das würde auch immer schnell offensichtlich. Ich spürte eine tiefsitzende Verletzung, ein ganz komisches Gefühl, so als könne ich alles nachvollziehen. Der Abschied bei diesem Treffen war reservierter als sonst. Ich hatte wohl einen wunden Punkt getroffen. Wir hielten dennoch weiter Kontakt, per Mail, per Telefon oder über unsere Facebook-Accounts.

Wenn auch meine Gefühle zu Tanja sich steigerten, so blieb doch das übliche sexuelle Begehren aus. Das machte mich stutzig, jedes Mal, wenn es mir auffiel. Und das in einer Situation, wo Sex zwischen Geli und mir zu einem Jahresereignis geworden war. Nein, sorry, Weihnachten kam öfter. In dieser Zeit war ich auch beruflich sehr eingespannt. Erstens im Hauptjob mit 12-Stunden-Schichten, Tag oder Nacht, zweitens in der Agentur, denn Geli verlor auch daran die Lust.

Mitte 2017 wurde die Kommunikation zwischen Tanja und mir so intensiv und auch vertraut, dass ich ihr alles schrieb, was ich dachte. Ich begann mit der Möglichkeit, dass wir vielleicht seelenverwandt sein könnten, weil wir so oft gleich tickten. Als diese Theorie bei Tanja auf fruchtbaren Boden fiel, ging ich aus mir heraus und gestand ihr, dass ich mich in sie verliebt habe.

Der fruchtbare Boden wurde augenblicklich zu einer Wüste. Aus Eis. Ihre Reaktion fiel einerseits so aus, wie ich es schon oft erlebt hatte. Was finden Frauen an dem Spruch „Wir können aber gute Freunde bleiben?" Dennoch war da auch etwas, das mir neu war. Tanja sagte mir, dass sie keine Beziehung mehr mit einem verheirateten Mann haben möchte. War das der tiefsitzende Schmerz, den ich mal bei ihr gespürt habe? Sie hatte mal einen Hans erwähnt, mit dem sie eine längere Beziehung gehabt hatte. War nicht nur der Vorname gleich, sondern war Hans, genau wie ich, verheiratet gewesen?

Sie distanzierte sich von mir, ich spürte das.

Eines Tages war ich unaufmerksam gewesen und hatte den Rechner angelassen. Und natürlich auch das Mailprogramm. Und Geli hatte irgendwas gesucht oder musste eine Mail schreiben. Jedenfalls kam ich vom Ausliefern zurück und es gab einen Riesenkrach. Meine Frau hatte zwar einige intimere Mails gelesen, aber zum Glück nicht die, in der ich Tanja mein Verliebtsein gestand. Sie war anscheinend eifersüchtig, beziehungsweise hatte sie wohl Angst, jemand nimmt ihr das „Spielzeug" weg. So sehe ich das heute, weil sie mich im Rahmen unserer „Versöhnung" gleich ins Schlafzimmer gezogen hatte. Ich konnte meine Mails ihr gegenüber damit erklären, dass Tanja und ich seelenverwandt seien und halt vieles gemeinsam hätten. Und dass der Austausch rein platonisch wäre. So war es ja auch, denn weder hatte ich Ambitionen fremd zu gehen, noch gab es irgendeine Aussicht auf Erfolg bei *Kundin Nummer Eins*.

Und wieder wurde der Kontakt zu Tanja seltener. Nicht nur, weil ich mich bei Facebook abmeldete, sondern vor allem, weil mich beide Arbeitsstellen voll im Griff hatten. Tanjas Aufträge bei uns ließen nach.

Im Dezember 2017 hatte ich Tanja das letzte Mal geschrieben. Eine SMS mit den besten Wünschen für das neue Jahr. Seither verging keine Woche, in der ich nicht an sie gedacht habe.

Der Wandel, dem wir alle in den letzten Jahren unterliegen, die Bewusstseinssteigerung, die auch vor mir nicht Halt gemacht hat, führte bei mir zu wiederkehrenden Tagträumen, zu Visionen und Träumen von meiner Seelenpartnerin. Das Gesicht ist immer verschwommen oder in Träumen einfach nicht da. Ich weiß nur, dass sie eine ganz tolle Erscheinung ist, braune Haare hat und alle Blicke auf sich zieht, wenn sie einen Raum betritt. Nicht wegen des Aussehens, sondern wegen ihrer Ausstrahlung. Manchmal habe ich dabei braune Augen im Sinn, das kann aber auch ein Wunschgedanke sein.
Meine Oma sagte immer, dass braune Augen gefährlich, aber in der Liebe ehrlich sind. Da das Gesicht der Seelenpartnerin nie wirklich zu sehen ist, kenne ich natürlich auch nicht ihre Augen, von deren Farbe mal ganz abgesehen.
Jede Schauspielerin, jede Frau in Filmen und Serien, auf Bildern oder im wirklichen Leben, die Ähnlichkeit mit meiner Vision hat, löst sofort eine maßlose Sehnsucht aus. Eine schmerzhafte Sehnsucht. Und wenn ich abends alleine im Bett liege, sehe ich oft diese Partnerin schlafend neben mir liegen. Ich beobachte, wie sie schläft und meine Hand streicht ihr die Haare aus dem Gesicht, ich küsse ihre Wange... und wundere mich, warum ich beim Aufwachen Fusseln vom Kopfkissen im Mund habe. Manchmal ist es Tanja in diesen Visionen.

Ich habe sie im Dezember 2021, nach über vier Jahren, wieder angeschrieben, per Mail, die letzte Adresse funktionierte noch. Ich war sehr offen, habe mich für diese lange Zeit entschuldigt, habe ihr von der Veränderung meiner Beziehung geschrieben, dass wir getrennte Schlafzimmer haben und auch, dass es mich sehr wahrscheinlich bald in andere Länder oder andere Gegenden verschlägt. Ich hatte jahrelang vor mich hingedümpelt, es wurde Zeit, dass ich mein Leben in die Hand nahm und zu dem Abenteurer wurde, der ich als Kind immer sein wollte, wenn ich mal *groß* bin.

Sie antwortete oberflächlich, obwohl ich ihr eine Türe aufgemacht hatte. Wie so oft hänge ich, was Frauen angeht, in der Luft. Ja, ich hatte erwartet, dass sie freudestrahlend auf mich zu rennt, es den SMASH aller SMASHES tut und wir glücklich bis... ach, lassen wir das.

Ich freue mich auf die Zeiten, in denen wir alle miteinander offen kommunizieren werden, ohne etwas verheimlichen zu müssen.

Vielleicht verstehe ich Tanja dann und sie mich.

Tanja legte seufzend ihr Handy zur Seite. Hatte sie ihm nicht deutlich gesagt, dass sie sich nicht mit verheirateten Männern einlassen würde? Nicht noch einmal. Und dann trug er auch noch denselben Namen wie der Mann, der ihr das Herz gebrochen hatte. Mehrfach. Ein schlechter Scherz vom Universum war das oder vielleicht auch Karma.

Immer wieder hatte Hans, in diesem Fall *Hans Nummer Eins*, ihr beteuert, dass er seine Frau verlassen würde. Als Tanja ihn kennen lernte, erzählte er ihr, dass er schon längst getrennt wäre. Und dann, nach einigen Wochen, hatte Tanja herausgefunden, dass seine Frau von seinen Plänen noch gar nichts wusste. Sie hatte ihn beim Telefonieren mit ihr erwischt, als er nicht bemerkt hatte, dass sie nicht mehr friedlich weiterschlief, sondern ihm leise in die Küche gefolgt war. Nicht, weil sie misstrauisch gewesen war, sondern weil sie völlig naiv dachte, ihn überraschen zu wollen. Sie wollte sich von hinten ran pirschen, während er sich einen Kaffee machte, denn davon ging sie aus, wenn er so früh morgens sich aus dem Bett in die Küche schlich.

„Guten Morgen mein Schatz, ja, ich bin schon wach. Ich hab die ganze Nacht gearbeitet und hier im Hotel hat im Nachbarzimmer die ganze Nacht ein Baby geschrien, ich konnte nicht schlafen..." Leise und mit übertrieben verschlafener Stimme telefonierte Hans wohl mit seiner Ehefrau, während Tanja wie zu einer Eissäule erstarrt hinter der Tür ausharrte. „Ja, hier in Berlin ist es auch ziemlich verregnet. Ich denke, da wird die Heimfahrt nach Hamburg später etwas länger dauern. Du, ich muss jetzt Schluss machen, muss noch duschen und der Verkehr durch die Stadt ist übel. Ich muss pünktlich beim Kunden sein... Ich dich auch, bis später Schnucki."

Schnucki... bei diesem Wort hätte Tanja sich am liebsten übergeben, denn so nannte Hans sie ebenfalls. Als der Mann, den sie gerade auf eine unangenehme Weise neu kennen lernte, aufgelegt hatte, betrat sie die Küche. Wortlos.

„Schnuckiee", rief Hans wie von der Tarantel gestochen und versuchte zu überspielen, dass er nervös sein Handy so unauffällig wie möglich neben die Kaffeemaschine schob. „Du bist ja schon wach, sorry ich wollte dich nicht..." Er war auf Tanja zugegangen und wollte sie küssen, während sie abwehrend eine Hand hob und ihm gegen die Brust drückte, um ihn davon abzuhalten. Sie wollte schreien, doch ihr fehlte die Kraft. Der Schock saß einfach zu tief.

„Was...", setzte Hans an, doch Tanja blickte ihm wütend in die Augen, während sie ihren Atem schwer durch die Nase stieß. Der verheiratete Mann verstand was passiert war und wollte sich herausreden. „Ich... es...", lamentierte er und sah, wie Tanja die Tränen in die Augen schossen.

„Sag jetzt bloß nichts", hatte sie gesagt, doch er hatte losgelegt sie zu beschwichtigen und er gewann. Er erzählte ihr, dass seine Frau sehr krank geworden wäre und dass er sie nicht in diesem Zustand alleine lassen könnte. Nicht, solange es ihr so schlecht ginge. Es täte ihm alles so leid und er hätte sie schon längst verlassen und würde das auch tun, sobald seine Frau wieder gesund wäre.

Diese Phase zog sich über zwei Jahre. Immer wieder hatte Tanja sich belabern lassen, immer wieder wartete sie darauf, dass die Frau gesund werden würde, doch sie blieb so krank wie sie war. Und Tanja war nur das Hintertürchen, das Hans sich offen hielt. Er nutzte sie wie eine Drehtür.

´*Ist das Liebe? Warum tut das so verdammt weh? Und warum kann ich mich nicht von diesem Mann trennen? Früher war das alles viel einfacher gewesen.*´

Tanja dachte über die Vergangenheit nach, als sie jünger war. Man hatte einen Kerl kennen gelernt, sich verliebt, dann ist es schief gegangen und man trennte sich. Entweder hatte sie den Schlussstrich gezogen oder der Andere. Klar war da am Ende auch immer Herzschmerz und Liebeskummer dabei, aber das hier war wie ein Schmerz, der irgendwie nie enden wollte.

Bis eines Tages die Schmerzgrenze überschritten war und Tanja etwas tat, dass sie schon längst hätte tun sollen. Sie kannte die Adresse von Hans, denn er versteckte seine Ehe ja schon lange nicht mehr vor Tanja. Immerhin hatte sie es geduldig hingenommen, nur eine Geliebte zu sein und Hans hatte sie hingehalten, wie einen Esel mit einer Möhre. Das war wie am ausgestreckten Arm zu verhungern.

Sie wusste, dass Hans nicht zuhause war, denn er befand sich auf Geschäftsreise. Oder vielleicht war er auch zuhause und hatte ihr nur gesagt, er müsste in eine andere Stadt. Vielleicht war er auch weder zuhause noch auf Geschäftsreise. Vielleicht war er bei einer noch ganz anderen Frau. Irgendwann war sie fast wahnsinnig geworden, hatte sich ins Auto gesetzt und war zu seinem Haus in Hamburg gefahren. Sein Wagen stand nicht in der Einfahrt, aber die Garage war groß und geschlossen, er könnte locker auch zuhause sein.

„Scheiss drauf", ermutigte sie sich selbst, stiefelte entschlossen zur Eingangstür und klingelte. Es würde ihr leidtun, wenn die Frau wirklich sehr krank wäre, aber sie wollte nun reinen Tisch machen – für beide Seiten. Sie hatte ein schlechtes Gewissen, obwohl sie die Frau nicht einmal kannte. Obwohl sie das Gefühl hatte, sie würde sie kennen, denn Hans erzählte ja offen von ihr. Zumindest erzählte er das, was ihm in den Sinn kam. Ob das alles stimmte, bezweifelte Tanja mittlerweile.

Die Tür öffnete sich und Tanja traf fast der Schlag, als ihr ein kleines, etwa sechsjähriges Mädchen von unten ins Gesicht blickte. Hans hatte ihr nie von Kindern erzählt.

„Hallo?", fragte das Mädchen neugierig. Tanja überlegte kurz, ob sie einfach wieder verschwinden sollte, doch dann trat eine Frau hinter das Kind und sah sie fragend an. Die Frau war jünger als Tanja und sah überhaupt nicht krank aus, eher im Gegenteil, wie eine junge, kerngesunde Frau.

„Guten Tag? Kann ich Ihnen helfen?", fragte die Ehefrau, da Tanja einfach nur dastand und glotzte.

„Ähm, es tut mir leid, ich...", sie blickte von dem kleinen Mädchen auf ihre Füße, zur Frau und wieder zu dem Kind zurück. Sie wollte sich rumdrehen und gehen, als die Frau die Kleine plötzlich wegschickte. „Amelie, geh bitte spielen." Das Mädchen wollte protestieren, doch ein Blick der Mutter genügte und sie rannte hinein ins Haus.

„Ich kann mir denken, wer sie sind!" Die Worte der Ehefrau klangen hart. Sie versuchte nicht die Fassung zu verlieren. „Ich rieche immer genau, wenn er bei Ihnen war. Schon seit über zwei Jahren, nicht wahr?" Tanja nickte stumm und konnte dem harten Blick der Frau nicht mehr standhalten. Sie blickte zu Boden, unfähig auf irgendeine intelligente Art zu reagieren.

„Ich werde Sie nicht reinbitten wie eine Freundin, denn das sind Sie nicht. Ich kann mir denken, wie schwer es für Sie gewesen ist, hierher zu kommen." Sie holte tief Luft, immer noch rang sie um Fassung. „Wissen Sie, ich selbst bin mit ihm zusammengekommen, während er noch verheiratet war. Und ich hätte mir denken können, dass ein solcher Mann sich nicht ändert. Als ich irgendwann einen fremden Geruch bei ihm wahrgenommen habe, wusste ich es. Für mich schien es wie Karma. Das, was ich einst einer anderen angetan habe, passiert nun mir selbst. Und ich finde das, so schlimm es auch ist, ausgleichende Gerechtigkeit. Ich kann Ihnen nur raten, ihm den Laufpass zu geben, denn in der letzten Zeit habe ich einen weiteren Geruch an ihm wahrgenommen, und das war nicht Ihrer. Ich denke, wir beiden sind nicht die Einzigen, mit denen er seine Zeit verbringt. So traurig das auch klingt, aber ich habe mich damit abgefunden. Wir haben eine gemeinsame Tochter, wie Sie eben gesehen haben. Und es geht mir gut. Wir haben ein Haus, er lässt mir meine Freiheit und jetzt, wo ich weiß, dass sich meine Vermutung bestätigt hat, werde ich damit meinen Frieden machen. Denn es ist erleichternd, wenn man die Wahrheit weiß, anstatt sich Vorwürfe zu machen, dass man dem anderen etwas anhängt, was vielleicht gar nicht so ist. Ich habe nun kein schlechtes Gewissen mehr. Ich danke Ihnen, dass Sie gekommen sind. Aber mehr möchte ich weder hören, noch sagen. Ich wünsche ihnen alles Gute."

Die Ehefrau schloss die Tür und ließ Tanja einfach davor stehen, ohne dass sie auch nur einen Ton hatte sagen oder sich erklären können.

Anschließend hatte Tanja mit Hans per SMS Schluss gemacht. Und zwar ohne viele Worte. Sie hatte ihm nicht mehr erlaubt, sie wieder einzulullen wie so ein blödes, dummes Ding. Fast drei kostbare Jahre ihres Lebens hatte sie damit verschleudert. Er hatte noch ein paar Mal versucht anzurufen, hatte sogar mehrmals vor ihrem Haus gestanden und sich lauthals beschwert, dass sie nicht die Tür öffnete. Doch sie hatte ihm gedroht, die Polizei zu rufen und irgendwann hatte er endlich aufgegeben.

Nach dieser schmerzhaften Beziehung vergingen einige Jahre. Tanja hatte sich, bis auf ein paar Liebeleien hie und da, wenn sie mit Freundinnen im Nachtleben mal feiern war, nicht mehr auf etwas Ernstes eingelassen. Irgendwann waren ihr auch diese Abenteuer zuwider und so stürzte sie sich in ihre Arbeit, wurde Dozentin und startete in die Selbständigkeit. Wenn man ein Unternehmen führt, hat man keine Zeit für Trübsal oder irgendwelche komplizierten Dinge.

Tanja war ein lebenslustiger Mensch. Sie wollte nie wieder ihr Herz an einen Mann verschenken. Lieber investierte sie ihr Herz in allerlei Dinge, wie Freundschaften und eben ihre Arbeit. Menschen zu begeistern und anzuleiten als Dozentin, das war ihre Passion.

Bis zu dem Tag, als das Universum von ihr verlangte, sich ihrem scheiß Karma zu stellen. Anders konnte sie diesen schlechten Scherz des Universums nicht verstehen.

Sie hatte Angelika in der Abendschule kennen gelernt und es hatte sich schnell eine Art Freundschaft entwickelt. Tanja war die Dozentin, Angelika ihre Schülerin, doch sie hatten dasselbe Alter. Die beiden gingen nach dem Unterricht das ein oder andere Mal einen Happen essen. Sie wohnten jeder in der anderen Richtung, weit außerhalb der Stadt, in der sich die Abendschule befand. Sie hielten weiterhin Kontakt, als die Ausbildung zu Ende war, wenn auch oft nur virtuell oder telefonisch.

Als sich Angelika dann selbständig machte und eine Werbeagentur eröffnete, nutzte Tanja diese Verbindung und ließ die Werbemittel von ihr erstellen. Sie scherzten, dass Tanja nun die *Kundin Nummer Eins* wäre und sie freute sich, dass sie ihrer Freundin damit etwas unter die Arme greifen konnte. Angelika hatte ihr ein wenig von ihrer Ehe erzählt und, dass es in den letzten Jahren etwas schwieriger geworden wäre. Man hätte sich auseinandergelebt und würde nur noch versuchen, es irgendwie hinzubekommen. Ein weiterer Punkt für Tanja, sich nie wieder zu binden und schon gar nicht zu heiraten. Warum blieben die Leute zusammen, wenn sie nicht mehr glücklich waren? Warum tun die Menschen so etwas?

Angelika bestand darauf, dass Tanja ihren Mann kennen lernen sollte, um sich mal ein Bild von ihm zu machen. Außerdem hatte er die meisten der grafischen Arbeiten erledigt und das wäre ein guter Grund, dass er beim Ausliefern dabei sein müsste. Tanja war gespannt, was Angelikas Mann für ein Typ wäre. Als sie damals das erste Mal seinen Namen erwähnt hatte, war er Tanja direkt unsympathisch gewesen. Allein deshalb, weil der Name bei Tanja einen miesen Beigeschmack hinterließ. Musste denn ein Mann unbedingt so heißen wie der Arsch der Nation?

Sie war zu spät an diesem Abend, als sie sich für die Auslieferung trafen. Aufgrund der Entfernung hatten sie sich in der Mitte verabredet. Als Tanja ausstieg, lief sie direkt fröhlich auf Angelika zu und umarmte sie. Aus dem Augenwinkel hatte sie deren Mann bereits entdeckt, aber sie wollte ihn nicht einfach mustern, sondern ihn genauso begrüßen wie sie es mit allen Freunden tat. Und da er Angelikas Mann war, war er so etwas wie ein Freund. Tanja spürte seine Distanz, doch gerade das spornte sie an, ihn herzlich zu umarmen. Fataler Fehler.

Etwas unbeholfen hatte sich dieser Hans in ihrer Jacke verheddert und landete mit einem Arm darunter. Sie trug nur einen dünnen Pullover und spürte seine Hand auf ihrem Rücken. Dieses unerwartete *zu viel* an Nähe traf Tanja wie ein Blitzschlag. So locker wie möglich brachte sie ein freundliches „Schön, dich kennen zu lernen" heraus, doch ihr steckte ein Kloß im Hals. Fast, als hätten sie sich aneinandergeklammert, entstand ein peinlicher Moment und Tanja hoffte, dass es weder Hans noch Angelika gemerkt hatten, wie seltsam das gerade gewesen war.

Jede Begegnung in der darauffolgenden Zeit war genauso schön, wie sie Tanja auch immer wieder daran erinnerte, was die Realität war. Sie konnte diesen Blitzschlagmoment nicht vergessen, den die unbeholfene Umarmung von Hans in ihr ausgelöst hatte. Er war so freundlich, so nett, so ein wundervoller Mensch und Freund für sie geworden. Irgendwie fand sie diese Freundschaft fast schon als Strafe des Universums. Eben wie das Ausbaden des Karmas, dass sie als Geliebte des verheirateten *Hans Nummer Eins* angesammelt hatte. Sie konnte das alles nicht wirklich einordnen. Sie mochte die Nähe, wenn der „zweite" Hans ihr die Auslieferungen vorbeibrachte und auch, wenn er ans Telefon ging, wenn sie anrief und nicht Angelika. Er brachte sie zum Lachen und hinterließ immer wieder dieses warme, positive Gefühl. Sie spürte seine Blicke, was ihr aber jedes Mal ein schlechtes Gewissen gegenüber seiner Frau einbrockte, obwohl ihre Freundin diesen wundervollen Mann eigentlich nicht mehr zu schätzen wusste. Tanja hatte sich von Angelika etwas distanziert. Sie mochte Hans zu sehr, als dass sie von ihr deren Gemecker über ihre ach-solangweilige Ehe hören wollte. Jedes Mal fragte sich Tanja wieder, warum Paare zusammen blieben, wenn sie nicht glücklich waren. Aber sie wollte ganz bestimmt nicht der Grund sein, dass sich ein Mann von seiner Frau trennt. Sie war ein gebranntes Kind. Sie musste oft an die Worte der Ehefrau von *Hans Nummer Eins* denken. Sie war einst auch nur die Geliebte von ihm gewesen, nur um dann später selbst eine gehörnte Ehefrau zu sein, deren Mann sie betrog. Tanja fand das nicht fair. War die Liebe so schwer?

Tanja war mittlerweile Meisterin darin, sich in ihrer Arbeit zu verkriechen. Sie erweiterte ihre Selbständigkeit mit einem weiteren Projekt. Auf einem Geschäftsevent hatte sie Kurt kennen gelernt. Er hatte ein Auge auf sie geworfen, das war unüberspürbar, doch Tanja hatte ihm direkt klar gemacht, dass sie kein Interesse hatte. Sie war sich nicht sicher, ob er sich nicht doch mehr Hoffnungen machte. Ging er deshalb eine Geschäftsbeziehung mit ihr ein und wurde ihr Partner beim neuen Projekt? Oder hatte er es wirklich verstanden? Anfangs dachte sie darüber nach, dass es Probleme geben könnte, aber sie hatte Klartext mit ihm gesprochen. Und wenn sie sich es richtig überlegte, war er nicht verheiratet und auch nicht in einer Beziehung. Naja, vielleicht war es ja doch nicht so abwegig, sich irgendwann mal wieder auf eine Beziehung einzulassen. Das konnte ja auch irgendwie kein Dauerzustand sein, denn all ihre Freundinnen waren in Beziehungen oder schon länger verheiratet. Die ewige Junggesellin zu sein war jetzt auch nicht so das Gelbe vom Ei. Vielleicht musste sie Kurt einfach nur Zeit geben.

Der Spieleabend bei Angelika und Hans war die beste Gelegenheit, um Kurt einmal in lockerer, privater Atmosphäre kennen zu lernen. Der Abend lief anders als erwartet. Besser. Aber auch irgendwie verwirrend und viel zu gut. Nur nicht zwischen Tanja und Kurt, sondern zwischen Tanja und Hans. Sie war froh, dass alle keinen Alkohol getrunken hatten, so konnte sie noch bei klarem Verstand bleiben, doch irgendwie passierte da etwas zwischen ihr und *Hans Nummer Zwei*. Als sie das bemerkte, war es fast schon zu spät. Selten hatte sie sich so verbunden und leicht gefühlt, wie an diesem Abend. Bei allen Spielen, in denen sie mit Hans zusammen in einem Team spielte, waren sie wie eine Symbiose und unschlagbar. Kurt und Angelika waren wie zwei Randfiguren, die zwar anwesend waren, sich aber nicht in derselben Dimension wie die anderen beiden befanden. Die Umarmung zwischen Hans und ihr beim Abschied war wie das Abschlussfeuerwerk eines wundervollen Abends, der bei Tanja einen bitteren Beigeschmack hinterließ.

Er ist verheiratet. Erneut fühle ich mich zu einem Mann hingezogen, der verheiratet ist. Tanja… du musst das beenden, bevor es zu spät ist…

„Weißt du eigentlich, dass du und dieser Hans perfekt zusammenpassen? Mann, man könnte meinen ihr wärt das Ehepaar und nicht die Geli und der Hans". Diese Worte von Kurt kamen auf der Heimfahrt nur beiläufig, doch sie streuten nun noch Öl ins Feuer.

Tanja distanzierte sich von Hans und auch von Angelika. Sie versuchte, die Aufträge langsam aber sicher auszuschleichen oder ließ Kurt bei Angelika alles in Auftrag geben, bis es nur noch ein kleiner Bruchteil von der freundschaftlichen Geschäftsbeziehung von vorher war. Doch immer wieder fühlte sie einen Sog, wie als wenn sie sich unbedingt mit Hans aussprechen müsste, doch sie gab dem nicht nach. Ihre Entschlossenheit, sich nicht mit ihm einzulassen, weil er verheiratet war, war stärker. Sie hatte kein Verständnis für Männer, die sich nicht von ihren Frauen trennten und ein neues Trittbrett suchten, auf das sie steigen konnten, um endlich den Schritt zu wagen, für den sie alleine einfach zu feige waren. Angst vor dem Alleinsein vielleicht. Aber wer das einmal tut, tut es immer wieder – davon war Tanja überzeugt und hatte es selbst am eigenen Leib erfahren.

Doch immer, wenn sie eine Weile lang vergessen hatte, dass es Hans überhaupt gab, meldete er sich bei ihr. Und irgendwann wehrte sich Tanja auch nicht mehr dagegen. Der Sog war einfach zu stark und was war schon dabei? Ein bisschen Kontakt zu halten mit einem Menschen, den man sehr mag? Ohne Hintergedanken und ohne, dass es gleich in Fremdgehen ausarten musste.
Als er eines Tages vor ihrer Tür stand, um etwas auszuliefern und sie ihn hatte warten lassen müssen, weil sie wieder mal zu spät war, entschuldigte sie sich mit einem Kaffee bei ihm. Sie hielt Distanz, und sie fragte sich, ob es ihm genauso ging. Doch sie wollte es nicht wissen, diese Grenze zu überschreiten hätte vielleicht alles kaputt gemacht.
„So eine tolle Frau wie du muss doch einen Partner haben?!", ergänzte er seine Frage, ob sie Single wäre und sie das bejaht hatte.
„Ich bin eine schwierige Partnerin, musst du wissen, das liegt mir einfach nicht. Nach einer Weile lernt man sich besser kennen und dann wird das ziemlich schnell klar. Ich bin zu kompliziert! Dann beende ich das lieber, bevor es eskaliert!" Sie wollte mit ihm nicht über dieses Thema reden und versperrte sich innerlich. Sie wollte ihm nicht erzählen, was sie erlebt hatte. Tanja fürchtete, dass Hans sie trösten würde, denn er hatte so eine fürsorgliche, fast schon liebevolle Art an sich. Er war das Gegenteil von diesem Macho-Hans, dem harten Geschäftsmann mit seinen Schmeicheleinheiten. *Schnuckie...* seine Stimme hallte in ihrem Kopf und die Erinnerung widerte sie an.
Tanja hatte fast schon ein schlechtes Gewissen, als sie Hans wegschickte, weil sie noch einen Termin hatte. Sie entschuldigte sich bei ihm mit einer Nachricht über den

Facebook-Messenger. Er war ein netter Typ, ein Freund. Ein wichtiger Freund irgendwie und sie wollte ihn nicht einfach vor den Kopf schlagen.

Ihre immer intensiveren Nachrichten und Telefonate waren eigentlich schon too much, aber Tanja ignorierte die Warnschilder, die vor ihrem geistigen Auge aufleuchteten. Sie redete sich ein, dass diese Freundschaft einfach nur eine Freundschaft sei. Doch dann veränderte sich die Art, wie Hans schrieb. Er wurde emotionaler und zu Beginn, als er von *Seelenverwandtschaft* schrieb, fand sie das auch noch total spannend. Das würde erklären, warum sie so elektrisierende Begegnungen gehabt hatten, wenn sie sich umarmten. Doch dann sprang Hans in einem Satz nach vorne und gestand ihr, dass er sich in sie verliebt hatte. Peng! Und mit einem Mal gefror Tanjas Herz zu Stein. *Er ist verheiratet.* Und auch wenn er ihr geschrieben hatte, dass er sich innerlich schon von Geli getrennt hätte und total unglücklich war, konnte Tanja nicht nachvollziehen, warum er sich dann nicht trennte. Ihr Misstrauen und ihre schlechten Erfahrungen ließen zwischen ihr und Hans eine neue Distanz entstehen, die rasend schnell an Höhe gewann.

„Wir können ja Freunde bleiben", war der dümmste Satz überhaupt, aber wie anders sollte man einem Mann einen Korb geben, den man eigentlich mag, aber nicht so sehr, dass man sich mit ihm mehr als Freundschaft vorstellen konnte? Und sie knallte ihm an den Kopf, dass er verheiratet wäre und sie sich nie wieder mit einem verheirateten Mann einlassen würde. Sie war enttäuscht. Das Ende dieser Freundschaft war eingeläutet.

In den nächsten Wochen und sogar Jahren entfernten sie sich rasant voneinander. Anfangs hatten sie noch versucht diese angeknackste Freundschaft zu retten, doch irgendwie hatte Angelika wohl in seinen Mails rumgeschnüffelt und Tanja mit ein paar komischen Bemerkungen zu verstehen gegeben, dass Hans *ihr* Mann wäre und sie sich keine Hoffnungen machen sollte. Das war deutlich. Die Geschäftsbeziehung war damit auch hinfällig. Auf dieser Basis funktionierte weder das eine noch das andere.

Und dann kam Jahre später, heute, diese Mail von Hans. Er war immer noch mit Geli zusammen. Und immer noch erzählte er, dass er sich getrennt hätte, dass er sich verändert hätte, während er noch immer mit der Frau zusammen wohnte, mit der er schon seit langer Zeit keine Gemeinsamkeiten mehr hatte. Tanja hatte das Gefühl, dass Karma wirklich gnadenlos war. Hans sehnte sich nach ihr, konnte aber nicht loslassen. Tanja sehnte sich nach Liebe, und der einzige Mann, der seit Jahren in ihrem Leben immer wieder auftauchte, war verheiratet.

„Was soll ich damit anfangen? Was will mir das sagen? Ist es nach so vielen Jahren nicht mal gut?" Tanja blickte in ihr Spiegelbild, als würde es ihr jeden Moment antworten. Sie war wütend auf das Universum, auf die ganze Karmascheiße, auf alle Hansis der Welt und auf alle Schnuckies auch.
Nachdem sie in ihrem Kummer zum gefühlt hundertsten Mal den Film „Eat, Pray, Love" geschaut hatte, packte sie ihren Koffer und flog nach Bali. Sie hatte kein Rückflugticket gebucht. Sie würde solange dort bleiben, bis ihr die Sonne das ganze scheiß Karma aus dem Hintern geblasen hätte.

„Wenn der Film wirklich wahr ist, dann hab auch ich gefälligst ein Happy End verdient!" Entschlossen trat sie aus dem Flughafengebäude in die Sonne. Bereit, alles hinter sich zu lassen.

Sich selbst zu lieben ist der Beginn einer lebenslangen Romanze.

Oscar Wilde

Kapitel VI
Kate Bono
& Hans Phoenix

Arthur

„I´ll be back", alle lachten, weil der *Terminator* alias Arnold Schwarzenegger in der amerikanischen Originalversion mit seinem österreichischen Akzent eher albern als furchteinflößend klang. Nikki genoss die Zeit bei den Amerikanern in den Kasernen des *Airfields* in Fulda sehr. Der zweite Teil des aufregenden Zukunftsthrillers würde erst in ein paar Monaten in die deutschen Kinos kommen, ihre amerikanischen Freunde hatten sich ihn bereits als Raubkopie aus den USA besorgt.

„I´ll be back", hauchte ihr Graig ins Ohr, während er sich lachend unter Nikki herauspellte, sie hatte in seinen Armen gelegen. Der gutaussende, blonde, groß gewachsene Soldat bahnte sich seinen Weg über die anderen Freunde durch den Raum. Eines der Zimmer der Soldaten hatte sich in eine Filmhöhle verwandelt. Einige der Amerikaner hatten ihre deutschen Freundinnen dabei, so wie auch Nikki hier war. Außerdem hatte Nikki ihre Freundin Petra mitgebracht, die sich in einen der dunkelhäutigen Soldaten verkuckt hatte, als die Jungs am letzten Wochenende in der hiesigen Diskothek vorbeigeschaut hatten. Die Amis gingen selten in die Stadt, da es immer wieder Ärger mit den Spaniern dort gab. Fulda war wie ein Sammelsurium von Gangs, Nikki nannte es immer *Klein-Chicago*. Es gab kein Wochenende, an dem es nicht eine Messerstecherei oder eine Drogenrazzia gab. Sie war in der Gastronomie tätig und bekannt als *Springerin* zu arbeiten. Das hieß, wenn irgendwo in den bekannten Locations – Bars oder Diskotheken – Not am Mann war, rief man durch die Gastronomiebetriebe per Telefon, um Nikki zu suchen. Es war Anfang der 90er, da gab es noch kein Handy. Aber der Buschfunk funktionierte auch damals schon irgendwie. Sie kannte alles und jeden, auch sie kannte jeder.

Hier oben in den Kasernen fühlte sie sich geborgen. Keine Drogen, bis auf ein paar Joints, keine Gangs und die Kameraden von Graig waren alle sehr cool. Die Deutsche und der Amerikaner waren nun schon ein paar Monate zusammen, die Security am Gate machte mittlerweile keine Probleme mehr. Eigentlich waren weibliche Besuche über Nacht nämlich nicht erlaubt. Die Security des *Airfields* machte bei den Mädchen, die nach fester Beziehung aussahen und nicht mehr ganz so fremd waren, eher eine Ausnahme. Ganz im Gegensatz zu den gegenüberliegenden *Barracks*, in denen die Soldaten strenger gehalten wurden, was wohl auch nötig war, denn die waren allesamt wilder als die Männer der Air Force.

Nikki musste immer nur ihren Ausweis abgeben und durfte irgendwann sogar mit ihrem Auto in die Kasernen fahren. Sie liebte das Einkaufen von riesigen Chipstüten und Sprühkäse in den Shops der Amerikaner, es war als hätte sie amerikanisches Blut in ihren Adern. Englisch zu sprechen war für sie wie eine zweite Haut.

Während alle gespannt auf den kleinen Röhrenfernseher starrten und sich immer mal wieder über Arnies Akzent lustig machten, reichte ihr Arthur eine Flasche, die Graig gerade aus dem Kühlschrank geholt hatte. Arthur war der beste Freund von Graig, doch vom Aussehen her war er das genaue Gegenteil. Graig kam von der Ostküste, war blond, blauäugig und sehr groß. Arthur war Texaner, hatte schwarze Haare, einen dunklen, olivfarbenen Teint und dunkle, geheimnisvolle Augen. Manchmal erwischte Nikki Arthur dabei, wie er sie beobachtete und sie blickte ihn dann immer absichtlich herausfordernd an und verzog das Gesicht, doch Arthur verbarg seine Stalkerei kein Stück. Er grinste, wenn sie ihn erwischte und seine Augen funkelten. Die Zwanzigjährige konnte das nicht einordnen, aber sie mochte Arthur und es konnte ihr egal sein, denn sie liebte ja Graig.

„Drink", mit diesem Wort riss Arthur sie aus ihren Gedanken.

„What´s that?[2]", Nikki wusste zwar, dass es sich um Alkohol handelte, doch da es im Zimmer sehr düster war, konnte sie nicht einordnen, was es genau war. Daran zu riechen war ebenfalls sinnlos, der Raum war derart zu gequalmt mit Zigarettenrauch, da hatte der Geruchssinn schon lange abgeschaltet. Wie, um Nikki zu beweisen, dass es kein Gift war, setzte Arthur die Flasche an und trank einen Schluck daraus.

„Drink", befahl er ihr ein weiteres Mal lachend.

Nikki konnte einiges vertragen, manchmal fuhr sie ziemlich alkoholisiert von Fulda die 25 Kilometer nach Hause, aber das brachte der Gastrojob eben so mit sich. Vor allem im Hard Rock Café ging es gar nicht ohne. Die Gäste dort waren immer darauf versessen, mit den sexy Bedienungen um die Wette zu trinken. Das brachte eine Menge Tip. Manchmal hatten die Mädels mehr Trinkgeld in der Tasche als sie an Lohn für den Abend mitbekamen.

Sie setzte also mutig die Flasche an und merkte schnell, dass es Tequila war. Kaum hatte sie abgesetzt, riss ihr einer der anderen Soldaten die Flasche aus der Hand. Der Tequila ging reih um.

„Bah, no lemon, no salt? Are you kidding?", schimpfte Nikki. So pur ohne Zitrone und Salz war es fast schon widerlich, aber die Freunde reichten munter die Flasche weiter.

---

[2] Übersetzungen der englischen Textpassagen ab Seite 297

Während Nikki das Schauspiel beobachtete, suchte sie im Raum nach Graig. Eben hatte er Arthur noch die Flasche gebracht, dann war er wieder verschwunden.

„Drink", da war sie schon wieder, die Tequila-Flasche.

„Where´s Graig?", fragte sie lachend und griff nach dem Alkohol. Arthur blickte sich suchend um, doch zuckte mit den Achseln. Während Nikki ansetzte und wahrnahm, dass die Flasche schon fast leer war, sah sie im schummrigen Licht, dass dort drin etwas herumschwamm. Sie riss die Augen auf und kurz bevor es in ihrem Mund verschwand, setzte sie die Flasche vor Ekel ab. Es hatte ihre Lippen berührt.

„What the fuck is this? A cigarette?" Hatte jemand von den Idioten eine Zigarette da reingeschmissen?

Der halbe Raum lachte.

„You failed the test!" Arthur nahm ein Feuerzeug und beleuchtete den Inhalt.

Es war ein Wurm. Nikki hätte fast gekotzt, sprang auf und rannte ins Bad, um sich den Mund auszuspülen.

„Nicht lustig!", schimpfte sie lachend.

„Mach dir nix draus, das haben sie mit mir letzte Woche auch gemacht", lachte Marion, ein anderes deutsches Mädchen und die Freundin von Jimmy, einem Piloten aus Graigs Einheit.

„Hast du ihn geschluckt?", fragte Nikki angewidert.

„Bäh, spinnst du? Ich hätte Angst, dass das Ding in meinem Bauch zum Leben erweckt. Alien und so", die beiden Mädels machten Würgegeräusche.

Nikki suchte Graig. Der Film war vorbei, mittlerweile lief laute Rapmusik, die Türen standen offen und es waren auf einmal viel mehr Leute als vorher. Es schien, als wenn alle Kameraden heute Party machen würden.

Das schummrige Licht, die laute Musik und der Kippenqualm machten es fast unmöglich, Graig zu finden. Einfach herumschreien wo er steckte, war ihr zu blöd und würde auch nichts nützen. Auch Arthur war verschwunden. Die Kasernen mit den Apartments waren riesig, er könnte überall in einem der anderen Zimmer sein. Also begann sie, herumzulaufen und zu suchen. Erst im Zimmer, in dem sie den Film geschaut hatten, dann im Flur. Dort hatten gerade zwei der Jungs je eine Dose mit amerikanischem Schmelzkäse an die Decke geworfen und wetteten grölend, welche Dose denn als letzte wieder auf dem Boden landen würde. Die eine Dose klebte noch voll an der Decke, die andere hatte sich schon etwa zehn Zentimeter herunterhängend dem Boden genähert. Nikki konnte sich einen Lacher nicht verkneifen.

„Did you see Graig?", fragte Nikki alle paar Meter, wenn sie einen bekannten Soldaten sah, doch erst der vierte, den sie fragte, zeigte in Richtung seines Zimmers, das am Ende des Flures lag in dem sie mittlerweile angekommen war. Da war sie gar nicht drauf gekommen, dort zu suchen, denn Graigs Apartment war sein Heiligtum. Da wurde keine Party drin gefeiert, da legte er großen Wert drauf. Und jeder respektierte das. Sie spürte ein dumpfes Gefühl in der Magengrube, aber der Gedanke war absurd. Sie hatte nämlich auch Petra in der letzten Stunde nicht gesehen und auch nicht gehört. Ihr Lachen war immer unüberhörbar, selbst in überfüllten, laut dröhnenden Diskos hörte man ihr schallendes Lachen nur allzu deutlich herausragen. *Nein... das ist Blödsinn...* Nikki schüttelte den Gedanken weg und lachte über sich selbst. Petra war sicherlich mit ihrem dunkelhäutigen Schwarm irgendwo auf einem der Zimmer verschwunden.

Als Nikki vor der Tür zu Graigs Apartment ankam und klopfen wollte, ging die Tür auf und Arthur kam aus dem Zimmer. Er wirkte seltsam, als hätte Nikki ihn bei irgendwas erwischt.

„Nikki!"

„Yess, I am here, such a surprise?", lachte sie unsicher und wollte sich an ihm ins Zimmer vorbei schleichen, doch Arthur stellte sich ihr in den Weg.

„Did you see Graig?", fragte sie, der Druck in der Magengegend wurde schlimmer. „Arthur?" Der Texaner wirkte nervös, die Situation war ihm sichtlich unangenehm.

„You´d better not go in here!" Arthur schob Nikki in Richtung Partygeschehen und wollte die Tür schließen. Doch auch wenn die Dunkelhaarige viel schwächer war als der Amerikaner, ließ er sich von ihr zur Seite schieben. Nikki stürmte wie ein Überfallkommando ins Apartment der beiden hinein. Es lief Musik von Nirvana. Sie lief schnurstracks um den Raumteiler herum, hinter dem Graigs Bett stand und blieb wie angewurzelt stehen.

Sie sah direkt, dass ihr Freund mit einem Mädel zu Gange war und das nicht zu knapp. Sie waren so beschäftigt, dass sie Nikki gar nicht bemerkten. Die Musik war zu laut, der Sexakt wohl hypnotisierend. Arthur zog Nikki am Arm, sie riss sich los.

Dann lachte das Mädel, das unter Graig lag und Nikki erkannte diesen glockenartigen Klang. Sie hätte es unter tausenden erkannt.

„Petra?", schrie sie und hatte den Moment erwischt, als der Song endete und ein neuer begann. Diesen einen Moment der Stille durchbrach ihr Schrei wie in einer Filmszene. Das Inflagrantipaar schreckte auseinander.

„Nikki…", rief Graig.

„Scheisse…", rief Petra, sie zog sich die Decke bis zum Kinn.

„Nikki…", wiederholte Graig und strich sich nervös durchs Haar, während er aufsprang und sich rasch seine Pants anziehen wollte. „This is nothing…", stammelte er und zeigte auf Petra. Nikki blickte von ihm zu Petra und wieder zurück, dann auf Arthur.

„You´d know that?", fragte sie ihn, da sie gerade nicht mehr wusste, ob sie noch irgendwem trauen konnte.

„No, just went into the room seconds before you did! Nikki, I am just as shocked as you are."

„Graig", Nikki war wie unter Schock. Sie konnte nicht fassen, dass ihr Freund, dem sie vertraut hatte und ihre

Freundin, die sie selbst mitgenommen hatte, sie gerade miteinander betrogen.

„Nikki, ich wollte nur testen, ob du ihm vertrauen kannst, und wie du siehst, kannst du das nicht!", sprach Petra in einem obercoolen Ton, der Nikki zum Ausflippen brachte. Sie sprang aufs Bett und knallte Petra eine. Graig umfasste ihre Schultern, um Nikki davon abzuhalten, Petra umzubringen und zog sie zurück, doch dann ging Arthur dazwischen und zog Nikki aus dem Gewühl.

„Du blöde Schlampe", schimpfte sie, während Arthur das wütende Mädchen festhielt, damit sie nicht wieder aufs Bett sprang. Petra blickte auf ihre Fingernägel und sagte nichts mehr. Sie hielt sich die Wange. Graig stand auf und setzte plötzlich einen Blick auf, der Arthur nicht gefiel. Immer, wenn er Scheisse gebaut hatte, sah sein Freund den Fehler nicht ein. Stattdessen hackte er auf demjenigen rum, der den Fehler entdeckt hatte. Das war typisch für den Macho. Arthur hasste es. Es hatte ihn noch nie so gestört wie jetzt bei Nikki.

„Okay, Nikki, just don't stress around, it's embarrassing!", sagte Graig in arrogantem Tonfall.

"Sag mal, hast du sie noch alle? Wie redest du mit mir?", schimpfte Nikki.

"Don´t talk german, you know I do not understand!", Graigs Augen blitzten vor Wut.

"Sie sagte…", setzte Petra im Klugscheissmodus an.

"Halt die Klappe, du dumme Kuh", fiel ihr Nikki ins Wort.

"It´s enough now, Nikki! Cool down, lets get some drinks…", die Arroganz des Soldaten war kaum noch erträglich. Bevor Nikki reagieren konnte, ging der Texaner dazwischen.

„Shut up, asshole. Shame on you!" Arthur hatte Nikki einen Arm um die Schultern gelegt, als wolle er sie beschützen, während er mit der anderen Hand Graig unsanft gegen die Schulter stieß. Mit solch einer Wucht, dass Graig wieder sitzend auf dem Bett landete. Und völlig überrascht von der Situation war, denn noch nie hatte ihn sein langjähriger Freund derart zurückgestoßen.

Arthur nahm Nikki an die Hand und zog sie nach draußen. Wie ferngesteuert folgte sie dem Texaner, schockgefrostet durch die Szene, die sie eben gesehen hatte. Es ging ihr nicht aus dem Kopf, wie ihr Freund da gerade mit einer anderen Sex gehabt hatte, und sie hatte es gesehen. Sie hatte ihren nackten Freund auf einer anderen Frau gesehen. Und dann noch mit einer ihrer Freundinnen. Arthur zog sie durch die Flure, in denen immer noch viele Soldaten feierten. Der Käse war mittlerweile von der Decke gefallen. Oder sagen wir die Dosen waren weg, ein Teil des Käses hing noch da. Aber all das nahm Nikki kaum wahr, sie unterdrückte die Tränen und verließ sich darauf, dass Arthur sie hier wegbringen würde. Sie fühlte sich verloren und verraten. Gerade heute war sie nicht mit dem Auto auf das Kasernengelände gefahren, da Graig sie nach ihrer Nachmittagsschicht im Hard Rock abgeholt hatte. Sie hätte durch das ganze Gelände bis zum Tor laufen und sich dann ein Taxi rufen müssen. Sie schüttelte den Kopf, ihre Gedanken liefen wild. Arthur würde sie sicher nachhause fahren, ganz bestimmt. Sie nahm nebenbei wahr, wie der Soldat sie nun die Treppe herunterzog und in sein Auto setzte. Er sprach kein Wort, und dafür war sie dankbar. Während er den Schlüssel in die Zündung steckte, griff er nach hinten und holte eine Dose Bier.

„Drink", lächelte er sie an und führte so seinen Spaß vom Filmabend weiter. Dadurch musste Nikki ebenfalls lächeln, wenn auch gequält und griff nach der Dose.

„But there is no worm in it, right?", skeptisch öffnete sie den Verschluss, die Dose zischte.

„Promised!" Die tiefe Stimme von Arthur tröstete Nikki und sie blickte ihm dankbar dabei zu, wie er sie aus dem Gelände und in die Nacht hinein fuhr. Sie hoffte, dass der Inhalt der Dose ihre Erinnerungen an den Anblick ihres Freundes auf einer anderen Frau löschen würde. Doch sie konnte nicht aufhören, daran zu denken, dass ihr Freund *in* einer anderen gesteckt hatte. Diese Bilder und Gedanken machten sie fast wahnsinnig.

„Home? Your Car? Or what?", fragte Arthur während sie in Richtung Stadtmitte fuhren.

„Or what, please", wählte Nikki. Ohne weiter zu fragen, machte er einen U-Turn und fuhr wieder aus der Stadt hinaus zum Auerweiher, einem See am Stadtrand, zu dem viele junge Erwachsene in den Nächten fuhren, um dort zu chillen. Es würde bald hell werden, deshalb war kaum noch was los dort.

Arthur parkte den Wagen, einen schwarzen Pickup, auf einem Hügel, legte eine Decke auf die Ladefläche und die beiden setzten sich wortlos mit einer weiteren Dose Bier nebeneinander und blickten in den Sternenhimmel.

Nach einer Weile, in der Nikkis Gedanken immer noch Purzelbäume schlugen und sie einfach nur genoss, dass Arthur schwieg, konnte sie die Tränen nicht mehr zurückhalten. Vorher war sie zu geschockt, doch nun war kein Halten mehr. Arthur saß nur neben ihr und war einfach da. Er hatte sich über seine Knie nach vorne gebeugt, die Dose in der Hand und blickte in die Luft. Nikki schluchzte nicht, aber ihr liefen ungebremst die Tränen die Wangen herunter. Sie wusste nicht, was sie sagen sollte, denn Graig und Arthur waren beste Freunde und das schon seit vielen Jahren.

„You know he is... ahm...", Arthur begann einen Satz, doch beendete ihn wieder.

„You don´t have to say anything, it´s okay Arthur."

„No, No, let me explain. He's not worth your tears. He never was." Arthur blickte ihr tief in die Augen, während er ihr erzählte, dass er Graig jeden Tag mehr gehasst hatte, den er mit ihr zusammen war. „I love him, I really do, he is my best friend and always will be. Don't get me wrong Nikki, but you are worth so much more than that. You deserve more than that asshole macho guy Graig. I hate him for what he did to you. He was never the man you thought he was."

Arthurs Augen glitzerten in der Morgendämmerung, während er sich nach hinten gedreht hatte, um ihr in die Augen zu blicken. Er sah, dass sie noch immer weinte und wischte ihr mit seinen Fingern die Tränen von den Wangen.

„He is not worth your tears, Nikki!" Arthur rutschte näher an das Mädchen, das er so sehr begehrte und deren Herz gerade gebrochen worden war. Er nahm sie in den Arm und sie legte ihren Kopf an seine Schulter, während er sie einfach nur festhielt und sie weinen ließ.

In den nächsten Wochen vermied es Nikki, in die Kasernen zu fahren, denn sie wollte Graig nicht begegnen. Aber sie verbrachte viel Zeit mit Arthur. Er besuchte sie alle paar Tage im Hard Rock oder in einer der Diskotheken in denen sie arbeitete. Der Texaner brachte sie zum Lachen, sie vermieden es, über Graig zu sprechen. Und auch Petra hatte Nikki seitdem nicht mehr gesehen. Manchmal hatte sie Angst, dass Graig zusammen mit Petra Arm in Arm durch die Eingangstür kommen würde. Für Nikki wäre das noch das Sahnehäubchen auf dem Betrug der beiden gewesen, doch anscheinend vermieden auch sie es, auf Nikki zu treffen. Das war gut so. Arthur war ein guter Freund, sie schätzte seine Gesellschaft sehr.

„Findest du das nicht strange, zwischen zwei Freunden hin und her zu switchen? Ich mein, gibt das nicht Ärger zwischen den Männern", fragte ihre Kollegin Carmen hinter der Theke beim Bierzapfen.

„Was? Nein! So ist das nicht, Arthur und ich sind nur Freunde", widersprach Nikki.

„Aha, nur Freunde. Du hast aber schon gemerkt, wie er dich anblickt? Sag mir bloß nicht, dass du soo blind bist?", Carmen lachte und tippte Nikki auf den Punkt zwischen den Augenbrauen.

„Wer blickt wen an?", fragte Robby, Carmens Freund, der gerade mit einem neuen Bierfass aus dem Keller gekommen war.
„Na, Arthur die Nikki", flüsterte Carmen.
„Ich denk die beiden sind fest zusammen?"
„Sind wir nicht", protestierte Nikki noch einmal.
„Warum nicht?", fragte Robby.
„Lass sie in Ruhe, Schatz! Sie weiß das, glaub ich, selbst noch nicht so genau", zwinkerte Carmen und Nikki wusste hierauf nichts mehr zu antworten.

Als Arthur sie an diesem Abend abholte und mit ihr in ein Restaurant fuhr, begann die junge Frau Arthur mit anderen Augen zu sehen. Der Restaurantbesuch war eigentlich völlig normal, sie gingen immer mal essen. Das hatten sie schon getan, als Nikki und Graig noch zusammen gewesen waren; da waren auch schon immer mal andere dabei gewesen. Und eigentlich hätte sich Nikki nichts dabei gedacht. Doch irgendwie hatte das Gespräch mit Carmen und Robby etwas in ihr ausgelöst, an das sie bisher noch überhaupt nicht gedacht hatte. Während Arthur heute seinem Redeschwall freien Lauf ließ und erzählte und erzählte, von seinem Zuhause und seiner Familie in Austin, beobachtete Nikki den Texaner aufmerksam. Seine Hände waren so kraftvoll und doch so sanft. Sie erinnerte sich, als er sie in der Nacht an der Hand aus der Kaserne geführt hatte, wie sie sich angefühlt hatten, und dann, als er ihre Tränen wegwischte, da auf dem Pickup. Nikki sah in seine Augen und ihr fiel nicht das erste Mal auf, was er für tiefe, strahlende haselnussfarbenen Augen hatte, die so viel Herzlichkeit ausstrahlten, dass Nikki unweigerlich warm ums Herz wurde. Dieser sanfte Texaner sah alles andere als sanft aus. Sein markantes Gesicht, seine muskulöse Statur, seine dunkle Stimme und seine ganze Art waren so männlich, so stark, so…

„Nikki? Are you in there?" Arthur hatte ihr an die Stirn getippt, als würde er anklopfen, ob jemand zuhause wäre.

„Huh? Oh sorry, ich war voll in Gedanken." Sie war so konfus, dass sie vergaß Englisch zu sprechen.

„Yes, ik habe gemerkt", antwortete er.

„Du sprichst Deutsch?", Nikki war überrascht.

„Ja, ein bisken. Ich verstehe gut. We had a german worker on my parents´ ranch who taught me for years. Aber spreke nicht so gut", Arthur grinste verlegen.

„Doch, doch, das ist total gut", lachte Nikki. Noch eine Sache, die sie gerade an Arthur begeisterte.

„Okay, lets make a deal – you speak german, I´m trying to learn it, okay?"

„Deal", lachte Nikki. Sie war froh, dass Arthur sie aus ihren Gedanken geholt und sie abgelenkt hatte. Doch eins war vollkommen klar. Sie hatte sich in den letzten Minuten Hals über Kopf in Arthur verliebt. Nur, wie sollte sie ihm das nun erklären, und wie würde er reagieren…

Nach dem Essen schlug Nikki vor, dass sie wieder zum Auerweiher fahren könnten. Sie liebte es wirklich, in der Sommernacht auf dem Pickup zu liegen und in den Himmel zu blicken. Und ja, sie mochte es, wenn Arthur neben ihr lag. Immer mehr musste sie sich eingestehen, dass seine Nähe fast schon zur Gewohnheit geworden war. Aber, dass sich auch ihr Verhalten verändert hatte. Sie konnte nicht mehr einfach so locker mit ihm umgehen. Irgendwie wollte sie nicht, dass er merkte, dass sie sich verknallt hatte; doch je mehr sie es versuchte zu unterdrücken, desto konfuser wurde ihr Verhalten.

Arthur breitete die Decke aus und während Nikki zwei Dosen Budweiser aus der Tasche kramte, ihm eine übergab, wurde sie immer nervöser. Sie versuchte, sich zusammen zu reißen. Sollte sie es ihm sagen? Sollte sie mit ihm reden? Nein, sie wollte die Freundschaft mit ihm nicht kaputt machen, sie war so wertvoll. Arthur ließ sich links neben ihr nieder.

„Ouch", rutschte Arthur ein schmerzerfülltes Stöhnen raus und er hielt sich die eiskalte Dose Bier ans Shirt vor die Brust.

„Was hast du?", fragte Nikki.

„New Piercing", lachte Arthur.

„In der Brustwarze?", staunte Nikki.

„What is *Brustwarze*?", lachte Arthur laut.

„Nipple", Nikki warf sich fast weg vor Lachen.

„Ah ja, Nipple, right."

„Autsch, das tut doch weh...", sie hielt sich die eigene Brust fest, denn allein der Gedanke durch den Nippel einen Ring zu schießen, tat schon weh.

„Yes, but it´s worth it", grinste der Texaner.

„Zeig mal", forderte Nikki ihn auf und ihr Kumpel zog sein T-Shirt hoch. Nikki blieb fast die Luft weg. Dieser muskelbepackte, braune Oberkörper war der Hammer, sie konnte kaum den Blick abwenden.

„You wanna touch it?" Arthur streckte herausfordernd die Zunge raus, da er ihren Blick wohl unmissverständlich gesehen hatte. Nikki wurde rot.

„Ich wusste nicht, dass du so viele Tattoos hast!" Sie betrachtete den voll tätowierten Oberkörper und versuchte, damit vom Thema abzulenken, konnte aber nicht lassen, ihn doch anzufassen. Sie fuhr mit einem Finger an den Konturen eines riesigen Adlers entlang, insoweit sie das im Mondlicht sehen konnte. Das war fatal. Das Knistern zwischen ihren Fingern war wie ein elektronisches Energiefeld. Es setzte etwas in Gang, was in diesem Moment nicht mehr zu stoppen war. Nikki konnte ihre Finger nicht mehr von der Haut des Texaners nehmen, sie waren sich so nah wie noch nie. Ihr Blick war gesenkt, als wenn sie einfach nur die Tattoos versuchen würde zu erforschen, genauso wie ihre Finger. Arthurs Blick beobachtete sie. Keiner der beiden wusste, was der andere gerade dachte oder fühlte. Es war ein Moment voller Magie und Geheimnisse. Beide überlegten, ob sie diesen Moment nun durchbrechen oder weiterführten, beide waren sich zugleich unsicher und doch sicher, dass dies der Beginn oder das Ende sein könnte. Fast, als würden sie die Luft anhalten, waren ihre Köpfe nur wenige Zentimeter voneinander entfernt. Nikkis Hand lag nun vollkommen auf Arthus Brust, Arthurs Hand wanderte genau dort hin und er legte sie auf die von Nikki. Diese konnte sein Herz schlagen hören und an der Intensität der Schläge wusste sie, dass auch der sonst so besonnene, ruhige Soldat genau so angespannt und aufgeregt war, wie sie selbst. Der Hauch einer Sekunde könnte alles zerstören. Ihre Köpfe näherten sich einander, wobei Nikki ihren Kopf nach rechts drehte, fast schon scheu, doch sie wusste, dass sich Arthur näherte, und er führte seine Wange neben die von Nikki. Der Atem der beiden ging leise und tief. Als würden sie zu einem einzigen Atemzug.

Es knisterte, ein Moment den man nie vergessen möchte, und doch ist die Anspannung kaum auszuhalten, weil man nicht weiß, was gleich passiert oder auch, weil man es genau wusste. Nikki atmete durch den Mund aus, es war wie ein Hauchen, ein Erleichtern der Spannung, der sie kaum noch standhalten konnte. Und dann drehte sie ihren Kopf nach links, ihr Gesicht hin zu seinem Gesicht, fast, als wenn sich keiner trauen würde den ersten Schritt zu gehen. Und obwohl es schon längst in den Sternen geschrieben stand, vergingen noch weitere Sekunden, in denen Arthurs Herz immer schneller klopfte, Nikkis Hand vibrierte fast unter der von Arthur und dann... küsste Arthur sie. Ganz sanft und vorsichtig. Nikki hielt die Luft an, während seine warmen Lippen sanft die ihren suchten. Einen weiteren Moment später war es wie ein Feuerwerk der Erleichterung. Beide hatten sich gesucht und gefunden. Nikki sog seine Nähe auf, wie ein Vampir. Arthur umwarb Nikki mit seinen Armen, als würde er sie nie wieder loslassen. Alles um die beiden herum wurde vergessen, es gab nur noch Nikki und Arthur, dort unterm Sternenhimmel, in der Nacht auf dem Pickup.

Die nächsten Wochen waren die Schönsten, die Nikki sich hätte vorstellen können. Arthur machte sie glücklich und brachte sie zum Lachen, er war so warmherzig. Nikki fühlte sich so sicher und geborgen wie noch nie zuvor in ihrem Leben. Ihr erster Besuch auf dem *Airfield* in den Kasernen, dieses Mal als Arthurs Freundin, war seltsam. Arthur hatte sie am Gate abgeholt, es stieg wieder eine der üblichen Partys. Sie gingen vorher noch in den amerikanischen Shop, um ein paar Sachen zu holen als sie auf Graig und Jimmy trafen. Arthur hatte alles mit Graig geklärt, das war Schnee von gestern, denn bei den Amerikanern lief das einfacher ab als bei den Europäern, die eher sehr nachtragend waren. Doch Nikki war Graig bisher noch nicht begegnet. Sie wusste nicht, wie sie sich verhalten sollte. Verletzt war sie nicht mehr, es war ein komisches Gefühl. Fast so, als hätte sie Arthur mit Graig betrogen, obwohl sie damals mit ihm noch gar nicht zusammen gewesen war. Arthur und Graig begrüßten sich mit einem Handschlag, ebenso wie Jimmy. Der Pilot umarmte Nikki und meinte, er freue sich sie zu sehen, es sei ja eine ganze Weile her, seit sie das letzte Mal da gewesen war.

„Hi Nikki", sagte Graig kurz und knapp, aber freundlich.

„Hi Graig", erwiderte Nikki, so desinteressiert wie möglich. Arthur ergriff demonstrativ ihre Hand und wechselte noch ein paar belanglose Worte mit den Kumpels, bevor er die Szene beendete und dass man sich ja gleich auf der Party sehen würde. So seltsam die Situation auch war, die Männer hatten es souverän gelöst. Das hatten die Amis den Deutschen definitiv voraus. Da wäre alles viel komplizierter verlaufen. Nikki atmete auf.

„Alles okay?", fragte Arthur sie, als sie aus dem Shop ausgetreten waren.

„Klar, alles okay", sie küsste ihren Freund glücklich und nach dieser komischen Situation gab es diese nie wieder. Als wäre das Band zwischen Graig und Nikki nie da gewesen, sondern nur Freundschaft, kam in den nächsten Wochen nicht einmal mehr ein komisches Gefühl bei den Begegnungen auf. Oftmals verbrachten sie und Arthur auch wieder Zeit mit allen anderen Kumpels, inklusive Graig und seiner neuen Freundin, die nicht Petra war. Das war auch völlig okay für Nikki. Was Besseres, als fremd zu gehen, hätte Graig ihr gar nicht antun können, denn sonst wäre sie nie mit diesem wundervollen Texaner zusammen gekommen.

„Baby, we have to go to Kuwait!"

Dass dieser Moment kommen würde war abzusehen, aber als er dann kam, schnitt es Nikki die Luft ab. Sie waren so jung, so unbeschwert und dann kam die Wahrheit ans Tageslicht: Arthur war nicht umsonst bei der Army. Sein Job war der Krieg. Diese Tatsache hatte Nikki völlig ignoriert und aus ihrem Kopf verbannt.

Von da an schien alles bergab zu gehen. Arthur würde noch einmal für drei Wochen nach Hause fliegen, nach Austin, und seine Familie treffen und er wollte, dass Nikki mitkommt. Er wollte, dass sie seine Familie kennenlernt und er sprach von Heiraten und dass er, wenn er aus Kuwait zurückkäme, mit ihr in Texas auf einer Ranch leben will und dass sie auf ihn warten solle und... Nikki brach das Herz.

„I can´t do that, Babe!" Sie hatte Angst. Sie wusste, ihre Eltern würden das nie zulassen. Sie wussten ja nicht einmal, dass sie einen amerikanischen Freund hatte und dazu noch einen mit etwas dunklerer Hautfarbe. Ihr Vater würde ausrasten. Nikki hatte Arthur nie viel von ihrem Zuhause erzählt, immer nur das Nötigste, weil sie Arthur keine Sorgen machen wollte. Aber auch wenn sie volljährig war, so würde ihr Vater das niemals zulassen und den Mumm, sich gegen das Familienoberhaupt zu wehren, hatte sie auch nicht. Das war auch der Grund, warum sie noch zuhause wohnte. Es war alles zu kompliziert, um es Arthur zu erklären. Weinend lag sie in seinen Armen und er verstand die Welt nicht mehr, denn sie konnte es ihm nicht erklären. Sie fand Ausreden und Begründungen, dass sie noch viel zu jung wären und so etwas. Er spürte, dass sie ihm etwas verschwieg, doch er konnte es nicht greifen. Arthur zeigte mehr Verständnis, als Nikki sich erhofft hatte. Er stellte keine Fragen von denen er spürte, dass sie sie nicht beantworten wollte oder konnte. Doch er wusste eins, dass er sie liebte und den Rest seines Lebens mit ihr verbringen wollte.

„Baby, ik habe alles ernst gemeint. All of it. But tell me, please. Is there another man?" Arthurs Blick war sorgenvoll. Er hatte davon gehört, dass manche europäischen Mädchen von ihren Eltern mit fremden Männern verheiratet wurden. Eine Vereinbarung von Eltern, bei denen die Kinder nicht viel mitzureden hatten. Er hatte nie darüber nachgedacht und wusste auch nicht, ob das für Deutschland galt, aber er war verunsichert.

„No, only my difficult father…", Nikki blickte ihn traurig an. Einen Moment lang hatte sie Sorge, dass der Texaner das mit ihrem Vater klären wollte und dann wuchs in ihr der Wunsch, dass Arthur sie einfach packen und mitnehmen würde. Weg von hier, weg von ihrem Elternhaus, weit weg von ihrem Vater. Doch dafür fehlte ihr der Mut und sie wollte den jungen Soldaten nicht in solch eine heftige Situation bringen. Nicht jetzt, wo er bald wegmusste und andere Sorgen hatte.

Arthur flog also alleine drei Wochen nach Texas zu seiner Familie, doch alle paar Tage telefonierten die beiden kurz. Es war zwar teuer, ins Ausland zu telefonieren, insbesondere von Amerika nach Deutschland, aber das war dem jungen Texaner ziemlich egal. Diese drei

Wochen waren schon fast unerträglich für Nikki. Sie fragte sich, wie sie die ganzen Monate ohne Arthur aushalten sollte, wenn dieser in den Krieg zog und sie wusste nicht einmal, ob er drei oder sechs Monate wegbleiben würde.

Arthur war direkt nach der Rückkehr aus Austin in Uniform zu ihr ins Hard Rock Café gekommen. Nikki hatte alles stehen und liegen lassen, um mit ihm jeden Moment zu verbringen, bis er weg musste.

„I'll be waiting for you, Nikki. I love you with all my heart and will write to you every week. I hope you will wait for me, too." Arthur hatte Tränen in den Augen und das schmerzte Nikki noch mehr als ihre eigene Trauer. Der junge Texaner schwor so schnell wie möglich wieder zu kommen und sie versprach ihm auf ihn zu warten. Sie wusste nicht, wie es funktionieren sollte; wie sollte sie mit den ganzen Sorgen um ihn umgehen ohne auszurasten und dann diese gefährliche Kriegssituation da unten im Irak! Aber sie wollte von ganzem Herzen auf ihn warten und vielleicht hätte sie bis dahin den Absprung von zuhause geschafft, dann könnte sie mit Arthur überall hin gehen. Sie wollte eh nie in Deutschland bleiben und Amerika war gerade genug weit weg von ihrem Vater, um endlich Ruhe und Frieden zu finden.

Arthur flog kurz vor Weihnachten am Anfang der 90er Jahre nach Kuwait und schrieb jede Woche Briefe an Nikki. Er schickte Bilder von sich und seiner Crew, auch Graig schickte Grüße, wie ein guter Freund. Sie machten Faxen und lachten auf den Bildern. Arthur beteuerte Nikki immer wieder, dass sie sich keine Sorgen machen sollte, alles wäre gut. Sie vermied, Nachrichten zu kucken oder an den Krieg dort unten und die Folgen zu denken. Jede Woche wartete sie sehnsüchtig auf einen Brief von Arthur. Die Briefe dauerten ewig, manchmal kam eine Woche gar keiner und dann an einem Tag drei. Die Post glich in den Krisengebieten eher einem Wunder. Sie hoffte, dass ihre

Briefe ankommen würden, sie verpassten sich zeitlich immer. Wenn ihr Brief an ihn losging, hatte sie einen Tag später wieder einen neuen, den er schon eine Woche zuvor geschrieben hatte, oder vor zwei. Es war wie das Leben und Lieben in zwei Zeitlinien.

„Nikki, ich hab dich mit einem amerikanischen Soldaten gesehen in meiner Vision!" Nikkis Freundin Steffi war total aufgeregt, als die beiden in einem spirituellen Workshop eine Visionsreise unternommen hatten und die dunkelhaarige Steffi gerade daraus wach wurde. Es war 2019, kurz vor Weihnachten.

„Hey, du solltest eine Visionsreise für dich selbst machen, nicht für mich", lachte Nikki. „Ich hab´ mich in Bali gesehen und ich war verheiratet."

„Nein, wie krass. Ich hab´ einfach nur im Weltraum geschwebt und war glücklich", erzählte Dana, eine blonde Schweizerin, die neben ihnen saß.

Die Frauen nahmen an diesem Workshop im Rahmen ihrer Ausbildung als spirituelle Coaches teil und so ernst sie das alles nahmen, so viel Spaß hatten sie auch dabei.

Die Mentorin hatte am Vorabend vom Ende der Welt im nächsten Jahr erzählt und da kam diese amüsante Auflockerung gerade recht. Vom Ende der Welt zu hören, war jetzt nicht gerade lustig, und alle wollten diese Worte einfach nur vergessen.

„Ich will aber meine Zukunft gar nicht sehen", wandte Steffi ein. „Deshalb hab ich das Universum gebeten, mir zu zeigen, was bei euch beiden so abgeht."

„Ach, hast du auch was bei mir gesehen?", fragte Dana neugierig.

„Nein, wahrscheinlich, weil du im Weltall geschwebt bist und Nikkis Vision so dominant war."

„Ja, ich glaube so ein amerikanischer Soldat wäre cool", schwärmte Nikki. „Aber ich glaube nicht ernsthaft daran, dass ich im Dezember 2020 verheiratet bin und auf Bali lebe oder so."

„Wie sollst du denn auch einen amerikanischen Soldaten kennen lernen?", fragte Monika, die der Unterhaltung der Frauen gelauscht hatte.

„Stimmt, die sind doch alle im Ausland oder zuhause. In Deutschland, die sind doch alle weg", erklärte Steffi, die in der Nähe einer großen Kaserne in Stuttgart wohnte.

„Du musst nach Amerikaaaa", sang Dana und stupste Nikki in die Seite.

„Nö, wenn, dann muss der Amerikaner hierherkommen und mich finden!" Entschlossen verschränkte sie spaßig die Arme vor dem Körper.

„Mensch Nikki, manchmal muss man sich auch mal bewegen, um die Liebe zu treffen…", Dana blickte den Dauersingle Nikki vorwurfsvoll an.

„Nö, das hab ich immer gemacht. Ich war immer der Jäger, doch ich hab´ damit dem Mann die Rolle weggenommen, vielleicht ging deshalb jede Beziehung in die Hose. Also drehen wir den Spieß jetzt um, und vielleicht funktioniert es dann endlich mit einem Mann", lachte Nikki, klatschte in die Hände und sprang auf, um aufs Klo zu gehen.

„Das ist fast unmöglich Nikki, du musst dem Universum schon die Chance geben das zu verwirklichen, also warum planen wir nicht einen Trip in die USA?", Steffi war aufgesprungen und hinter Nikki hergerannt.

„Neh, neh, Nikki kommt im Februar erst einmal mit mir nach Bali!" Eine weitere Freundin Sunny, die in einer anderen Gruppe weiter weg gesessen hatte, war zu den beiden Frauen gestoßen, als sie an ihr vorbeiliefen.

Nikki blieb wie angewurzelt stehen. „Wie kommst du denn jetzt auf Bali?" Sie war baff, dass ihre eigene Vision wohl noch woanders aufgetaucht war.

„Na, weil ich uns beide auf Bali gesehen habe in meiner Vision eben", erzählte Sunny und Nikki lief ein wohliger Schauer über den Rücken.

„Aaaah, das passt alles zusammen, der Kosmos hat deinen Weg wohl minutiös geplant. Dann wissen wir ja, wo du deinen Amerikaner triffst." Steffis Augen leuchteten.

„Es sei denn, *wir* beide sind dann verheiratet", lachte Nikki und zwinkerte Sunny zu. Die Blondinen schauten sich an und lachten.

„Neeeeeeh", sie schüttelten den Kopf. Beide standen ausschließlich auf Männer.

„Ja, aber würdest du denn jemanden so schnell heiraten? Ich mein, wenn du nächstes Jahr in Bali verheiratet bist, dann müsstest du ihn ja jetzt bald kennen lernen, weil man heiratet doch niemanden, den man nicht länger kennt?", meckerte die analytisch denkende Dana, die nun ebenfalls im Klo angekommen war.

„Na, wer weiß, vielleicht kennt sie ihn ja schon?", warf Sunny ein.

„Neh, ich wärme keine alte Suppe auf, das schließe ich also aus!" Nikki drückte auf der Seife herum, aus der einfach nichts mehr herauskommen wollte.

„Wir werden es sehen, da bin ich mir sicher." Steffi warf eins der Papiertücher nach dem Händetrocknen in Richtung Mülleimer. Und versagte. „Knapp daneben ist auch vorbei, Mist."

Der Tag war aufregend und es verging keine Minute, in der Nikki über irgendetwas in Ruhe nachdenken konnte, bis sie abends in ihrem Bett im Ferienhaus lag.

Warum ausgerechnet mit einem amerikanischen Soldaten? Es war fast dreißig Jahre her, dass sie Kontakt mit sowas hatte. Plötzlich dachte sie an Arthur. Nikki atmete tief ein und aus. Sie hatte Jahre nicht mehr an ihn gedacht. Lächelnd drehte sie sich auf die Seite und blickte durchs Fenster auf den Sternenhimmel. Was er jetzt gerade wohl macht? Fast dreißig Jahre war es her, dass der Soldat nach Kuwait ausgerückt war und es war dieselbe Zeit wie jetzt – kurz vor Weihnachten.

Das Ende der Welt steht bevor, hatte die Mentorin gesagt. Das Ende der Welt war die Zeit für Nikki gewesen, die auf Arthurs Weggang gefolgt war. Sie konnte sich ohne Schmerzen oder Leiden an die Zeit damals erinnern. Sie hatte geheilt und vergeben. Sie lächelte, als sie an die Momente mit Arthur dachte und an seine Briefe. Sie hatte sie alle aufgehoben. Auch wenn sie sie schon über zehn Jahre nicht mehr angeschaut hatte, so wusste sie, dass oben am Dachboden ihrer Wohnung ein Karton stand, in dem all seine Briefe und Fotos noch aufbewahrt waren. Sie wusste nicht, warum sie das getan hatte. Von keinem Ex hob sie Dinge absichtlich auf. Vor allem hatte sie so gut wie nie mehr über Arthur nachgedacht. Warum hatte sie also gerade seine Briefe aufgehoben? Sie hatte auch noch genau das Foto vor Augen, das er zuletzt geschickt hatte. Er stand vor einem Helikopter, rechts und links seine Freunde Graig und Jimmy, sie lachten. Sie sahen aus wie drei perfekt gebaute Schauspieler aus einem Kriegsfilm.

Nikkis Leben war kurz nach diesem Foto eskaliert. Es hatte einen Zusammenstoß mit ihrem Vater gegeben und er hatte sie am Kopf verletzt. Er hatte nie geschafft, ihren Willen zu brechen, und doch hatte sie immer im Schatten seiner Wut gelebt, voller Angst, dass er ihr, ihrer Mutter, den Geschwistern oder auch Freunden etwas antun könnte. Er hatte es oft genug bewiesen, dass er das kann. Doch nach diesem heftigen Angriff hatte Nikki all ihren Überlebenswillen zusammengeschnürt und war abgehauen. Mit nichts als ein paar Klamotten und ihrem Auto. Sie hatte alles zurückgelassen – Freunde, Familie, Heimat, einfach alles. Alle persönlichen Gegenstände, Möbel und Erinnerungen. Auch die Briefe von Arthur, denn die hatte sie versteckt, damit ihre Eltern sie nicht finden würden, denn die durchsuchten regelmäßig ihr Zimmer. Nikki hatte sie im Eifer des Gefechts und der Schnelligkeit, in der sie abhauen musste, nicht mehr holen können. Es war eine Flucht und ein Kampf ums Überleben gewesen. Sie hatte Arthur und all seine Erinnerungen zurückgelassen. Durch seinen Einsatz im Irak hatte sie immer an die letzte Adresse schreiben müssen, die er in seinem Brief vermerkte, damit ihre Post überhaupt ankäme. Sie hatte sich nichts gemerkt. Sie hatte nicht geahnt, dass das wichtig sein könnte. Arthus Briefe waren für ihre Eltern einfach Post von ihrer amerikanischen Brieffreundin, die sie schon hatte seit sie zehn Jahre alt war. Deswegen hatten sie die Post nie geöffnet oder nachgefragt. Wenn es ein Umschlag mit Luftpost war, warf ihre Mutter die Briefe einfach auf ihr Bett. Ihre Eltern konnten sowieso kein Englisch. Zum Glück für Nikki waren sie auch nie misstrauisch geworden, denn die Bilder von Arthur hätten alles verraten. Seine Briefe würden ins Nirvana laufen und er wüsste nicht einmal, warum sie sich nicht mehr meldete.

Fast zwei Jahre lang lebte sie wie auf der Flucht. Sie hatte einen anderen Namen angenommen und beschlossen ihre alte Welt hinter sich zu lassen. Für immer. Sie schloss die Tür hinter sich, zu all den Freundschaften, Erlebnissen und schönen wie auch schlimmen Dingen. Sie blickte nach vorne, sie war ein anderer Mensch geworden. Aus diesem Krieg war sie letztendlich, trotz verlorener Federn, als Siegerin hervorgegangen, denn sie hatte sich befreit und ließ sich als Symbol für ihre Freiheit einen Skorpion auf die rechte Schulter tätowieren. Das Sternzeichen ihres Vaters.

Irgendwann begriff ihr Vater, dass sie nie wieder zurückkäme, wenn er ihr weiterhin drohen würde, und so hatte er nachgegeben. Nikki konnte sich nach einiger Zeit sogar mit ihren Eltern wieder versöhnen und kehrte in ihre alte Heimat zurück. Als sie ihre persönlichen Sachen holte, kramte sie auch die alten Briefe von Arthur aus dem Versteck auf dem Dachboden. Sie konnte nicht sagen, warum sie sie nicht einfach wegschmiss, aber sie konnte es nicht. Nikki heftete die Briefe und Bilder fein säuberlich in einen Ordner. Sie traute sich nicht, ihre Eltern zu fragen, ob es nach ihrem Verschwinden weitere Briefe gegeben hatte und selbst wenn, ihr Vater hatte die sicherlich verbrannt. Die junge Frau hatte Angst schlafende Hunde zu wecken und Fragen zu den Briefen beantworten zu müssen, was neuen Ärger hätte hervorbringen können. Also ließ sie das Thema auf sich beruhen. Nikki wollte auch nicht daran denken, Arthur zu suchen. Es war zu lange her. Es war nicht mehr wichtig.

In den letzten Jahren erst, seit sie vierzig war, hatte Nikki es geschafft all den Schmerz und die Vergangenheit aufzuarbeiten. Alles kommt einem hinterher. Man kann alles Schlimme in Kisten im Kopf sperren oder in eine Müllgrube werfen und einen Deckel drauf machen, doch irgendwann im Leben taucht es wieder auf – die Kisten im Kopf springen auf und der Deckel des Gullis platzt nach oben. Und so hatte Nikki Jahre damit verbracht, alles anzunehmen und loszulassen, alles zu heilen und zu vergessen, zu vergeben was nicht zu ändern war. Sie hatte Frieden mit ihren Eltern und der gesamten Vergangenheit gemacht.

Doch jetzt, in dieser Ferienwohnung und durch die Vision ihrer Freundin, so viele Jahre später, kam Arthur in ihre Erinnerung zurück. Ihr wurde warm ums Herz und sie stellte sich vor, wie es gewesen wäre, wenn er zurückgekommen wäre und sie mit nach Texas genommen hätte. All die schlimmen Dinge der letzten Jahre wären nicht passiert. Sie würde mit ihm auf einer Ranch leben, glücklich sein… Nikki schlief mit einem Lächeln ein.

♛

„Nikki, ich bin der festen Überzeugung, dass *du* das ganze Chaos ausgelöst hast!" Ihre Freundin Steffi riss sie mit ihrem Anruf aus dem Mittagsschlaf. Es waren einige Wochen seit dem Workshop vergangen. Mittlerweile hatte man eine *Plandemie* eingeleitet wegen eines Virus, der alle Menschen töten würde. Nikki nahm das nicht ernst, ebenso wenig wie ihre Freundinnen, doch die Mentorin hatte mit ihrem Spruch, dass die Welt enden würde, vielleicht nicht so ganz Unrecht gehabt. Die Welt, wie alle Menschen kannten, war am 13. März 2020 gestorben. Es würde nie wieder so werden wie vorher.

„Ich hab *was*?", verwirrt rieb sie sich die Augen und startete den Kaffeevollautomaten.

„Aaah, was ist das für ein Krach?", jammerte Steffi am anderen Ende der Leitung.

„Oh sorry, meine Kaffeemaschine. Was hast du gemeint, damit, dass ich das ausgelöst habe?"

„Na, ich hab recherchiert und bin da auf eine Verschwöööörung gestoßen", Steffi zog das Wort theatralisch in die Länge.

„Die da wäre?", Nikki brauchte dringend einen Kaffee, ihr Gehirn schlief noch.

„Ich schick dir gleich mal ein paar Links und so. Das musst du dir ankucken, denn demnach ist die *Plandemie* tatsächlich eine geplante Epidemie und jetzt rate mal, wer uns alle retten soll?" Sie machte eine Pause, damit Nikki raten konnte.

„Och komm schon Steffi, ich bin noch nicht richtig wach!"

„Na, der Trump und sein Militär!" Hätte Nikki gerade an ihrem Kaffee genippt, hätte sie ihn prustend ausgespuckt.

„Du machst Witze", lachte Nikki. „Trump? *Der* Trump?"

„Ja, das musst du dir alles ankucken, wir haben eine Menge zu recherchieren. Das nennt sich *wir springen in den Kaninchenbau.*"

„Und was hat das damit zu tun, dass *ich* das ausgelöst habe?", Nikki konnte ihrer Freundin noch immer nicht folgen.

„Sag mal, Erde an Nikki?! Das Militähäääär kommt nach Deutschland zur Rettung der Welt, das Militäääär übernimmt und wenn der Groschen jetzt nicht… okay, ich erklär´s dir. Wenn das amerikanische Militär hier nach Deutschland einmarschiert, also das hab ich so verstanden, dann könnte meine Vision ja doch wahr werden uuuund das Universum erfüllt dir deinen Wunsch, denn du hast gesagt…"

„…dass der Soldat gefälligst zu mir kommen soll", beendete Nikki den Satz. Die Frauen lachten und planten schon, wie es denn vonstattengehen sollte.

Sich solche lustigen Dinge auszumalen war der einzige Weg, diese gerade aus den Fugen geratene Welt mit Humor zu nehmen. Nach zwei Wochen ausgiebigen Recherchen und wenig Schlaf, hatte Nikki nicht nur das Wissen von Steffi aufgeholt, sondern befand sich eine Weile lang in einer Art Schockstarre, in der sie ganz andere Dinge im Kopf hatte, als an einen amerikanischen Soldaten zu denken. Es war verrückt, die Zeit raste, die *„Pandemie"* breitete sich aus – bzw. das, was die Medien und Politiker so nannten, denn Nikki vermutete, wie viele andere Truther, dass etwas ganz anderes dahinter steckte. Und Monat für Monat hoffte man, dass die Amerikaner endlich in Deutschland einmarschieren würden, damit das alles ein Ende hätte. Doch das Ende kam nicht. Alles wurde weiter und weiter durchgezogen. Menschen wie Nikki lebten wie in zwei oder mehr Realitäten. Hielten sich unter dem Radar, forschten, recherchierten, suchten die Wahrheit und wussten eines ganz sicher: Dass sie den Scheiss der Regierung nicht glaubten und zwar kein Stück. Aber darum geht es hier bei dieser Geschichte ja gar nicht.

Die Zeit flog einfach so dahin, und so waren rasend schnell zwei Jahre vergangen. Jeder sehnte das Ende herbei, denn die Zügel der Regierung wurden immer enger. Für viele war es der Wahnsinn, für andere ganz normal, sich dieser *Plandemie* vollkommen hinzugeben. Jeder, der *wach* war, wie sich die nannten, die alles hinterfragten, schiffte durch die Apokalypse wie Noah durch die Sintflut. Freundschaften zerbrachen, Familien entzweiten sich und viele gaben sich aus Angst der Resignation hin. Die mittlerweile wieder dunkelhaarige Nikki hatte vollstes Gottvertrauen, dass alles seinen Weg gehen und alles gut werden würde. Sie glaubte fest an ein Happy End, auch wenn sie selbst in ihrem Leben noch nie ein solches erlebt hatte. Am Ende war es doch immer wieder schief gegangen, egal, was sie angefasst hatte. Beziehungen, Freundschaften, Jobs, ihre Ehe und der Kontakt zur Familie.

„Du solltest mich endlich mal wieder besuchen", schlug Steffi kurz nach Beginn des Jahres 2022 vor.

„Klar, wenn sie uns nicht wieder mit ´nem Lockdown einsperren", lachte Nikki.

„Wie *wieder*? Du Nase warst doch noch nie im Lockdown! *Ich* bin seit Beginn des C-Wahnsinns im Homeoffice und Single! Ich bin definitiv schon über 600 Tage in meinem persönlichen Einsamkeits-Lockdown."

„Da hast du Recht, aber willst du dann nicht eher zu mir kommen, dann kommst du wenigstens mal raus?"

„Ähm, ich glaub´, ich hab sowas wie ´ne Autofahr- und Rausgeh-Phobie entwickelt. Ich renn´ einmal die Woche rüber zum Discounter und kauf mir das Nötigste, den Rest lasse ich mir liefern. Mein Auto ist, glaub´ ich, schon zu Staub zerfallen da unten in der Tiefgarage. Ich wüsste nicht mal, wenn es geklaut wäre." Nikki lachte, konnte sich kaum vorstellen, wie es wäre, sich derart für lange Zeit einzuigeln. Sie war nie in einem Lockdown gewesen, ihr Arbeitgeber hatte alles dafür getan, dass sie im Büro bleiben konnte und solange es keine Testpflicht oder sonstigen Mist in der Firma gegeben hatte, war Nikki das einerlei, denn sie arbeitete gerne in ihrem Job.

Dann aber, Ende November 2021, änderte sich das Ganze und so hatte man deutschlandweit Testpflicht am Arbeitsplatz eingeführt und zudem die Pflicht zum Homeoffice. Also hatten Nikki und ihr Arbeitgeber ihr ein Büro zuhause eingerichtet. Nach den paar Wochen Einsamkeit zuhause war sie nun froh, dass sie mal rauskam und so war es klar, dass sie Steffi sehr gerne besuchen würde.

Die Idiotie der Regierung war manchmal unberechenbar, es war als würden sie die Regeln einfach auswürfeln. Es konnte durchaus sein, dass sie auf einmal irgendwelche Gesetze erließen, die in dem einen Bundesland galten und im anderen nicht. Aber Nikki war das vollkommen gleichgültig. Sie fuhr einfach in Richtung Stuttgart und wenn sie jemand aufhalten würde, würde sie keine Fragen beantworten und möglichst versuchen, am Ziel anzukommen. Oder man schickte sie eben wieder nach Hause. Es war ihr egal. Man kam durch diese Zeit am besten durch so wenig Widerstand wie möglich, was nicht hieß sich alles gefallen zu lassen, ganz im Gegenteil. Aber durch Provokation oder Kampf würde man alles noch schlimmer machen, dachte Nikki. Sie lebte in vollkommenem Gottvertrauen. Zumindest versuchte sie es so gut sie eben konnte.

Der Weg nach Stuttgart war frei. Der Vorteil an der ganzen *Plandemie* war, dass die Straßen viel weniger befahren waren als früher. Viele Menschen hielten sich nicht nur brav an die Restriktionen der Diktatur, sondern hatten auch Angst vor Nichts und zwar so schlimm, dass sie allen Vorgaben der Hygieneanweisungen Folge leitesten. Gesunder Menschenverstand war da bei vielen einfach nicht mehr vorhanden.

„Heeeey", rief Steffi von ihrem Balkon im fünften Stock nach unten, als Nikki geparkt hatte und ausgestiegen war.
„Heeey", rief sie zurück und winkte wie wild. Niemand hatte sie aufgehalten, sie hatte nicht einmal ein Polizeiauto gesehen. Die beiden Freundinnen umarmten sich fröhlich und Steffi reichte Nikki direkt den ersten Aperitif. Die beiden liebten Gin und probierten immer allerlei Mischungen aus.
Mitten in der Nacht, als die Frauen leicht angeschickert, oder vielleicht auch etwas mehr als angeschickert, eingeschlafen waren, gingen die Sirenen los.
„What the Fuck?", rief Steffi und schaltete den Fernseher an. „Kommt jetzt das EBS?"
Man hatte verbreitet, dass ein automatisches Übertragungssystem, EBS genannt, gestartet würde. Auf allen Kanälen würde das Militär die Nachricht verbreiten, dass sie übernommen hatten und der Bevölkerung die Wahrheit über diese ganze Virussache erzählen.
„Och nein, nicht heute! Nicht, wenn ich nicht zuhause bin", jaulte Nikki.
„Warum? Ich hab´ genug Vorräte!" Steffi freute sich gerade über die Sirenen und hoffte, dass es tatsächlich das EBS wäre. Nikki hatte gemischte Gefühle. Ihre Kinder waren zwar erwachsen, aber sie wollte in so einem Moment einfach bei ihnen sein. Sie griff ihr Handy und wollte ihre Kinder fragen, ob dort auch dasselbe passierte, doch auf ihrem Handy blinkte ein großes Ausrufezeichen mit dem Text: *„Bitte schalten sie Ihren Fernseher oder Ihr Radio ein, die Übertragung startet auch auf Computern und Notebooks. Bitte schließen Sie ihre Geräte am Stromnetz an!"*
„Alter, Steffi, ich glaub´ ich muss kotzen vor Aufregung, es geht loohoos!" Steffi starrte auf ihr eigenes Handy und

konnte es kaum fassen. „Ich weiß, was du meinst, endlich..."

„Scheiße, ich wär jetzt gern bei meinen Kindern!" Nikki war den Tränen nahe. „Warum heute..."

„Süße, alles hat seinen Sinn. Deine Kinder sind erwachsen, die können sich schon selbst helfen und du hast genug Vorräte dagelassen. Die werden das als Abenteuer sehen, das hast du selbst gesagt und das haben sie dir auch immer wieder erklärt."

„Ja, ich weiß...", seufzte Nikki und dann ging die Übertragung im TV los. Das Militär erklärte, dass es die Welt nun übernommen hätte und die Bevölkerung ruhig und in ihren Häusern bleiben sollte. Man bräuchte keine Angst und keine Panik zu haben, alles wäre in sicheren Händen und zuhause zu bleiben wäre das Beste. Man erklärte, dass es einen 8-stündigen Film gäbe der rund um die Uhr laufen würde, um die Menschen darüber aufzuklären, was passiert war und nun bevor stand...

„Nikki? Nikki! Aufwachen, Kaffee is´ fertig", Steffi hielt ihrer Freundin einen frischen, dampfenden Kaffee unter die Nase und die Besucherin blickte verwirrt durch die Gegend. „Hatten wir keine Sirenen heute Nacht? Kein EBS?"

„Häh? Hast du geträumt? Ja, die Sirenen gingen heute Nacht kurz, aber das is hier normal. In den ganzen Hochhäusern sind viele zu blöd im Umgang mit ihren Kerzen und zünden sich gerne mal aus Versehen selbst an", Steffi gluckste. „Das EBS... hihi... das wär´s gewesen!"

„Dann hab´ ich die Sirenen wohl in meinen Traum eingebaut. Boah, gottseidank, ich will bei sowas einfach nur zuhause und in der Nähe bei meinen Kindern sein."

„Das kann ich verstehen, aber du hast ihnen doch genug Vorräte dagelassen."

„Genau dasselbe hast du heute Nacht auch gesagt", ich rieb mir müde meine Augen und griff nach der Kaffeetasse.

„Oh Mist, apropos Vorräte! Ich hab´ kein Brot mehr. Wollen wir kurz zum Bäcker laufen? Ich hab´ Bock auf frische Brötchen."

„Klar, gerne, auch wenn ich ausseh´ wie Hagrid", kicherte Nikki.

„Hier kennt dich doch keiner, und sie sind hier eh alle nur mit sich selbst beschäftigt. Stuttgart halt."

Als sie nach etwa zehn Gehminuten auf dem Parkplatz des kleinen Einkaufszentrums ankamen, sah Nikki zwei Jeeps der Army davorstehen. Sie stockte und blickte Steffi fragend an.

„Achso, das. Ja, die sind doch hier überall stationiert, hab´ ich dir doch erzählt. Die laufen hier in den Läden rum wie normale Menschen auch, nur eben in Uniform."

Nikki betrachtete die Jeeps und erinnerte sich an ihre Zeit in den Kasernen. An die Partys, den Käse an der Decke, die Uniformen und an Arthur. Komisch, warum musste sie immer an Arthur denken. Aber warum auch nicht. Er hatte einen bleibenden Eindruck hinterlassen.

Während sie sich die Maske aus der Tasche kramte, die man beim Einkaufen und Betreten des Ladens tragen musste, kamen ihr zwei hochrangige ältere Soldaten entgenen. Sie hatten viele Sterne und Abzeichen auf ihren Uniformen. Mehr konnte man nicht erkennen, außer den Augen und dem Hals blitzte ja wegen der Masken auch nicht viel Gesicht vom Menschen hervor. Sie lächelte trotzdem beide an und nickte, während sie die Maske brav über ihren Mund zog. Die Nase ließ sie frei, bis sie blöd angemacht werden würde, und stiefelte hinter Steffi her. Erst dann fiel ihr ein, dass sie nahezu ungeschminkt war und die Haare einfach wild zusammengebunden hatte. Sie war nicht unbedingt ein Hinkucker, was hatte sie sich nur dabei gedacht, die beiden Soldaten anzulächeln? Die hatten bestimmt auch gedacht, sie wäre nicht ganz dicht.

„Ich find Soldaten immer so beruhigend, die um sich zu haben", erklärte Steffi beim Rausgehen, als sie eine Tüte Brötchen gekauft hatten.
„Ich find sie eher sexy", lachte Nikki und zog die Maske beim Ausgang wieder herunter. Nicht länger als notwendig auflassen, war ihre Devise, dieses Ding schädigte das Gehirn, weil der Sauerstoff fehlte.
„Nikki?", einer der Soldaten rief von einem der Jeeps zu ihr rüber und zog seine Maske ab. Prompt wurde sie rot und versuchte den Mann zu erkennen, der sich dort hinter der Vermummung zeigte.
„Du kennst den?", fragte Steffi überrascht und Nikki blickte kopfschüttelnd und fragend in die Richtung des US-Soldaten, der nun auf sie zulief.
„Nikki? Aren´t you Nikki?", wiederholte der Soldat.
„Yess", sagte sie zögernd, „but please help me…"
„Graig! It´s me, Darlin´! Oh wow, you are just as pretty as you were thirty years ago!" Der Amerikaner drückte sie unverblümt und hielt ihr als Abschluss die Schultern, als wollte er sicherstellen, dass sie nicht einfach weglief, und blickte ihr in die Augen.
„Ich geh´ nie wieder ungeschminkt aus dem Haus", flüsterte sie unbeabsichtigt. Sie wollte es eigentlich nur denken. Erst jetzt begriff sie wer dieser ältere Mann dort vor ihr war, den sie niemals erkannt hätte, wenn er sich nicht vorgestellt hätte. Sie hatte sich nie erinnern können, wie Graig ausgesehen hatte. Bis zu diesem Moment.
„Du bist hübsch, Darlin, so wie damals, unglaublich, du hast dich kaum verändert!", sprach Graig auf Deutsch, mit leicht amerikanischem Akzent.
„Oh my god, can´t believe it, du sprichst Deutsch?" Nun war es Nikki, die aus ihrer Überraschung befreit war und Graig freudig umarmte. „Du hast es damals immer gehasst!", lachte Nikki.

„Ja, ich bin schon lange in Deutschland stationiert und bin auch mit einer deutschen Frau verheiratet und habe drei Kinder. Dreißig Jahre, Nikki, thirty years!?"

„Boah, jetzt übertreib mal nicht, das hört sich an, als wären wir alt und es ist keine dreißig Jahre her, höchstens achtundzwanzig", Nikki lachte und konnte kaum glauben, was sie sah.

„Schade, bis zu dem Moment, als er sagte, dass er verheiratet ist, hatte ich gehofft, meine Vision würde jetzt wahr werden", flüsterte Steffi laut genug, dass es Graig hören konnte.

„Steffi", meckerte Nikki lachend. „Sei still!"

Steffi war brav, sie wusste eh nicht, was hier gespielt wurde oder woher die beiden sich kannten. Immerhin waren sehr viele Jahre vergangen, wie man raushörte. Sehr viele. Aber sie wusste auch, dass Nikki ihr beim Frühstück alles erzählen würde.

„Wie geht's dir, Nik? Ich würde mich so gerne mit dir unterhalten, es ist so viel passiert. Du bist damals verschwunden und Arthur…", Nikki wurde fast schwarz vor Augen, als Graig seinen Namen erwähnte. So wie er das betonte, klang es so, als sei Arthur tot. Sie wartete drauf, dass Graig erzählte, er sei im Krieg in Kuwait umgekommen.

„Ah what am I talking about, sorry. Ist lange her und lange Gras drüber gewachsen. Weißt du was, ich gebe dir meine Adresse und du besuchst mich und meine Family mal und wir reden über alte Zeiten? Damn, thats crazy, thirty years later… Tom, thats an old friend from the past, just a minute!" Sein Kollege nickte und setzte sich in den Jeep, um zu warten. Graig kramte aus seiner Brusttasche eine Visitenkarte heraus und kritzelte seine Adresse unter die Handynummer. Er war so aufgeregt, dass er Nikki gar nicht zu Wort kommen ließ. „Du musst uns unbedingt besuchen kommen, so we can talk a lot. Not enough time now. Okay?"

Nikki nahm fast wortlos die Visitenkarte und Graig drückte sie noch einmal herzlich, dann sah sie ihm nach, wie er mit seinem Kollegen davonfuhr.

„Alter Schwede, der hat mit Sicherheit vor dreißig Jahren noch dreißig Mal besser ausgesehen, oder?" Steffi war hin und weg.

„Oh ja, mein lieber Schwan, der war der Hammer, aber lange nicht so wie sein bester Freund", Nikki seufzte. „Ich kann es einfach nicht glauben, dass ich gerade Graig begegnet bin...", sie überlegte kurz, ob sie sich selbst kneifen sollte, um zu wissen, dass sie nicht schon wieder träumte.

„So, und jetzt meine Liebe, erzählst du mir sofort die ganze Geschichte. Ich will *alles* wissen! Wie kann es sein, dass du hier in Stuttgart nach dreißig Jahren einen alten *Freund* wiedertriffst, der zudem noch ein US-Soldat ist? Unglaublich! Das kann kein Zufall sein, ich glaub´ nämlich nicht an Zufälle."

Auf dem gesamten Heimweg und auch beim Frühstück, erzählte Nikki ihre ganze Geschichte.

„Harter Tobak… voll die krasse Lovestory… schade, dass das eben nicht Arthur war, was?" Steffi goss ihrer Freundin Kaffee nach.

„Ja, ich hab´ die Befürchtung, dass er tot ist", Nikkis Stimme setzte aus.

„Das klang fast so. Auch weil er nicht drüber reden wollte. Ist das hart für dich?"

„Naja, was heißt hart. Es sind so viele Jahre vergangen, ich wüsste nicht einmal mehr, wie er genau aussieht. Ich hätte auch Graig nicht erkannt. Und naja, wenn er im Krieg da unten gefallen ist, das tut schon irgendwie weh, weil ich mir Vorwürfe mache, dass er auf meine Briefe gewartet hat und dann nichts mehr kam und er vielleicht enttäuscht gestorben ist, weil er nicht wusste, dass…", Nikki schüttelte sich leicht.

„Achwas, Trübsal blasen wird abgeschafft. Das Universum ist geheimnisvoll und findet Wege, die sind unglaublich. Wer weiß, vielleicht war das nur das *Amuse Gueule*?", Steffi lachte und brachte Nikki auf andere Gedanken.

Als sie wieder zuhause angekommen war, nahm sie die Visitenkarte von Graig noch einmal kurz in die Hand, doch dann ließ sie sie in einer ihrer Schmuckkästchen verschwinden. Sie wollte sie nicht wegschmeißen, aber sie hatte zu viel Angst vor der Wahrheit und sie wollte nicht wissen, dass Arthur gestorben ist. Oder glücklich verheiratet. Sie wollte es einfach wieder vergessen.
Auch auf Steffis regelmäßige Nachfragen in den folgenden Tagen, wann sie denn mit Graig sich mal treffen und über alte Zeiten quatschen wollte, reagierte sie eher schroff.
„Ach Steffi, lass gut sein! Alte Suppe sollte man nicht aufwärmen…"

Nichts war Arthur jemals so schwergefallen, wie der Abschied von Nikki. Als er nach dem College zur Army gegangen war, hatte er schon einmal eine Freundin zurückgelassen. Doch den beiden war von vorneherein klar gewesen, dass diese Beziehung nicht bis in alle Ewigkeit halten würde. Er war halt ein Cowboy auf einer Farm, und sie wollte eine Karriere in der Modebranche machen. Sie war auch von seinen Plänen mit der Army nicht sonderlich begeistert und so machten die beiden das Beste aus der Situation und trennten sich nach dem College in aller Freundschaft. Allein daran merkte man, dass keine wirkliche Liebe dahintersteckte.

Auf die Stationierung, damals in den 90ern in Deutschland, hatte er sich richtig gefreut. Von den deutschen Angestellten auf der Farm wusste er einiges über das Land, hatte aber auch bemerkt, dass die Mentalität der Deutschen ganz anders ist. Doch ist das innerhalb von Amerika nicht auch so? Es sind halt einzelne Staaten, mit unterschiedlichen Menschen, die sich zu einer Union zusammengeschlossen haben. Grundsätzlich eine gute Lösung.

Seine Kameraden hatten sich in Deutschland ziemlich schnell wilde Frauengeschichten gesucht, da die deutschen Mädchen viel leichter einzulullen waren als die Amerikanerinnen. Arthur lag das nicht so, er legte Wert auf das Besondere, eine schnelle Nummer bedeutete ihm nichts. Der Texaner hatte viele Mädchen an Graigs Seite kommen und gehen sehen, bei den meisten kannte er nicht einmal den Namen.

Bis zu dem Tag, als sie Nikki kennen gelernt hatten in der City von Fulda, eine Stadt im Bundesland Hessen, wo sie seit einigen Monaten stationiert waren. Arthur hatte sofort ein Auge auf sie geworfen, doch Graig war schneller. Es war nicht einfach gewesen, sie zu ignorieren, also hatte Arthur es irgendwann aufgegeben. Er machte keinen Hehl daraus, sie zu beobachten. Und eigentlich war es nur eine Frage der Zeit, bis Graig sich wieder eine andere suchen würde und Arthur hoffte, dass er derjenige sein würde, der Nikki trösten könnte. Er wusste nicht, ob sich Nikki überhaupt auf ihn einlassen würde, aber er fühlte sich aus einem unerfindlichen Grund für sie verantwortlich. Es machte ihn rasend, dass sie Graig gehörte und nicht ihm. Aber er war Texaner. Er lag auf der Lauer und würde abwarten, bis sich ihm die Gelegenheit bot. Und diese Nacht kam tatsächlich irgendwann. Graig hatte Sex mit einer anderen und Nikki erwischte ihn dabei. Dadurch kam Arthurs Einsatz. Er tat es aus Freundschaft, nicht um sich irgendeinen Vorteil bei der jungen Deutschen herauszuschlagen. Arthur war ein Gentleman, er hätte es auch getan, wenn sie sich nicht für ihn interessiert hätte. Ihm war es auch völlig egal, dass sie ein Ableger von Graig war. Er blendete das völlig aus. Sie war ihm zu wichtig, er wusste nicht einmal warum.

Das Glück stand auf seiner Seite, denn sie hatte Graig schneller verdaut als er sich erhofft hatte. Und dann war Nikki sein Mädchen geworden. Ihr Glück war nur viel zu kurz gewesen, man hatte ihn in den Krieg beordert.

In Kuwait angekommen, begannen sie sofort mit einer Spezialausbildung. Anderes Land, anderes Klima, besondere Umstände und vor allem Gefahren. Gefahren, die überall lauerten. In den Camps fühlten sie sich zwar einigermaßen sicher, alles war bewacht, doch im Grunde genommen befanden sie sich mitten im Kriegsgebiet und man wusste nie was im nächsten Moment passieren würde. In den Holzbaracken gab es nicht nur die „Zimmer" der einzelnen Soldaten, sondern auch Einsatz- und Kommunikationszentralen. Und neben den Soldaten trieben sich hier auch viele Zivilisten herum. Irgendwelche Agenten oder Mitarbeiter von den vielen Dreibuchstaben-Agenturen der USA. Wie überall, gab es die netten und freundlichen, aber auch die unfreundlichen Menschen, die meinen, sie hätten über alles und jeden Macht.

Mit einem von ihnen namens Tom, einem der Guten der CIA, freundeten sich Graig, Jimmy und Arthur an. Die vier sah man in der dienstfreien Zeit oft zusammen abhängen.

Nach den vielen Wochen, die er jetzt nun schon hier in Kuwait stationiert war, fiel es Arthur schwerer und schwerer, die Briefe an Nikki positiv zu halten. Die Erfahrungen, die er hier bei den Einsätzen gemacht hatte, begannen an seinem Nervenkostüm zu zehren. Dazu gesellten sich Sehnsüchte und auch ein schlechtes Gewissen. Er dachte oft daran, einen Fehler gemacht zu haben, indem er Nikki zurück gelassen hatte. Jimmy und Graig, seine Kameraden und Freunde aus seiner Einheit, waren die einzigen Menschen, mit denen er über diese Themen reden konnte. Graig wurde zu einer Art Vertrautem, sofern das überhaupt möglich war, denn auch wenn dieser Nikki nur oberflächlich gekannt hatte, waren sie immerhin zusammen gewesen. Der große blonde Soldat war im Grunde ein „Abräumer", der jede sich bietende Gelegenheit genutzt hatte, seinen Spaß zu bekommen. Das hatte die Freundschaft der beiden Männer immer belastet, weil Arthur dies nicht immer gutheißen konnte.
Vor allem was Nikki anging. In die hatte der Texaner sich vom ersten Moment an verkuckt. Sie hatte etwas Reines und Verletzliches an sich, was ihn von Anfang an faszinierte.
Kameradschaft unter Soldaten hat eine ganz andere Qualität als eine normale Freundschaft, vor allem im Einsatz. Das ist nicht nur bei den Amerikanern so, sondern sicher auch in allen anderen Armeen der Welt. Die Sache mit Nikki war zwischen Graig und Arthur schon in Deutschland geregelt. Graig hatte letztendlich seinen Fehler mit dem Fremdgehen einsehen können. Und Arthur konnte bemerken, dass diese Sache auch bei Graig zu einem Umdenken führte. Er betonte sogar, dass er sich freute, die beiden durch sein Verhalten zusammen

gebracht zu haben. Der Krieg und das Elend, das sie sahen, veränderten die jungen Männer. Arthur registrierte oft, dass Graig nachdenklich irgendwo herumsaß oder gedankenverloren in die Gegend schaute. In den vielen Gesprächen, die die Männer führten, kam immer mehr zum Vorschein, dass sich Graig im Grunde eine eigene Familie wünschte, sich aber aktuell noch viel zu jung dafür fühlte. Die Männer könnten sich noch früh genug an eine Frau binden. Die Abenteuer würden nicht warten, die Frauen schon.

Arthur brütete über einem Brief an Nikki. Sie waren gerade von einem schwierigen Einsatz zurückgekommen, der sie ziemlich gefordert hatte. Und nicht nur, dass er vieles in Deutsch schreiben wollte, um nicht aus der Übung zu kommen, er musste auch so schreiben, dass es nicht zu niedergeschlagen rüberkam. Dann war da noch eine gewisse Geheimhaltung, die er beachten musste. Jeder Brief war ein Drahtseilakt. Und dann die Ungewissheit. Würde sie auf ihn warten? Würde er zurückkommen können? Und wann? Er hob den Kopf und starrte auf die Bilder, die er an die Wand gehängt hatte. Bilder aus Deutschland, Bilder von Nikki. Seine Gedanken schweiften ab zu den intensiven Momenten ihrer ersten Nacht am Auerweiher. Er sah, wie in einer Vision, die ersten Berührungen, den ersten Kuss auf dem Pickup.
Unwillkürlich berührte er seine Brust, dort hatte ihre Hand zum ersten Mal seinen Körper berührt. Ein warmer Schauer überkam ihn, Gänsehaut am ganzen Körper. Er befürchtete irgendwann durchzudrehen, weil er sie so vermisste. Sehnsucht durchzog sein Herz. Schmerzhaft. Jeder ihrer Briefe, die ihn erreichten, waren wie ein Schatz und er las fast jeden Tag einige von ihnen immer wieder durch. Das erhielt seine Hoffnung aufrecht, dass er sie bald wiedersehen würde. Dass sie auf ihn wartete, wie sie es versprochen hatte. Er schrieb den nächsten Brief zu

Ende, nicht ohne zu erwähnen, dass er sie liebte und sehr vermisste.

Die Briefe waren wie ein Rettungsseil in die Zukunft. Auf dem Weg zur Poststelle, wo er den Brief an Nikki abschicken wollte, traf er auf Tom. Er bat Arthur seine beiden Kameraden zu holen, er hätte etwas mit allen dreien zu besprechen. Es klang nicht nach einem privaten Anlass, es fühlte sich eher an wie etwas Offizielles. Arthur steckte den Brief in seine Jackentasche und trommelte seine Kollegen zusammen.

Tom schlug ihnen später, als sie zusammen saßen etwas vor, was aller Leben verändern würde. Er hatte die drei Männer in den letzten Wochen beobachtet und neben ihrer Fitness wohl Dinge erkannt, die sie selbst nicht bemerkten. Jedenfalls eröffnete er ihnen die Möglichkeit, von der Army in die Navy zu wechseln und eine Ausbildung als Navy Seal zu absolvieren.

„Jungs", sagte er, „ihr seht jetzt schon aus wie Elitesoldaten, ihr habt alle drei was auf dem Kasten. Ihr seid fit, ihr seid jung und die Seals können euch gut gebrauchen. Ihr müsst halt nur die Ausbildung durchstehen. Schafft ihr das, ergeben sich ungeahnte Möglichkeiten, überall auf der Welt!"

Auf die Frage, wie er sich das vorstellen würde, gab es Antworten, die sie nicht für möglich gehalten hatten. Wenn sie „Ja" sagten, würden sie schon übermorgen nach Amerika fliegen. Es wäre im Grunde genommen schon alles vorbereitet, sie müssten nur zustimmen. Es war schon spät am Abend, Tom gab ihnen eine Nacht zum Überschlafen.

Die drei jungen Männer sprachen noch einige Zeit über alles, vor allem über die Härte der Ausbildung. Aber die Chance, die Gelegenheit, war einfach zu einmalig, um sie auszuschlagen. Tom hatte es zwar nicht direkt gesagt, aber die drei wussten, dass es ihrer Karriere schaden könnte, wenn sie Nein sagten. Sie waren Berufssoldaten, hatten geschworen, ihr Vaterland zu verteidigen und dieser Patriotismus hat bei Amerikanern ein großes Gewicht.

Arthur war der Einzige der drei, der ein Mädchen zuhause hatte, das auf ihn wartete. Die anderen waren ungebunden und überzeugten ihn, sich die Chance nicht entgehen zu lassen. Das Abenteuer, das auf sie wartete, sorgte auch bei Arthur für einen Adrenalinkick, bei dem er alle Sorgen und auch die Folgen für seine Beziehung zu Nikki für einen Moment völlig vergaß. Die Vorfreude über das was kommen würde, war zu groß; die Euphorie seiner beiden Kameraden steckten ihn an, so dass auch Arthur keinen Augenblick daran zweifelte, dass es die richtige Entscheidung wäre, diese Chance zu ergreifen.

So entstand das Bild vor dem Helikopter, welches Arthur seinem Brief an Nikki beilegte, den er vor Toms Briefing bereits geschrieben hatte. Er berichtete ihr nicht von seiner Entscheidung, er wollte es ihr später erklären und vielleicht könnte er sie von Amerika aus auch endlich wieder anrufen.

Es war der letzte Tag in Kuwait. Am nächsten Morgen ging es zurück in die Staaten. Weder Arthur noch die beiden anderen ahnten, dass dieser Brief mit dem Bild der letzte Kontakt zu Nikki sein würde.

Arthur und Graig hatten die Seal-Ausbildung nach ein paar Monaten bestanden. Viele Kameraden, unter anderem auch Jimmy, hatten die „Brocken hingeschmissen". Einer nach dem ersten Tag, einige andere in den ersten Wochen, Jimmy in der sogenannten „Hellweek". Und auch im weiteren Verlauf gab es Kameraden, die aufgeben mussten. Die Quote von 80 % „Dropouts" wurde nahezu immer erfüllt.

Die Ausbildung gilt nicht umsonst als eine der Härtesten der Welt. Neben den psychischen und physischen Belastungen kamen bei Arthur noch Gewissensbisse hinzu. Er hatte Nikki nicht schreiben können und sie konnte auch nicht mehr wissen, wo er war. Die Zeit war irgendwie vergangen wie im Flug, es gab ein Kontaktverbot während der Ausbildung. Selbst seine Kameraden, die in Kuwait geblieben waren, hätten Nikkis Briefe nicht weitersenden dürfen. Die Sehnsucht nach ihr kam zwischendurch immer wieder hoch, auch die Sorge, dass sie enttäuscht von ihm sein könnte. Doch die Anforderungen an ihn durch die Navy überschrieben die Gedanken an seine deutsche Liebe und sie wurden immer blasser und schwächer. Er brauchte seinen ganzen Fokus, seine ganze Energie für das Training. Er und Graig wollten es bestehen, mit allem was dafür notwendig wäre zu opfern.

Nach Abschluss der Ausbildung folgten viele Einsätze, offizielle und inoffizielle. Irak, Sudan, Haiti, Somalia und nach dem 11. September 2001 hauptsächlich in Afghanistan. Arthur und Graig waren in der gleichen Einheit, machten fast alle Einsätze gemeinsam. Dabei ging es nicht immer ohne Verletzungen. Es blieben Narben zurück und brannten unvergessliche Erinnerungen an Krieg und Kampf in die Haut. Auch wenn sie alle bestens ausgebildet waren, unverwundbar ist leider niemand.

Jimmy hatte sich nach dem Ausstieg bei den Seals zu einem brillanten Piloten entwickelt. Es gab wenig, was er nicht fliegen konnte. Die drei hatten sogar einige der Einsätze gemeinsam absolviert. Kaum noch dachte der Texaner an Nikki, er war so sehr eingespannt in seine Dienste, dass er dazu nicht mehr viel Zeit fand. Sicherlich gibt es verheiratete Soldaten, aber in Spezialeinheiten sieht man lieber Junggesellen.

Nikkis Bild in Arthurs Kopf verblasste stetig. Die Fotografien besaß er schon lange nicht mehr; an ihnen hatten der Zahn der Zeit und die Witterung der Einsatzgebiete genagt. Aber er hatte ihre Briefe noch, die er in seiner persönlichen Kiste aufbewahrte. Ihr Bild in seinem Kopf wurde unscharf und ungenau, nur einige wenige Gefühle und Empfindungen der gemeinsamen Zeit blieben als unvergesslicher Abdruck in seiner Erinnerung. Natürlich gab es auch Monate oder gar Jahre, in denen er sie komplett vergaß, diese Gefühle.

Ausbildungen, Krieg, Einsätze, das veränderte einen Menschen und es pushte auch die Karriere. Er und Graig stiegen im Rang immer weiter auf, dadurch steigerte sich aber auch mehr und mehr ihre Verantwortung. Und die beiden waren gut in dem, was sie taten oder tun mussten. Konsequenz der Beförderungen war, dass die beiden Freunde sich irgendwann trennen mussten. Durch den Kontakt zu Jimmy, der seit 2006 in Spangdahlem in Deutschland seinen Dienst als Pilot von Tornados, Hubschraubern und anderen Fliegern machte, zog es Graig ebenfalls „Back to Germany". Arthur und er hatten, warum auch immer, im Verlauf der letzten Jahre ihre Deutsch-Kenntnisse aufgebessert. Es hatte ihnen schon oft geholfen. Deutsch wird öfter gesprochen in der Welt als man vermuten könnte.

Als die beiden sich verabschiedeten, gab Graig seinem Freund ein Bild mit den Worten: „Das waren noch Zeiten, was?" Arthur nahm die alte Fotografie, schaute es an und zuckte zusammen. Ein lange nicht gefühlter Schmerz durchzog den Soldaten. Eine schmerzhafte Sehnsucht, die er gefühlt hatte, kurz bevor dieses Bild entstanden war und er eine harte Entscheidung getroffen hatte.

Die drei Freunde in Kuwait vor dem Hubschrauber. Arthur spürte plötzlich eine Frauenhand auf seiner Brust, spürte Lippen auf seinem Mund, fühlte Umarmungen und eine Gänsehaut. Wieder überkam ihn ein warmer, wohliger Schauer, wie früher immer, wenn er an Nikki gedacht hatte. Dieser unerwartete Flashback verwirrte ihn. Irritiert wollte er das Bild zurückgeben, doch Graig sagte ihm, er könne es behalten und so steckte er es in seine Brusttasche der Uniform.

Als Arthur in dieser Nacht träumte, war er mit einer Frau zusammen, deren Gesicht vertraut schien, aber verschwommen war. Ob es Nikki war oder nicht, vermochte er am nächsten Morgen nicht zu sagen. Nach dem ersten Kaffee und der Einsatzbesprechung war alles wieder vergessen.

Die Jahre vergingen. Und obwohl die Freunde nicht mehr zusammen ihren Dienst absolvierten, hielten sie trotzdem immer Kontakt. Der wilde Graig, der „Abräumer", war inzwischen verheiratet und hatte drei Kinder. Seine Frau war eine Deutsche, die er in Stuttgart kennen gelernt hatte. Er war nun schon seit einigen Jahren dort bei der *U.S. Army Garrison Stuttgart* stationiert.

Arthur war mittlerweile ein hochdekorierter Soldat, ein *Lieutenant Commander* der *„unrestricted line"* und er besaß einiges an Auszeichnungen. Seine Einsätze fanden weltweit statt, meistens in Krisengebieten, er hatte sich nie wirklich festlegen wollen. Arthur hatte die Hoffnung in diesem Rahmen auch wieder einmal nach *Good old Germany* zu kommen, um Graig und seine Familie zu besuchen, doch die Welt war in Aufruhr und Deutschland gehörte nicht zu seinem Einsatzgebiet.

Eine feste Beziehung war Arthur in den Jahren nicht eingegangen, das passte einfach nicht zu seinem Job. Nur kleinere Liebschaften, die nie lange gehalten haben, höchstens ein paar Monate. Wenn er Freizeit hatte oder mal wieder eine schwerere Verletzung auskurieren musste, war er zuhause in Texas auf der Ranch. Nachdem sein Vater und ein paar Jahre später auch seine Mutter gestorben waren, hatte er mit seiner Schwester die Ranch geerbt. Aber die Einsätze ließen es nicht zu, dass er sich dort wirklich einbringen konnte. Er wollte auch nicht einfach seinen Dienst quittieren, er war ein Spezialist in vielen Dingen und auch ein wichtiger Bestandteil bei Einsatzplanungen von Sondereinsätzen geworden. Er empfand es immer so, als wäre alles aus einem wichtigen Grund geschehen. Das Gute, wie auch das Schlechte.

Der Mann seiner Schwester, der ehemalige Verwalter unter seinem Vater, hatte die Ranch und die Geschäfte übernommen. Arthur war den beiden sehr dankbar, dass sie ihn nie dazu gezwungen hatten, sich zwischen Ranch und Militär zu entscheiden. Er hatte auch keinen Wert darauf gelegt, dass seine Schwester ihn ausbezahlt. Die Ranch lief gut, er musste sich nicht mehr viel darum kümmern. Seine Schwester war glücklich und Frank, gebürtiger Deutscher, war seit so vielen Jahren praktisch der Chef des Betriebes, so dass Arthur nur gestört hätte. Der Texaner hatte dort eine Rückzugsmöglichkeit, ein Zuhause, und das genügte ihm. Seine Schwester, Frank und er hatten eine Vereinbarung, die für alle okay schien. Arthur hatte ein sehr gutes Verhältnis zu beiden und genoss es, wenn er die wenige Zeit zuhause mit Ausritten zum Abschalten und der Verarbeitung von dem Erlebten nutzen konnte. Sie ließen ihm den Freiraum, den er brauchte, ohne die Verpflichtungen, die eine eigene Familie ihm abgefordert hätte. Auch wenn er sich das immer gewünscht hatte.

Im Oktober 2019 saß Arthur auf der Veranda des Gästehauses der Ranch, in der er sich sein Zuhause eingerichtet hatte. Beim letzten Einsatz war er ziemlich schwer verletzt worden, sie waren in einen Hinterhalt geraten. Der Texaner hatte das linke Bein auf einem Tischchen ausgestreckt, hielt in der rechten Hand, die er wieder ziemlich gut bewegen konnte, eine Flasche Bier und schaute dem Treiben auf der Ranch zu, als ein dunkler SUV sich über die Einfahrt fahrend in Richtung Haus bewegte. Er stoppte kurz vor dem Haus, zwei schwarzgekleidete Männer stiegen aus, die Arthur nicht kannte, und kamen über den Seitenweg des großen Haupthauses direkt auf ihn zu.

„Lieutenant Commander, haben Sie kurz Zeit für uns?" fragte der ältere der beiden. „Bleiben Sie bitte sitzen, ihr Bein ist noch nicht ganz verheilt, oder?"

„Nein, nicht wirklich, aber ich darf schon auftreten und es leicht belasten. Was kann ich für sie tun, Gentlemen?"

„Nun, Sir, wir kommen auf Empfehlung von Captain Andrews und sollen Ihnen einen Vorschlag unterbreiten. Sie sind, wie einige andere Soldaten, ausgewählt, einer neuen Einheit der Streitkräfte beizutreten, die Präsident Trump bereits angekündigt hat, und im Dezember wird sie offiziell gegründet."

Arthur wurde hellwach, stellte sein Bier auf den Tisch, richtete sich auf und kurz fegte ein Gedankentsunami durch seinen Kopf, doch dann stutzte er.

„Sagten Sie Captain Andrews?"

„Ja, Sir, das ist korrekt, er wurde vor einigen Tagen befördert, Sir", sagte der Jüngere.

Vollkommen irritiert bot Arthur den beiden einen Stuhl an und fragte, ob sie etwas trinken wollten. Beide verneinten, nahmen aber Platz. Fragen über Fragen, darauffolgende Antworten, fast wie aus der Pistole geschossen. Kurz, klar, eindeutig. Arthur sollte zur Space Force wechseln, der neuen und sechsten Einheit der US-Truppen, sollte dort Einsätze planen und koordinieren, quasi zum

Führungsstab gehören. Wegen seiner Deutschkenntnisse hauptsächlich in Deutschland.

„Captain Andrews hat sie persönlich abgefordert und sich für Sie eingesetzt, Captain!" Arthur wollte gerade erwidern, dass er kein Captain sei, doch der Ältere unterbrach ihn höflich, aber bestimmt. „Beförderung zum Captain ist schon eingeleitet, Sir! Sie müssen nur zustimmen."

„Nun, wie ich Captain Andrews kenne, habe ich wohl keine andere Wahl, oder?" Arthur hob eine Augenbraue und musterte die beiden Herren aufmerksam. Sie verzogen keine Miene. Das war Antwort genug.

„Ach ja, bevor ich es vergesse, in zwei Tagen geht es los. Und machen Sie sich keine Sorgen wegen Ihrer Verletzungen, die sind schneller geheilt als Sie Space Force sagen können!"

Die beiden Männer verabschiedeten sich nach ein paar weiteren Instruktionen und ließen Arthur mit seinen Gedanken zurück.

„Wow, Space Force?" Er lachte und trank einen großen Schluck aus der Bierflasche, während er nicht mehr aufhören konnte mit dem Kopf zu schütteln. „Crazy!"

Er würde Graig wiedersehen! Sie waren jetzt Captain! Und dieser Trump, was für ein Mann! Er konnte sich erinnern, dass es innerhalb der Truppe nur knapp über die Hälfte war, die ihm den Job als Präsident überhaupt zutrauten kurz nach der Wahl. Aber nach einigen Monaten begriffen immer mehr, was der Mann alles für sie tat und was sich auch im Land verbesserte. In den darauffolgenden Jahren bis heute, hatte er eine Zustimmung von über 85 Prozent im Militär, in allen Sparten. Und es mehrten sich die Stimmen, dass alle, die etwas gegen ihn hatten, im Grunde gegen das Land arbeiteten. Einige dieser Soldaten quittierten den Dienst, wechselten zu den Geheimdiensten oder verließen das Militär einfach so. Der größte Teil aber würde für ihn durchs Feuer gehen. Wie viele Kameraden hatte er schon zurückgeholt? Und wie gut ging es den Veteranen heutzutage? Menschen, die wirklich bereit sind, ihr Leben für ihr Vaterland zu geben, erkennen, wenn das auch gedankt und honoriert wird.

„Weiß er, was auf ihn zukommt?", fragte der jüngere der beiden Männer im SUV seinen Kollegen, als sie die Ranch verlassen hatten.
„Nein, und das ist jetzt auch nicht wichtig. Unsere Welt ist seit Monaten im Wandel und er übernimmt einen Part in diesem Übergang. Einen wichtigen Part. Er wird mit Dingen und Feinden konfrontiert werden, die er sich nicht vorstellen kann. Aber dafür haben wir Lösungen. Die neuen Technologien!"
„Aber er ist über fünfzig und bestimmt nicht mehr so fit", warf der andere ein.
„Er ist das, was wir brauchen. Seine Erfahrung, seine Fähigkeiten, sein Instinkt in Krisensituationen. Haben sie nicht seinen Lebenslauf gelesen? Er ist fast eine Legende."
„Ich jedenfalls möchte nicht mit ihm tauschen. Einsätze in einer der Hochburgen des tiefen Staates. Mir hat es schon gereicht, als ich nur davon gelesen habe."
„Vertrauen wir einfach den Entscheidungen von oben. Es hat bisher überall funktioniert, es wird auch in Deutschland klappen. Wir haben da einiges zu bereinigen, was wir zu lange geduldet haben."

Einige Monate später, im Januar 2020, nachdem er in Texas einige Soldaten für seine Einheit ausgewählt hatte und auf das was kommen würde, vorbereitet war, betrat Arthur zum ersten Mal seit langem wieder deutschen Boden. Stuttgart!
Die *U.S. Army Garrison Stuttgart* hatte in den letzten Wochen massiv das Personal aufgestockt, so wie alle amerikanischen Standorte in Deutschland. Offiziell war es wegen der Übungen *Defender 2020* und *2021*, in deren Zuge nicht nur Soldaten und ziviles Personal, sondern

auch jede Menge an Fahrzeugen, Flugzeugen, Panzern und anderem Material nach Deutschland und Europa gebracht wurden. Was vor ihnen liegen würde, war heftig, aber dieser Krieg erledigte sich nicht von alleine.

Jetzt aber freute er sich auf seinen alten Freund Graig. Ein Jeep holte ihn vom Flughafen ab, und sie fuhren direkt zur Kommandozentrale, in deren Nähe er auch wohnen würde.

„Na, Captain, wie war die *Healing Chamber*? Ich sehe du hast ein paar Narben weniger!" Graig grinste, als er Arthur an der Türe begrüßte. Die beiden lachten und fielen sich in die Arme.

„Schön, dich zu sehen, Kumpel! Das Ding hat mich tatsächlich wieder hinbekommen, obwohl die Ärzte in Texas meinten, ich könne das Bein nie wieder voll belasten. Und diese Kammer, mit all dieser Science-Fiction-Technik, ist nicht das Einzige an Unglaublichem, was ich in den letzten Wochen zu Gesicht bekommen habe. Wahnsinn!"

„Komm erst mal rein!", bat ihn Graig. „Wir haben gleich Besprechung, um dir direkt deine neuen Aufgaben zu zeigen. In erster Linie geht es um Spezialausbildungen für unsere Jungs hier!"

„Okay, mach, ich bin bereit!"

Die nächsten Wochen waren harter Tobak für Arthur. Nach Einsätzen in Kuwait, Afghanistan und Syrien dachte er, er hätte bereits alles gesehen, doch weit gefehlt. Es gab noch einen tieferen Sumpf und den galt es auszutrocknen.

Mit dem Frühjahr 2020 kam die *Plandemie*. Ein Virus war in aller Munde, vor allem in den reißerischen Medien, egal, ob amerikanisch oder deutsch, es war weltweit. Innerhalb der Kaserne gab es das nicht, die Truppen der Space Force wussten, was „Corinna" war. Nur außerhalb mussten die Soldaten mit einer Maske im Gesicht herumrennen, die nichts brachte. Aber der Schein musste gewahrt bleiben. Sie gingen auch nicht viel nach draußen, die Spezialausbildungen und die Erholungsphasen danach verhinderten das. Zudem waren die meisten „Vergnügungsbereiche" in der Stadt geschlossen. Kino, einen Club und ein, zwei Bars gab es auch auf der Base, wer wollte und konnte, lenkte sich dort ab.

Graig und Arthur gönnten sich eher selten eine Pause. Sie waren voll damit beschäftigt, die Ausbildungspläne durchzuziehen und auch den Leistungsstand der Soldaten zu überwachen.

Ihre Jungs und Mädels waren gut. Ganz zu Anfang war Arthur irritiert, über das, was sie ausbilden mussten: Untergrundkämpfe mit und ohne Hilfsmittel wie Nachtsichtgeräte, Überwältigung und Entwaffnung von Einsatzkräften, stellenweise im Verhältnis 1:1, Nachtaktionen wie Verhaftungen in Wohngebieten, verdeckte Aktionen am Tag mit ziviler Alltagskleidung oder deutschen Uniformen. Arthur sah Technologie, die er bisher nur aus Science-Fiction-Filmen kannte.

Dazu noch jeden Tag Deutschunterricht, um sich besser unter das Volk mischen zu können. Nicht alle hatten so gute Kenntnisse, wie Arthur sie mittlerweile hatte, außer natürlich Graig. Arthur war immer wieder überrascht, dass ihn sein Freund in dieser Sprache überholt hatte, wo er sie früher regelrecht gehasst hatte.

Der Deutschunterricht und noch andere Ausbildungen sollten die Kameraden auf die bevorstehenden Infiltrationen in Verwaltungen, Großkonzernen und Firmen vorbereiten, die auf dem Plan standen. Vielen war vorher überhaupt nicht bewusst, dass sie hier gegen einen ganz anderen Feind kämpfen mussten als sie es gewohnt waren. Viele Soldaten waren entsetzt von dem, was man ihnen plötzlich eröffnete.

Die Erde war durchzogen von unterirdischen Tunneln. Sicherlich war den Soldaten bekannt, dass es unterirdische Militärbasen gab, die man DUMBS nannte.

Deep underground Military Bases – Tief im Untergrund liegende Militärbasen. Doch die Tragweite und Menge der Basen und Tunnel, so wie auch das Grauen, was dort unten auf sie wartete, war keinem vorher bewusst gewesen. Doch genau dieses Wissen um den Ernst und die Wichtigkeit dieser Missionen motivierte die Kameraden erst recht, und die Ausbildungen verliefen immer besser, reibungsloser und erfolgreicher.

Nach und nach wurde die Base immer leerer, vor allem im Frühjahr 2021. Immer mehr Soldaten wurden zu bestimmten Einsatzgebieten abkommandiert, traten ihre Undercover-Einsätze an oder wurden deutschlandweit auf reaktivierte Kasernen der Bundeswehr versetzt. Leider gab es auch Verluste zu beklagen. Soldaten, die nicht mehr aus den DUMBS herausgekommen waren oder ihren Verletzungen erlagen, bevor sie in eine Kammer gebracht werden konnten. Das belastete Graig und Arthur schwer. Selbst wenn ihnen auch für die Psyche Heilungsmöglichkeiten zur Verfügung standen, einen Kameraden oder eine Kameradin zu verlieren war ein harter Schlag. Die Gefallenen kehrten in einem Sarg mit einer US-Flagge oder der Flagge ihres Heimatlandes nach Hause zurück.

Arthur überlegte oft, ob die Welt, für die sie alle kämpften, diese Opfer jemals zu schätzen wüsste.

„Mom, was ist das?", fragte ihre Tochter, als sie aus dem Schlafzimmer ihrer Mutter zurückkam, wo sie sich eine Kette ausleihen wollte. Chiara wedelte mit einer Visitenkarte herum.

„Schnüffelst du etwa in meinen Sachen rum?", schimpfte Nikki lachend und meinte den Anschiss nicht wirklich ernst.

„Du hast gesagt: *Schau im Schmuckkasten!* Und genau das habe ich gemacht und da lag diese Visitenkarte von einem…", Chiara blickte verwundert. „Graig Andrews? Mom? Du kennst einen Amerikaner? Und der hat dir seine Nummer gegeben? Hallo? Du hast Geheimnisse vor mir? Ich glaub, du spinnst!" Der ebenso nicht ernstgemeinte Anschiss ihrer Tochter erwartete eine Antwort. Nikki erklärte ihr in Kurzform, zu wem diese Karte gehörte und warum sie in ihrem Besitz war.

„Mom! Meinst du, ich kenne nicht die Briefe da oben am Dachboden? Als ich zehn Jahre alt war, hast du mir erklärt, wer Arthur ist und ich hab mich all die Jahre gefragt, warum du seine Briefe und Bilder aufhebst. Und jetzt könntest du ihn wiedertreffen und lässt diese Chance verstauben?" Chiaras Message war deutlich.

„Chiara, ich war Zwanzig und ich will nicht wissen, ob er tot ist oder nicht. Ich hab ihn so in Erinnerung, wie er war, und gut ist. Was bedeutet schon eine Liebelei mit Zwanzig", Nikki wollte nicht zugeben, dass die Angst vom Tod zu hören, sie härter treffen würde, als wenn er glücklich verheiratet wäre und sieben Kinder hätte. Denn dann würde sie sich für ihn freuen. Es war so lange her, das hatte einfach keine Bedeutung mehr.

„Ich glaub's nicht, Mom. Ich bin siebzehn gewesen und bin heute noch mit Tommy zusammen. Seit fast sieben Jahren. Und wenn ich dran denke, ich hätte mich von ihm getrennt, wollte *ich* nach dreißig Jahren definitiv wissen, ob er noch lebt und wie es ihm geht."

Nikki schnaubte. Die Diskussion wurde zu ihrem Glück von Tommy unterbrochen, der ungeduldig unten an der

Straße mit seinem Auto wartete und hupte. Ursprünglich hatte sich Chiara nur eine Kette ihrer Mutter holen wollen. Nun gab sie Nikki einen Kuss und tanzte in Richtung Treppenabgang zur Haustür. Sie drehte sich mitten im Gang noch einmal herum.

„Mom, ruf´ Graig an und fahr hin! Bitte, du willst nicht in ein paar Jahren bereuen, dass du keine Gewissheit hast. Du weißt es vielleicht selbst nicht, aber da oben steht ein Karton mit Briefen. Du hast von keinem anderen Kerl jemals Briefe aufgehoben, also ruf diesen Andrews an!"

„Jaha, mach ich!" Nikki verdrehte die Augen und hörte die Haustür hinter Chiara mit einem lauten Knall zufliegen.

Sie hatte es am selben Tag noch getan. Ihre Tochter hatte recht mit dem was sie sagte und wenn Nikki ehrlich zu sich war, hatte sie nur Angst. Aber vielleicht täuschte sie sich ja auch. Vielleicht war er noch am Leben und war glücklich verheiratet. Allein diese Gewissheit wäre doch besser, als zu denken, dass er gestorben sei, ohne zu wissen, warum sie sich nie mehr gemeldet hat.

Nun stand sie direkt am nächsten Tag am Parkplatz vor der Kaserne in Stuttgart. Erinnerungen an die Zeit am *Airfield* in Fulda schossen ihr in den Kopf. Sie war aufgeregt, ihr Herz klopfte. *Bitte lass ihn nicht tot sein. Auch, wenn ich ihn nie wiedersehe, ich will, dass er glücklich geworden ist.*

Graig hatte ihr erklärt, dass sie sich nur am Gate mit ihrem Namen anmelden müsste, man wüsste Bescheid und er würde ihr einen Wagen schicken. Der mittlerweile hochrangige Soldat wohnte mit seiner Familie auf der Base. Es war ein sonniger Vormittag und sie war mächtig gespannt. Graig mit Familie, wer hätte das vor dreißig Jahren gedacht.

Die Häuser in dem Teil der Base, die für die Familien gebaut waren, sahen zwar alle gleich, aber dennoch freundlich aus. Sie hatten alle schicke Vorgärten und den typisch amerikanischen Stil. Nikki kam sich vor wie ein

Promi in der schwarzen Limousine, die sie bis vor das Haus von Graig fuhr. Während sie ausstieg öffnete sich die Haustür und Nikki wurde von einem strahlenden Graig, einer tollen und sehr netten Frau begrüßt. Die Kinder, allesamt fast schon Teenager, sagten ebenfalls brav Hallo. Am Anfang tranken sie Kaffee in der Küche und Graig und seine Frau redeten sich um Kopf und Kragen, um Nikki zu erzählen, wie sie sich kennen gelernt hatten und dass sie sich freuten, dass Nikki endlich vorbeigekommen wäre.

Es war ein sehr veränderter Graig. Man sah ihm das fortgeschrittene Alter an (wem nicht?), sah auch in seinen Augen, was diese alles erblickt haben mussten. Aber der Graig, den Nikki in Erinnerung hatte, war komplett verschwunden. Und sie freute sich darüber.

„Du warst mal mit Graig zusammen?", fragte Kathrin.

„Ja, vor einer gefühlten Ewigkeit", es war Nikki unangenehm vor Kathrin, dass sie das Thema anschnitt.

„Er hat mir alles erzählt. Nicht nur von dir, sondern von seiner gesamten wilden Zeit. Er ist ein anderer geworden, sonst wären wir auch nicht zusammen. Ich stehe nicht auf Abräumer!" Kathrin lachte und Graig warf ihr einen Handkuss zu. Die drei Kinder, zwei Mädchen und ein Junge, waren immer mittendrin, doch sie störten nicht. Kinderfragen beantwortete Nikki, die natürlich bei den Kids im Mittelpunkt stand, immer gerne. Eine seltsame Vertrautheit herrschte in diesem Haus, in dieser Familie, ein unbeschreibliches Gefühl, vor allem, wenn Nikki an ihre eigene Ehe und Beziehungen dachte. Ihre Kinder hatten so ein Familienleben, seit sie klein waren, nie so richtig kennen lernen dürfen.

Irgendwann kam das Gespräch auch auf Arthur, bisher schien es jeder vermieden zu haben. Doch Nikki konnte die Frage nicht mehr herunterschlucken.

„Und, wie geht´s Arthur?", fragte sie fast schon kleinlaut.

Graigs Gesicht wurde ernst. Kathrin schickte die Kinder nach draußen zum Spielen, damit die Erwachsenen sich in Ruhe unterhalten konnten.

„Nikki, ich kann dir nicht alles erzählen. Wir sind zwar hier mit unserer Aufgabe im Endspiel, aber noch darf nicht alles nach außen dringen. Viele ahnen und sehen schon, was abgeht, aber für die Masse wäre es noch nicht der richtige Zeitpunkt."

„Ja, ja, ich weiß das alles irgendwie. Brauchst mir ja nicht *alles* erzählen, aber was ist denn nun mit Arthur", Nikki wurde ungeduldig und der Ernst in Graigs Stimme trug nicht gerade dazu bei, dass sie sich besser fühlte. Im Gegenteil, ihre Sorge, ihre Bedenken wuchsen und auch, wenn sie sich vor der Antwort fürchtete, sie wollte endlich wissen, was passiert war.

„Vor ungefähr vier Wochen haben wir Einsätze geplant in...", Craig stockte kurz. Er wusste nicht, wie Nikki reagieren würde und er befürchtete, dass sie Fragen stellen könnte oder gewisse neue Tatsachen, die sie erfuhr, sie überfordern könnten, „...unterirdischen Anlagen", beendete er den Satz.

„Ja, davon habe ich gelesen, DUMBs heißen die und die sollen weltweit vernetzt sein und auch hier in Deutschland soll es die geben", unterbrach ihn Nikki. Graig war erstaunt. Er tauschte überraschte Blicke mit seiner Frau aus und fuhr fort, froh darüber, dass er nicht bei Null anfangen musste.

„Genau, Nik, wir orten sie mit Scanflügen und dann gehen die Jungs und Mädels da rein. Räumen da unten auf und sprengen, wenn wir es nicht weiter nutzen können, aber das weißt du ja bestimmt."

„Ja, Verschwörungstheorien, wie so vieles andere in den letzten Jahren. Komisch nur, dass fast alles bisher gestimmt hat", Nikki zog das Thema vor Nervosität etwas ins Lächerliche.

„Man sollte jeden Tag einen Verschwörungstheoretiker umarmen," warf Kathrin ein. Graig grinste, wurde aber schnell wieder ernst.

„Jedenfalls hatten wir vor zwei Wochen ziemliche Verluste und Arthur ist auch nach unten gegangen. Er sollte eigentlich nur ausbilden und planen, aber einige seiner Soldaten sind ihm echt ans Herz gewachsen und die steckten in der Klemme. Wir wollten ihn abhalten, aber das wäre nicht Arthur gewesen. Na, jedenfalls ist er da runter. Nach einiger Zeit registrierten wir Sprengungen in unmittelbarer Nähe, und Nikki...", Graig räusperte sich. Es schien ihm schwer darüber zu sprechen. „...wir haben seit Tagen nichts mehr von der Einheit oder von Arthur gehört."

Nikki stockte der Atem, in ihrem Kopf kreiste ein Gedankenkarussell. Plötzlich hatte sie den Auerweiher vor Augen, einen Pickup, Zärtlichkeiten. Briefe, die voller Sehnsucht und Liebe waren, und auch ein wenig Schuld. Kathrin reichte ihr ein Glas Wasser. Sie und Graig sahen sich sorgenvoll an. Kathrin drückte die Hand von ihrem Mann, denn das ging Graig sehr nahe, dass sein bester Freund vielleicht im Untergrund ums Leben gekommen war. Er fühlte sich schuldig, denn er hatte Arthur überhaupt erst nach Deutschland geholt. Aber er war gut darin, Emotionen zu überspielen und räusperte sich erneut, um wieder die Haltung einzunehmen, die man von ihm erwartete.

„Ich weiß von ihm, was ihr alles vorhattet, wenn Kuwait zu Ende gewesen wäre. Er hat mir oft davon erzählt. Und er hat auch in den Jahren danach eigentlich immer auf dich gewartet, wahrscheinlich, ohne es selbst genau zu wissen. Aber ich kenne ihn ganz gut. Wir sind beide im Verdrängen wahre Meister und unser Job fordert unsere ganze Aufmerksamkeit. Das macht es leichter alles zu vergessen, was einen runterzieht. Er hat niemals eine längere Beziehung gehabt oder geheiratet, hat sich auf der Ranch ein *Hintertürchen* offengelassen, als seine

Eltern gestorben waren. Und ich kann dir sagen, dass ich mir sicher bin, dass es außer dir keine andere Frau in sein Herz geschafft hat. Er hat hinter dir zu gemacht. Eigentlich war es *sein* Traum, eine Familie zu haben – eine Frau und Kinder und auf der Ranch zu leben. Und nun bin ich es, der das alles hat, der, dem man das nie zugetraut hat und...", Craig stockte kurz, er räusperte sich erneut, um nicht die Fassung zu verlieren. Er wollte sich nicht erlauben, Arthur bereits aufzugeben, noch waren keine Verluste bestätigt worden.

„Und, Nikki, er hat sich schuldig gefühlt, dass er sich nicht mehr bei dir gemeldet hat in all den Jahren."
Nikki schluckte einen wachsenden Kloß in ihrem Hals herunter. *„Ich* habe mich doch bei *ihm* nicht mehr gemeldet. Ich habe meine Eltern verlassen, weil ich es dort nicht mehr ausgehalten habe. Selbst, wenn er gewollt hätte, wäre ein Kontakt gar nicht mehr möglich gewesen." Sie konnte nicht verhindern, dass ihr Tränen in die Augen schossen, die Situation überforderte sie gerade. Sie spürte Graigs Trauer um seinen besten Freund. Vielleicht war es deshalb gut, dass sie hierhergekommen war. So konnte Nikki mit Arthur abschließen und auch Graig konnte ihr das sagen, was seinem Freund so wichtig gewesen war und er nie hatte sagen können. Vielleicht war jetzt die Zeit, um Frieden mit allem machen zu können, dass unausgesprochene Worte ausgesprochen und Dinge geklärt wurden, die immer irgendwie die Energie durch belastende Erinnerungen blockiert hätten.
Graig drückte ihre Hand, die sich krampfhaft an der leeren Kaffeetasse festgeklammert hatte und schaute ihr in die Augen.
„Du siehst, niemand hat daran Schuld, weder du noch er. Es waren die Umstände, zum gleichen Zeitpunkt, an verschiedenen Orten auf der Welt. Es ist nur schade, dass ihr beide das nicht mehr austauschen könnt...", er stockte erneut, doch machte dann einen auf spaßig, um die

bedrückte Stimmung aufzuheitern. „Das wäre ein witziger Moment. Beide entschuldigen sich für etwas, für das sie eigentlich nichts können, jeder denkt, etwas falsch gemacht zu haben, dabei seid ihr nur euren eigenen Weg weitergegangen." Kathrin boxte ihn in die Seite und nahm ihn in den Arm.

Anschließend versuchten sie, sich auf ein anderes Thema zu fokussieren. Graig und Kathrin erzählten, wie sie zusammengekommen waren. Nikki erzählte von ihrer Ehe und den Kindern, von ihrer Trennung, sie zeigten sich Bilder aus der Vergangenheit und von Nikkis Kindern. Das Thema Arthur wurde weitestgehend vermieden, die Ungewissheit mit drohendem *Unlucky End* wollte niemand groß ausdiskutieren. Die Zeit verstrich, und plötzlich klingelte das Telefon. Nach einem kurzen Austausch reichte Kathrin ihrem Mann den Hörer, sie sah überrascht aus, doch Nikki kannte sie zu wenig, um ihren Blick zu deuten. Craig meldete sich förmlich und man sah auch über sein Gesicht den Moment der Überraschung streichen. Erst war das für Nikki nichts Bedeutendes, sie kannte diese Familie ja kaum, doch als Craig sie bei seinen letzten Worten mit strahlenden Augen anblickte, wäre Nikki fast vor Ohnmacht vom Stuhl gefallen.
„Nikki, Arthur is back."

Kathrin war bei den Kindern geblieben, Nikki wusste nicht, was sie tun sollte, doch für Graig gab es keine andere Option, als dass Nikki mitkommen musste.
„Nikki. This is a sign! Ich habe gebetet. Every day, als Arthur nicht mehr aus den DUMBS kam und wir kein Lebenszeichen hatten." Während die beiden in seinen Wagen gestiegen waren und er losfuhr, sprudelte es aus ihm in einem Gemisch aus Englisch und Deutsch heraus. „Als ich dich da beim Supermarket gesehen habe, this moment… ich wusste, dass das ein Zeichen war, verstehst du. Dreißig Jahre später und wir gehen in

dieselbe Supermarket, at the same time, the same city. Ich wusste, das kann kein Zufall sein. Und jetzt bist du hier und er ist zurück. This is god in action, Nik!"

Graig sprudelte vor Freude und Aufregung. Nikki ließ sich davon anstecken und hatte Lampenfieber, als wäre sie auf dem Weg auf eine Bühne, um vor dreißigtausend Menschen zu singen. Sie konnte allerdings nicht singen.

Craig raste über die Base bis hin zu einem großen Gebäude. Er sprang regelrecht aus dem Wagen und Nikki versuchte, mit ihm Schritt zu halten. Er hatte ihre Hand genommen und zog sie einfach hinter sich her. Wieder kamen Erinnerungen hoch, an den Moment, als Arthur sie mit sich durch die Kaserne zog, nachdem sie Graig beim Fremdgehen erwischt hatte. Die Zeiten verschwammen, es passierte alles gleichzeitig. Ihr wurde schwindelig, das war alles total skurril. War sie zwanzig oder über vierzig? Wie würde Arthur überhaupt aussehen? *Oh Gott, ich bin alt und fett geworden...* schoss Nikki durch den Kopf. Das Lampenfieber wurde schlimmer. *Was, wenn er mich hässlich findet oder ich ihn?*

Während Craig einen schnellen Schritt drauf hatte und immer nur kurz mit irgendwelchen entgegen kommenden Soldaten vom medizinischen Dienst quatschte, die ihm alle salutierten, um herauszufinden, wo er Arthur finden könnte, bewunderte Nikki die hypermoderne Ausstattung dieses Gebäudes. Es sah nicht mehr aus wie eins dieser typischen Krankenhäuser, eher wie eine Raumstation aus dem Fernsehen, wo Wissenschaftler mit Robotern experimentieren und blaues Licht von den Wänden auf weißes Mobiliar fällt. Und dann wäre sie fast auf Graig drauf geknallt, der plötzlich stehen geblieben war.

Sie standen vor einer Tür, Craig ließ ihre Hand los und zeigte ihr mit einer Geste, genau da zu warten.

„Wait. Genau hier. Lass mich erst nach ihm schauen."

„Oh, Okay...", Nikki hätte sich gewünscht, einen Stuhl zu haben, um sich setzen zu können. Das war ihr alles zu aufregend. Hätte sie doch nur ihre Bachblütenbonbons in greifbarer Nähe oder irgendwelche härteren Beruhigungspillen.

Nikki hörte, wie Craig mit jemandem in diesem Raum sprach und man hörte aus seiner Stimmlage, dass er überglücklich war. Arthur schien es gut zu gehen. Sie stellte sich näher an die Öffnung der Tür, um lauschen zu können, was die beiden sagten und als sie Arthurs Stimme hörte, wurde ihr heiß und kalt. Sie war älter geworden, rauchiger. Aber unverkennbar die Stimme des Texaners, den sie seit fast dreißig Jahren nicht gesehen, aber wohl nie vergessen hatte. Verstehen konnte sie kaum etwas, die beiden sprachen ihr schnelles *american english*. Nikkis Herz klopfte bis zum Hals. Sie versuchte, sich zu beruhigen, schloss die Augen. *Warum lässt der mich hier draußen so lange warten…* sie überlegte einfach reinzugehen, doch sie wusste ja nicht, wie schwer Arthur verletzt war…

„Hey", flüsterte plötzlich Graig vor ihrer Nase und Nikki hätte fast laut aufgeschrien vor Schreck. Graig lächelte. „Ich habe ihm nicht gesagt, dass du da bist. Ich habe nur geschaut, ob er schon wieder zusammengeflickt ist und alle Arme und Beine dran sind und hab ihm gesagt, ich muss nur kurz was holen." Graig lachte über seinen Scherz.

„Who are you talkin´ to, Bro?", rief es aus dem Krankenzimmer. Nikki riss ihre Augen auf. Sie wollte da nicht reingehen, doch sie hatte die Rechnung ohne Graig gemacht. Dieser zog sie hinter sich her. Erst wollte er sie alleine hineingehen lassen, doch er konnte sich Arthurs Gesicht und die Überraschung nicht entgehen lassen.

„Captain, I found your girl, Sir", sprach Craig, während er Nikki hinter sich hervorzog und einen Schritt zur Seite machte, um zu sehen, was passieren würde.

Einen Augenblick später gab es nur noch Nikki und Arthur auf der Bühne.

Arthur brauchte eine Weile, um zu verstehen, was da gerade passierte und er brauchte auch einen Moment, um Nikki zu erkennen, die zwar noch immer aussah wie früher, und doch war sie natürlich älter geworden. Sein Verstand legte noch eine weitere Minute drauf, ohne zu reagieren, während seine Augen und seine Seele schon längst Kontakt zu Nikkis Herz aufgenommen hatten.

„Nikki?!", es war eher eine Antwort, als eine Frage, die aus Arthurs Mund platzte, während er versuchte, sich aufzurichten. Nikki hatte bis zu diesem Moment in einer Schockstarre verharrt, während sich ihre Augen derart mit Tränen füllten, dass sie kaum noch etwas sehen konnte. Sie traute sich nicht, näher zu gehen, dieser Mann da war wie ein zweischneidiger Traum. Wie ein Alptraum, der endlich zu Ende ging und dann wie ein Traum, der jeden Moment wieder zerplatzen könnte. Arthur war, so wie sie und Graig auch, viel älter geworden. Man sah ihm an, dass er viel hinter sich hatte, aber es war noch immer der Mann, in den sich Nikki vor fast dreißig Jahren verliebt hatte.

„Hi Arthur", flüsterte sie und man konnte hören, wie sehr sie mit sich kämpfte. Einen Moment lang blickten sich die beiden einfach nur in die Augen, immer noch zwei Meter voneinander entfernt und dann klickte die Tür. Graig hatte die beiden alleine gelassen.

„How are you?", fragte Arthur sanft und ärgerte sich, dass er nicht aufstehen konnte. Doch so gut die *Healing Chambers* auch waren, der Körper war erschöpft, er hatte noch nicht seine vollständige Kraft wiedererlangt. Nikki schien zu verstehen und setzte sich auf die Mitte des Bettes an Arthurs Seite.

„Hey", flüsterte Arthur noch einmal, wie als würde er sie zum ersten Mal richtig begrüßen und strich ihr mit der Hand über die Wange.

„Hey", flüsterte Nikki und konnte nun die Tränen nicht mehr zurückhalten. Sie schloss die Augen und schmiegte ihre Wange in seine starke Hand. Die Erinnerung an den ersten Kuss auf dem Pickup und die Berührungen von

Arthur waren wie eine andere Dimension, wie eine Zeitlinie, die sich im Hier und Jetzt vereinigte, deren Magie noch einmal passierte. Sie fühlte sich zurückversetzt in den Moment, dort am Auerweier in den 90ern, und Arthur ging es ebenso.

„I am so sorry...", flüsterte Arthur, „ich hätte nie gehen sollen..."

Nikki öffnete die Augen und blickte ihm tief in die seinen, es war ihr egal, wie verheult sie aussehen musste.

„Du hättest mich einfach mitnehmen sollen, damals nach Texas", flüsterte sie. Arthur zog sie zu sich und nahm sie fest in den Arm. Alles Vertraute und Schöne, was sie damals gemeinsam in der kurzen Zeit erlebt hatten, überkam sie wie eine gigantische Welle. Es spulte sich ab und kam zurück in ihre Erinnerung, als wäre es erst gestern passiert.

„Den Fehler mach ich nicht noch einmal, ich verspreche es. Ohne dich gehe ich nirgendwo mehr hin", Arthur hielt sie noch fester und atmete ihren wundervollen Duft in sich ein, der so fremd und doch so vertraut war.

„Nochmal dreißig Jahre und ich sehe richtig Scheiße aus", lachte Nikki, sie hatte ihren Humor wiedergefunden.

„You are beautiful, Nik. Damals, heute und auch in dreißig Jahren werde ich dich wunderschön finden."

Arthur löste die Umarmung leicht und schaute ihr in die Augen. „Meine Dienstzeit ist hier zu Ende. Lass uns nach Hause gehen, okay?"

Nikki schaute in diese dunklen, wundervollen Augen und wusste, was er meinte.

„Ja, lass uns nach Hause gehen! Wir haben uns eine Menge zu erzählen!"

Das Paar lächelte sich an, Nikki legte sich neben Arthur in seinen Arm und schmiegte ihren Kopf an seine Schulter.

Der Texaner küsste ihre Stirn, er hielt sie fest, er würde sie nie wieder loslassen.

Es war, als wäre er gerade nur aus Kuwait zurückgekommen, als würden nicht dreißig lange Jahre dazwischen liegen. Nikki spürte eine Träne von Arthur auf ihre Wange tropfen, hob den Kopf und küsste eine weitere Träne einfach weg. Er streichelte ihre Wange, fuhr mit dem Finger über ihr Gesicht, als würde er sich jede Faser merken wollen.

„Du hast mir so gefehlt", flüsterte Arthur. „Ich konnte mich nur nicht daran erinnern, sonst hätte ich dich gesucht."

Nikki spürte einen Schmerz, der ihr durch und durch ging. Auch sie hatte ihn vergessen und doch, wusste sie in diesem Moment, warum sie all seine Briefe aufgehoben hatte und warum sie nie mit einem anderen Partner hatte glücklich werden können. Diese Verbindung war in die Sterne geschrieben worden, doch die Dunkelheit hatte versucht sie zu verhindern.

„Es war nicht unsere Schuld", flüsterte nun auch Nikki, „irgendwas hatte was dagegen, dass wir uns finden."

„Was immer es war, ich habe es wohl endlich besiegt", der Texaner hob sanft Nikkis Kinn und dieser magische Moment knisterte, wie beim ersten Mal.

Ganz sanft, ganz vorsichtig näherten sich seine Lippen den ihren. In einem einzigen Augenblick versiegelte dieser Kuss die Ewigkeit.

Von nun an würden sie unzertrennlich sein.

for Arthur, Texas

"Man sagt,
manche Leben
seien auf ewig
miteinander
verbunden
durch den Ruf
der Ahnen, der
durch die
Jahrhunderte
hallt.
- destiny!"

Zitat aus dem Film
„Der Prinz von
Persien".

Kapitel VII
Kate Bono

Eric

„Ist es eine Frau wirklich wert seine ganze Karriere hinzuschmeißen?", der Soldat half seinem Vorgesetzten einige Dinge in einen Van zu laden.

„Junge...", der Captain hielt den einige Jahre jüngeren Mann am Arm fest, und blickte ihm tief in die Augen. „Die richtige ist es *immer* wert!"

„Aber woher weiß man, dass es die Richtige ist?", bohrte er weiter.

„Du weißt es einfach!", antwortete Graig, der direkt lächeln musste als er daran dachte, dass er es nie bereut hatte, sich für Kathrin entschieden zu haben. „Die Karriere hört ja dann nicht einfach auf, du setzt nur andere Prioritäten. Ich bin froh, dass ich mich sofort für meine Frau entschieden habe. Als ich sie kennen lernte, war es mir sofort klar, dass ich sie heiraten muss, bevor es ein anderer tut und ich habe keinen Moment gezweifelt. Wir haben drei wundervolle Kinder und meine Karriere war eben eine andere. Aber das war es wert."

„Ja, aber was Captain Williams aufgibt ist doch Wahnsinn. Er hat die coolsten Einsätze erlebt, war überall auf der Welt. Wird dem nicht langweilig, wenn er das nicht mehr hat?", der Soldat ging neben dem Vorgesetzten zurück in die Kaserne.

Graig lachte. „Ja, er hat 'ne Menge erlebt, das stimmt. Aber überleg doch mal. Wenn er sich zur Ruhe setzt in ein paar Jahren und sich nicht für diese Frau entscheidet, was wartet da auf ihn? Kinder? Eine Frau? Nein, nichts. Nicht einmal ein Hund. Denn auch dafür hatte er keine Zeit."

Der Mann an seiner Seite wurde nachdenklicher.

„Was kucken sie so nachdenklich, Soldat Harris", sprach Arthur gespielt streng. „Werden sie mich vermissen? Captain Andrews bleibt ihnen doch erhalten."

„Er kann nicht verstehen, warum du alles für eine Frau aufgibst, deine ganze Karriere und so." Harris war es unangenehm, dass Andrews seinem Vorgesetzten verraten hatte, was ihn bewegte. Es ging ihn ja im Grunde genommen nichts an.

„Harris, ich sag Ihnen mal was", Arthur stellte sich breitbeinig an seinen Schreibtisch, verschränkte die Arme und musterte den Soldaten mit ernstem Blick. „Ich habe fast dreißig Jahre lang meine Karriere dieser Frau vorgezogen. Einer Frau, bei der ich mir nicht sicher war, ob ich sie liebe oder ob sie mich liebt. Irgendwann war alles nur noch eine Erinnerung an einen Flirt mit Mitte Zwanzig."

„Dreißig Jahre lang? Sie hat so lange auf sie gewartet?", fragte Harris ungläubig.

Graig lachte, während er sich auf den schwarzen, lederüberzogenen Bürostuhl gesetzt hatte und seine Beine auf den Schreibtisch legte. „Dann wäre sie aber schön blöd gewesen."

„Oder hässlich", fügte Harris an, doch biss sich auf die Zunge, dass er so forsch seinen Vorgesetzten gegenüber geworden war.

„Seid still", Arthur amüsierte sich über den Soldaten. „Nein, eben nicht. Natürlich nicht. Für mich ist sie die hübscheste Frau auf der ganzen Welt. Damals und heute. Sie hat Kinder – von einem anderen Mann. Sie war verheiratet – mit einem anderen Mann. Sie hat ihr Leben gelebt, aber ohne mich. Und ich ohne sie. Verstehen Sie?

Ich habe ihr ganzes Leben verpasst. Ich war nicht da. Ich weiß nicht, ob ich mir das jemals verzeihen kann. Ich war bescheuert damals, ich war jung und wollte meinem Land dienen."

„Und deinem Ego", hustete Graig.

„Das sagt der Richtige", Arthur warf einen Kugelschreiber nach seinem Freund hinter sich, der diesen mit flinkem Griff kurz vor seinem Kopf auffing.

Der junge Soldat wirkte nachdenklich.

„Sind sie in solch einer Lage, sich entscheiden zu müssen, Soldat?", Arthur versuchte in die Gedanken von Harris durchzudringen, dessen Blick ihm auswich.

„Nein, mein Bruder. Die ganze Familie hatte damals auf ihn eingeredet, dass er die Frau die er liebt vergessen soll und auf eine Mission geht. Für sein Land und seine Karriere. Solch eine Chance hätte er vielleicht nie wieder erhalten und Frauen... gibt es wie Sand am Meer, oder nicht?!", Harris schien ein schlechtes Gewissen zu haben.

Arthur legte den Kopf schief. „Und? Wofür hat er sich entschieden?"

„Wenn er wie du ist, für die Mission", antwortete Graig anstelle von Harris.

„Ja, für die Mission", stimmte der Soldat zu.

„Schön blöd", antworteten die beiden Captains wie aus einem Mund.

„Julia, ich wäre froh, wenn du dich endlich mal von deinem Traum verabschiedest", Sonja machte sich Sorgen um ihre Freundin, die seit ihrer Urlaubsliebe nur noch auf die Rückkehr ihres Traummannes wartete. Durch Shirin wusste Sonja zwar, dass es kein Hirngespinst, keine Einbildung, von Julia gewesen war, doch die Sache mit dem *Geheimagenten* stank zum Himmel.

„Süße, ein Jahr lang wartest du nun schon..."

„Eineinhalb", seufzte Julia. „Und wenn ihm was passiert ist? Ich würde nicht einmal was davon erfahren. Das macht mich wahnsinnig. Oder vielleicht dauert sein Einsatz auch so lange..."

Sonja schämte sich dafür, dass sie nur noch Mitleid für ihre Freundin übrig hatte, doch sie hielt es für völlig übertrieben, dass man einer Urlaubsliebe so lange nachtrauerte. Immerhin waren es nur ein paar Tage gewesen, in denen sich die beiden nahe waren und man weiß ja, dass so etwas rein gar nichts bedeutete. Dieser *Geheimagent* war sicherlich nur ein Schaumschläger gewesen. Bestimmt hatten zuhause Frau und Kinder gewartet. Oder der Typ wollte sich vor seiner Hochzeit noch einmal die Hörner abstoßen. Sonja glaubte das ganze Gefasel nicht, dafür hatte sich das alles zu schön um wahr zu sein angehört. Niemand erlebt solch eine traumhafte Begegnung. Julia hatte einfach zu viele kitschige Liebesfilme gekuckt und war in eine Psychose verfallen. Sonja fühlte sich hilflos. Sie hätte ihre Freundin am liebsten eingewiesen oder geschüttelt, damit sie mal wieder in die Realität zurückkommt.

Die war nämlich ätzend genug. Durch die weltweite Pandemie war alles wie im Wahn und im Gegensatz zu Sonja, nahm das Julia überhaupt nicht ernst. Das erste halbe Jahr war ja noch okay gewesen, als Julia noch in freudiger Erwartung fest daran glaubte, dass dieser Eric bald wieder zurückkäme. Sechs Monate hatte er gesagt. Doch als die um waren, wurde Julia mit jeder Woche unglücklicher und unruhiger.

Als dann ein Jahr rum war, war Julia nur noch die Hälfte ihrer Selbst. *Wenn ich diesen Kerl jemals in die Finger kriege... dafür was er Julia angetan hat, bringe ich ihn um.*
„Ich schneid ihm die Eier ab."

„Hm? Was? Wem?", Julia schüttelte entgeistert den Kopf.

„Ups, hab´ ich das grad laut gesagt?", Sonja hielt sich die Hand vor den Mund und gluckste.

Julia wusste, wie verrückt sich das Ganze für andere anhörte. Doch sie fühlte einfach, dass Eric sie nicht angelogen hatte. Es wird seinen Grund haben, warum er sich nicht meldete und wer weiß, was auf seiner Mission passiert war. Sie hatte nicht das Gefühl, er wäre tot. Sie war eher der Überzeugung, dass irgendetwas wichtiges passiert war, dass ihn davon abgehalten hatte sich zu melden.

Als die Pandemie begonnen hatte, war der Urlaub in Ägypten und die wundervollen Tage mit Eric gerade mal acht Monate um. Sie hatte sofort gewusst, dass irgendetwas nicht stimmte. Sie war sich sicher, dass Eric in einem wichtigen Einsatz war. Doch ihre Freunde belächelten das alles nur, wenn sie so etwas erzählte und sie sah das Mitleid in ihren Augen und fühlte, dass sie kein Wort davon glaubten. Julia war sich sicher, dass sie hinter ihrem Rücken über sie lästerten und sie für gestört hielten. Sie dachten alle, dass Eric sie nur verarscht hätte. Auch Julia hatte das schon alles durchdacht, aber sie fühlte es einfach nicht. Oder sie wollte es nicht wahrhaben.

Die ersten Monate hatte sie wegen der Pandemie recherchiert und war fast wahnsinnig geworden, was sie da alles gefunden hatte. Ihre Freunde hatten sich reihenweise verabschiedet, nur noch Sonja war geblieben. Julia traute sich nicht mehr wirklich alles mit ihr zu bereden, denn sie wollte nicht ihre letzte Freundin auch noch verlieren. Sie zog die Schultern straff, atmete tief ein und beschloss, gute Miene zum bösen Spiel zu machen. Denn im Grunde genommen hatte Sonja recht. Das Leben ging weiter und vielleicht würde es ja helfen, wenn sie Friede-Freude-Eierkuchen vorspielt und damit zumindest ihre Freundschaft retten würde.

„Weißt du was, du hast recht, Sonja!"

„Warte, was? Kann ich das bitte schriftlich haben und ein rotes Kreuz im Kalender machen? Ich mein, ich weiß ja nicht bei was genau, aber dass du mal nachgibst ist eine Feier wert", Julia stupste ihre Freundin in die Seite und die beiden umarmten sich. Julia wusste, sie musste diese Realität da draußen jetzt irgendwie annehmen wie sie ist.

Es war Januar 2021, 18 Monate nach Eric. Eine neue Zeitrechnung begann. Noch immer gab es aktuell nur den Wahnsinn der Pandemie, alles was Vergnügen bereitete war geschlossen und Julia war Single. Also kaum Möglichkeiten sich abzulenken, das könnte lustig werden... *nicht.*

„Wir gehen heute auf eine Party", Sonja schien aufgeregt. „Juliaaaa, endlich wieder eine Party!"

„Yey", Julia gab sich nicht einmal Mühe sich begeistert zu zeigen.

„Ach mann, du Spaßbremse. Du hast mir versprochen, dass du alles dafür tust, dass du das Leben wieder lustiger findest. Es liegt alles in dir und eine Freundin von mir sagt immer *Vibrate high*, heb deine Frequenz und alles kommt zu dir."

„Und welche Drogen nimmt die bitte?", Julia seufzte. Es war Januar 2022, 30 Monate nach Eric. Sie hatte seit einem Jahr wirklich alles versucht um ihrer Freundin und dem Leben gerecht zu werden. Sie hatte den Sinn verloren, versuchte nur für Shirin noch die heile Welt zu spielen. Sie wusste, dass es fast schon krankhaft war, dass sie sich immer wieder in die Erinnerung an den Urlaub in Ägypten und die Tage mit Eric flüchtete. Über zwei Jahre war es nun her. Er hatte sich nie wieder gemeldet. Julia konnte einfach keinen Halt mehr finden. Es schien alles so sinnlos.

„Das kannst du sie selbst fragen, sie schmeißt nämlich die Party!"

„Die Vibrate-High-Tussi schmeißt 'ne Party? Na super!" Julia konnte sich lebhaft vorstellen, was das für eine Hippie-Eso-Tante war. So wie Sonja manchmal von der Yogalehrerin erzählte, war das eine immer künstlich gut gelaunte Frau, die wahrscheinlich mit einem goldenen Löffel geboren war und sicherlich auch die Weisheit davon gefressen hatte. Julia konnte sie jetzt schon nicht leiden. Sie überlegte, ob sie sich eine Ausrede einfallen lassen sollte.

„Vergiss es, meine Liebe, du wirst da heute Abend mit mir hingehen. Das wird dir gut tun!" Julia wusste, dass Sonja nicht locker lassen würde und so war es auch. Punkt acht Uhr stand Sonja vor ihrer Tür.

„Was gibt die denn für eine Party?", fragte sie im Auto, als Sonja losfuhr.

„Abschiedsfeier, sie zieht weg."

„Aha", so richtig interessierte es Julia eigentlich gar nicht. Sonja konnte im Augenwinkel sehen, dass Julia keine Begeisterung zeigte. Sie würde bald aufgeben, denn es kostete sie unendlich viel Kraft ihre Freundin ständig bei Laune zu halten und wieder aufzubauen. Julia müsste selbst daran arbeiten, sich wieder auf die Beine zu kriegen. Sonja spürte, wie sie bald mit ihrem Latein am Ende sein würde. Die Party heute war fast schon wie der letzte Versuch, Julia aus ihrer Lethargie zu holen.

Die beiden Frauen gingen eine enge Marmortreppe in einem Altbau hinauf in den ersten Stock, von dem man esoterische Klänge hörte. Julia biss sich auf die Zunge, damit sie keinen bissigen Kommentar losließ und wackelte hinter Sonja her. Es roch nach Räucherstäbchen, aber Julia war angenehm überrascht. Es war nicht dieser störende, parfümierte Geruch, der sich bei manchen Esotanten in die Nase fraß, sondern ein sehr angenehmer, fast schon beruhigender Duft. Die Wohnung war offensichtlich nicht die einer Frau, die mit goldenen Löffeln geboren war. Es war zwar ordentlich und stilvoll eingerichtet, aber aus einem Gemisch aus älteren Ikeamöbeln und einigen neueren, teureren Möbelstücken. Die Wände waren in dunklen Erdtönen bemalt und überall hingen interessante Bilder oder jemand hatte riesige Symbole und Mandalas in die Mitte der Wände gemalt. Es wirkte sehr beruhigend und Julia fühlte sich willkommen, obwohl sie nicht sagen konnte warum.

„Hey, wie schön, dass du da bist!", hörte sie eine dunkle Frauenstimme und sah, wie eine hübsche Dunkelhaarige, etwa Mitte vierzig, ihre Freundin Sonja umarmte.

„Hi, und du musst Julia sein!?", als sich Sonja aus den Armen der Frau gelöst hatte, kam sie auf Julia zu und reichte ihr die Hand. „Ich bin Nikki!"

Julia hatte brav die Hand gegeben und war völlig überrumpelt, dass diese sie ebenfalls umarmte. Julia war etwas skeptisch, als Nikki erneut sagte: „Wie schön, dass du da bist!" Das klang wie ein abgedroschener Satz, den sie wohl zu jedem sagte. Sie lächelte brav und sagte kein Wort. Es waren nur Frauen anwesend, alle begrüßten sich freundlich, einige schienen sich schon zu kennen. Auch Sonja kannte einige, denn sie umarmte weitere Frauen. Julia blieb auf Distanz. Sie konnte mit dem ganzen freundlichen Getue einfach nichts anfangen und setzte sich auf eines der Sitzkissen am Boden. *Ich würde mich nicht wundern, wenn wir gleich eine Séance machen oder sie Tarotkarten rauskramt.* Julia war etwas bissig, bemerkte sie selbst. Obwohl diese Nikki überhaupt nicht wie eine Esotante aussah, irgendwie passte sie rein gar nicht in das Bild, dass sich Julia von ihr gemacht hatte. Sie sah *normal* aus. Naja, also cool normal. Julia hätte keine Löcherjeans erwartet und auch keine Tattoos.

  Nachdem was Sonja immer von ihr erzählt hatte, dass sie Healings gab und Yoga unterrichtete, dazu noch Verschwörungstheoretikern war und Bücher schrieb, hatte Julia eine dürre...

  „Julia, was möchtest du trinken?", fragte Nikki ihren neuen Gast und unterbrach deren Gedanken.

  Julia biss sich fast erneut auf die Zunge, weil sie schon wieder einen Spruch auf Lager hatte, der auf die Räucherstäbchen und Klingklangmusik gemünzt war. Am liebsten hätte sie *Weizengras-Smoothie* gesagt, war dann aber überrascht als Nikki ihr einen Sekt oder Tee anbot.

  „Julia trinkt einen Sekt!", entschied Sonja für ihre Freundin.

  „Okay, ich trinke dann wohl einen Sekt", Julia quälte sich ein Lächeln heraus. *Warum hat mich Sonja eigentlich hierher geschleppt?* Julia wollte nach Hause. Die Frauen unterhielten sich über Rezepte wie man Zahncreme aus Kokosöl und Meersalz selbst machen kann und über Verschwörungstheorien. Das war verwirrend. Plötzlich war Julia ganz Ohr. Das schienen hier nicht normale Hausfrauen zu sein. Die hier waren ein ganz anderes Kaliber. Nikki reichte ihr ein Glas Sekt und setzte sich auf das Kissen neben Julia.

  „Fühl dich nicht ausgeschlossen. Manche kennen sich schon länger, andere nur durchs Yoga über Zoom einmal die Woche und viele kennen sich erst seit heute Abend", klärte Nikki sie auf. Julia war überrascht. Hier saßen bestimmt acht Frauen im Wohnzimmer, andere standen im Esszimmer oder in der Küche. Es war eine ruhige Stimmung und doch, lachten alle und unterhielten sich über alle möglichen Themen. Es schien, als würden sich alle kennen aber anscheinend taten sie das nicht. Die Worte von Nikki beruhigten sie etwas, sie hatte sich tatsächlich ausgeschlossen gefühlt.

„Und du ziehst weg?", fragte Julia. Sie wollte wenigstens freundlich sein, denn Nikki war bisher sehr nett zu ihr gewesen.

„Ja, erst Mal ein paar Monate für den Übergang zu meinem Freund auf die Basis in Stuttgart. Er ist US-Soldat. Und dann in die USA, mit Arthur ein Zuhause für uns finden", ihre Augen glitzerten und sie lächelte sehr glücklich.

„Sie hat nach dreißig Jahren endlich ihre große Liebe wieder getroffen", warf eine der Frauen ein.

„Was? Nach dreißig Jahren? Wie?", fragte Julia sofort neugierig. Nikki erzählte ihre Geschichte. Fast alle der Gäste hatten sich nun auf den Boden, das Sofa, Stühle und Kissen gesetzt und Julia hätte nie gedacht, dass so viele Erwachsene in einen Raum passen. Diese Frauen hier gingen vertraut miteinander um, setzten sich dicht aneinander, jede machte einer anderen gerne Platz. Es war eine Gemeinschaft und Harmonie, wie es Julia noch nicht erlebt hatte. Sie war ja eher eine Einzelgängerin.

Jeder lauschte Nikkis Geschichte, denn nicht alle hatten sie bisher komplett gehört. Manche hatten Tränen in den Augen, allen voran Nikki. Julia war genauso gerührt wie fast der ganze Raum. Diese aufregende, wenn auch herzzerreißende Geschichte ließ Julias Herz schneller schlagen. All die Hoffnung die bereits tausend Tode gestorben war in den letzten zweieinhalb Jahren, entfachte nun in einem neuen Feuer. Sonja beobachtete ihre Freundin besorgt, denn sie hatte die Geschichte gar nicht gekannt. Sie wollte Julia lediglich ablenken und wusste, dass Nikki immer einen guten Ratschlag für alle hatte, die mit einem Problem zu ihr kamen. Vielen konnte sie allein mit ihren Worten etwas Heilung schenken. Nun hatte sie es vielleicht noch schlimmer gemacht.

„Kann das auch sein, wenn sich so ein Soldat nicht mehr meldet, dass er auf eine Mission gegangen ist und sich einfach nicht melden *kann*?", Julias Augen waren fast glasig.

„Naja, manche entscheiden sich für eine Mission, oder für die Karriere, klar. Ich hab´ lange gedacht, dass Arthur mich sicher vergessen hat, weil ich einfach nicht mehr geantwortet hatte. Nun, du kennst ja die Geschichte jetzt. Ich hätte gelitten, wenn ich damals nicht abgehauen wäre und *er* hätte einfach den Kontakt abgebrochen. Ich glaub´ da wäre ich viel wütender gewesen, als ich es war, denn ich dachte ja *ich* hätte mich nicht mehr gemeldet. Unser Schicksal war irgendwie von wem anders besiegelt." Nikki sah die Traurigkeit in Julias Augen und spürte den Schmerz. Ihr wurde sofort klar, dass sie wohl in einer ähnlichen Situation steckte.

„Wir reden gleich mal", Nikki drückte die Hand von Julia. Sie wollte die junge Frau nicht in Verlegenheit bringen ihre Geschichte vor allen anderen erzählen zu müssen, denn man merkte Julia den Panzer an, den sie um sich herum errichtet hatte.

Sylvia, eine enge Freundin von Nikki, schnallte die Situation sofort und lenkte die Aufmerksamkeit auf etwas ganz anderes. „Wie wär´s, wenn wir ein bisschen Trommeln?" Mit Begeisterung holten plötzlich einige der Frauen Trommeln und Hang Drums aus den Ecken und einem anderen Raum. Nikki stellte Julia eine afrikanische Trommel vor die Füße.

„Hier, nimm die zwischen die Beine und hau drauf. Das wird dir gut tun. Meine Djembé ist magisch, die öffnet Türen, wo vorher keine waren." Nikkis Stimme klang in Julias Ohren plötzlich wie aus einer anderen Welt.

Erst schlugen die Frauen vorsichtig auf die Instrumente, ohne Rhythmus und Ziel. Julia fühlte sich erst einmal total blöd, auf die Trommel zu klopfen, doch nach ein paar Versuchen ging ihr der dumpfe Ton durch und durch.

Es gab erst keinen gemeinsamen Klang, alles hörte sich etwas amateurhaft und durcheinander an, doch Judith, eine der Gäste mit blondem kurzem Haar und feuerrotem Lippenstift, machte ihrer feurigen Ausstrahlung alle Ehre. Sie übernahm die Führung und gab mit ihrer Cajón den

Beat vor, dem alle folgten. Die Trommel- und Hang-Klänge der ganzen Frauen wurden langsam zu einem betörenden Rhythmus. Ganz sanft, aber doch intensiv ging es tief ins Bewusstsein hinein. Es fehlten nur noch die Afrikaner oder Indianer, die nun singen würden und es wäre komplett. Es war total magisch, Julia versank wie in Trance.

Eine Weile später hatten sich die Frauen wieder im Wohn- und Essbereich verteilt, einige wenige spielten noch leise die Instrumente. Julia ging mit ihrem leeren Sektglas zu Nikki in die Küche, die dort neuen Tee aufsetzte.

„Danke...", fast schon demütig, weil sie Nikki so falsch eingeschätzt hatte, stellte sie sich neben die mittlerweile sympathisch gewordene Frau.

Während Nikki lächelte und Julia Sekt in ihr Glas goss, strich sie der neuen Freundin sanft über den Arm.

„Magst du mir erzählen, was los ist?" Julia wusste nicht, wie sie Nikki einordnen sollte, aber diese Frau war so durchdringend, als wenn man ihr die Seele öffnen möchte, um ihr alles zu erzählen. Als wüsste man, egal was man sagte, Nikki wüsste, ob man die Wahrheit sprach. Julia würde mit einem „Ach, schon gut", nicht davon kommen.

Also erzählte Julia ihre Geschichte, die voller Tränen in den Armen von Nikki endete.

„Es tut so gut, das endlich mal jemandem zu erzählen, der mich nicht für total bescheuert hält. Ich hätte nie gedacht, dass jemand fast dreißig Jahre auf jemanden wartet. Ich weiß nicht was ich tun soll, ich finde es Horror noch weitere Jahre auf Eric zu warten und ich...", schluchzte Julia.

„Sch...", Nikki brachte die junge Frau zur Ruhe. „Atme erst einmal tief durch. Ich kann dir nichts versprechen, was passiert oder nicht. Ich kenne diesen Eric nicht und weiß auch nicht, ob er ist wie Graig oder Arthur oder ob seine Geschichte stimmt. Aber was ich gelernt habe ist, dass eine Liebe nicht einfach stirbt. Dass manche Menschen miteinander verbunden sind. Diese Liebe ist auch vollkommen echt. Aber, manchmal finden die Menschen trotzdem nicht zusammen. Ich erlebe das in meiner Arbeit mit meinen Klienten oft, dass sie verzweifelt auf ihren Seelenpartner warten oder dem Ex noch sehr lange hinterhertrauern, aber der andere Part leider gar keine Ambitionen hat. Ich möchte dir nicht die Illusion rauben, es tut mir leid, wenn ich dich von deinem Traum runter hole. Aber weißt du, so wie ich das höre, ist es ja ein Alptraum. Oder?"

Julia nickte stumm und wischte sich mit einem Taschentuch die Augen sauber und trocken, und putzte sich lautstark die Nase. „Scheisse... Alles Scheisse..."

„Ja, das ist es. Und es tut weh, das glaube ich dir und das kann ich dir total nachfühlen. Aber es ist wichtig, dass du dich wieder auf die Reihe bekommst, mit oder ohne Eric, weißt du." Julia nickte erneut. „Ich kann dir einen Satz mitgeben. Sag dir jeden Tag, wenn die Trauer in dir hochkommt: *Ich liebe mich, wenn Eric in meinem Leben ist und ich liebe mich, wenn Eric nicht in meinem Leben ist. Ich liebe mich, wenn Eric sich meldet und ich liebe mich, wenn Eric sich nicht meldet.* Kannst du damit arbeiten?" Dieses Mal nickte Julia zwar, aber Nikki wusste, dass die junge Frau das nicht so wirklich annehmen konnte. Sie lächelte aufmunternd.

„Ich schreibe dir das auf und du versuchst es jeden Tag. Irgendwann verinnerlichst du es und dann wird es dir besser gehen. Vergessen wirst du Eric nicht, aber vielleicht meldet er sich nie wieder und dein Leben wäre weitere zwei oder noch mehr Jahre nur die Hölle, oder? Also ist es ein Versuch wert, nicht wahr?"

Julia umarmte Nikki. „Danke, ich versuch´s!"

Irgendwann nach Mitternacht verabschiedeten sich die Frauen nacheinander von ihrer Gastgeberin und auch Sonja und Julia wollten gehen. Julia fühlte sich so viel besser, auch wenn ihr die Geschichte von Nikki Hoffnung gegeben hatte, so hatte sie ihr auch Mut gegeben. Mut, ihr

Leben wieder in den Griff zu bekommen und ein Werkzeug, eine Affirmation, die ihr helfen könnte mit allem besser klar zu kommen.

„Warte!", rief Nikki, als die beiden schon fast die Treppe hinunter waren. Sie hatte einen bunten seltsamen Rucksack in der Hand, der schwer aussah.

„Julia, ich nehme kaum etwas von meinen Sachen mit nach Amerika, ich verschenke alles. Das nur mal schon vorab, damit du kein schlechtes Gewissen hast. Ich möchte dir meine Djembé schenken. Du weißt, sie öffnet Türen, wo keine sind."

„Das kann ich aber doch nicht...", widersprach Julia.

„Doch, du kannst", antwortete Sonja für sie und griff nach dem bunten Rucksack. Nikki lächelte glücklich. Sie wusste ihre Djembé, die sie einst selbst geschenkt bekam, hatte ein neues Zuhause gefunden.

„Babe, du brauchst nicht alles zu verschenken, wir können alles nachholen, was du willst", Arthur strich seiner Freundin über den Kopf, während sie am nächsten Abend auf seinem Schoss lag und ihm von ihrer Abschiedsfeier mit ihren Yoga-Frauen und Freundinnen erzählte.

„Achwas, das ist alles Vergangenheit. Alles Dinge die ich nicht mehr benötige, aber die Frauen können diese Hilfsmittel total gut gebrauchen. Diese Julia zum Beispiel, sie hat ein ähnliches Problem wie ich mit dir hatte."

Nikki erzählte ihrem Freund in einem kurzen Abriss von Julias Glück im Urlaub und dem Unglück, weil der Liebste nun verschwunden ist und sich nicht mehr meldet.

„Autsch, das tut mir ja in der Seele weh. Weil ich dran denke, wie lange die Jahre waren, die ich nicht bei dir war."

Arthur küsste seine Freundin auf die Stirn und es zogen Wellen des Glücks und der Verbundenheit durch ihre Körper. Nikki zog gerade bei ihm ein, vorerst in sein Haus auf der Basis, aber bald würde er nur noch beratend für die Space Force arbeiten, nicht mehr im aktiven Dienst. Er wollte die meiste Zeit nur noch mit und bei Nikki verbringen. Es gab nichts Wichtigeres mehr in seinem Leben. Außer vielleicht, Nikkis Kinder näher kennen zu lernen und den Krieg da draußen zu beenden. Doch das war nur noch eine Frage der Zeit. In ein paar Monaten, da waren sich alle Kräfte sicher, würde es aufwärts gehen. Der Feind war besiegt, es galt nur noch die ganzen bösen Jungs einzusammeln. Die Aufklärung der Bevölkerung und alles danach würden andere übernehmen.

„Du sagst ja immer, Zufälle gibt es nicht. Mir fällt grad ein, dass wir genau das Thema heute auch im Büro hatten. Einer der Soldaten hat von seinem Bruder erzählt. Seine ganze Familie hat auf diesen eingeredet, dass er auf eine Mission gehen und seine Freundin vergessen soll. Für's Vaterland und seine Karriere. Wie bescheuert wir Männer doch sind." Während Arthur das so nebenbei erzählte, wurde Nikki hellhörig. Sie richtete sich abrupt auf und blickte ihn an.

„Arthur, ich weiß, das ist total verrückt, aber ich glaub´ eben tatsächlich nicht an Zufälle!" Nikki war total aufgeregt.

„Baby, that´s weird", Arthur lachte. „Du willst mir erzählen, dass diese Julia und meine Geschichte mit dem Bruder zusammenhängen? Never!"

„Hey, du hast vielleicht viel von meinem Leben verpasst, aber eins muss dir klar sein: in meinem Leben und um mich herum passieren niemals Dinge aus Zufall!"

Nikki wusste, dass das tatsächlich etwas zu hoch gegriffen war. Das war fast schon ein Ding der Unmöglichkeit. Oder?

„Wie heißt der Bruder?"

„Harris, also der Nachname. Den Vornamen vom Bruder weiß ich nicht. Aber den bekomme ich raus." Nikki küsste ihren Texaner leidenschaftlich. Sie war froh, dass er endlich aus dem Krankenhaus raus war und sie all ihre Zeit gemeinsam verbringen konnten.

„Ich hab´ den Namen, er heißt Eric", am nächsten Tag rief Arthur seine Freundin an und musste sich eingestehen, dass es too much für einen reinen Zufall war.
„Holy Shit", entfuhr es Nikki. „Kannst du rauskriegen wo er sich befindet?"
„Lass uns heute Abend reden, zuhause. Nicht am Telefon. Und bitte, erzähl das dieser Julia noch nicht, wir müssen erst Fakten schaffen." Nikki war Feuer und Flamme. Natürlich hätte sie am liebsten sofort Julia angerufen und ihr die Neuigkeiten erzählt, aber was sollte sie sagen? Dass sie noch nichts hatten, außer dem Namen? Und, dass er wahrscheinlich sich gegen sie für eine Mission entschieden hatte? Wohl eher nicht.

Am Abend war das erste Thema natürlich der ominöse Eric. Nikki konnte kaum erwarten, was Arthur zu erzählen hatte und auch der war angeheizt, hier etwas Licht ins Dunkel zu bringen. Er fühlte sich irgendwie verantwortlich dafür jemandem klar zu machen, dass es ein Fehler sein könnte, sich nicht für die Frau zu entscheiden. Auch wenn er natürlich nicht wusste, ob dieser Mann sich wirklich verliebt oder ob er sich nur einen schönen Spaß im Urlaub gegönnt hatte.
„Ich kann dir nicht viel sagen, Nikki, ich hoffe das verstehst du. Aber er hat zumindest nicht gelogen, was seinen Job angeht. Es war gar nicht so einfach an Informationen heranzukommen, aber der große Vorteil meiner aktuellen *Firma*", Arthur setzte das Wort mit den Fingern in Anführungszeichen, „ist, dass wir an alle Informationen kommen. Zumindest ab einem gewissen Dienstgrad und rate mal wer den besitzt." Der Texaner

grinste stolz und zeigte mit beiden Zeigefingern auf sich selbst. Nikki liebte ihn für seine ganze Art. Sie küsste ihn.

„Mann, ist das aufregend!"

„Ja, aber freu dich nicht zu früh. Immerhin wissen wir nicht, ob..."

„Jaja, ob er sie auch liebt. Aber hat der Bruder nicht erzählt, dass die Familie auf ihn einreden musste? Warum sollten sie das tun, wenn ihm die Frau nicht wichtig ist?"

„Correct! Das habe ich den Bruder auch gefragt, um auf Nummer sicher zu gehen. Es ist Eric wohl nicht leicht gefallen diese Entscheidung zu treffen, aber er ist den Anforderungen der Familie gefolgt und auch sein bester Freund, der ebenfalls in derselben Mission ist, hatte einen großen Anteil daran. Ich kenne das, war bei Graig und mir ja genauso. Bis er Kathrin kennen lernte, hat Graig auch immer auf mich eingeredet, dass Frauen unwichtig sind." Arthur schnaubte. „Der alte Graig. Kathrin hat ihn dann linksrum gedreht, sie hat ihn völlig ausgetauscht."

Nikki schwieg. Einen kurzen Moment fragte sie sich, warum es manche Frauen schafften ihre Männer rumzudrehen und warum Arthur nicht sie, sondern die Armee gewählt hatte. Und Eric hatte dieselbe Entscheidung getroffen. Was machten diese Frauen anders, was Nikki und Julia nicht taten?

„Nik, als Graig seine Frau getroffen hat war er schon fast vierzig, er war erwachsen. Ich weiß, was du denkst. Aber ich war fünfundzwanzig als wir uns trafen", er streichelte ihre Wange, weil er wusste was sie dachte. Manchmal tat es immer noch weh, egal wie sehr sie versuchten diesen Stich zu übermalen. Die Narben waren einfach da. Aber sie würden verblassen, da waren sich beide sicher.

♥

„Harris, Sie haben einen Call aus Deutschland!"

Eric riss die Augen auf, als man ihn über das Intercom aus seinem Mittagsschlaf holte. „Wie bitte? Ist was passiert?" Er dachte sofort an seine Verwandtschaft, doch keiner wusste genau wo er war. Das konnte unmöglich sein. Es galt absolutes Kontaktverbot.

„Ein Captain Andrews."

Eric hatte Fragezeichen über dem Kopf, aber ging an sein Interface um den Anruf entgegen zu nehmen.

„Sir?", fragte er in die Leitung, als das Bild eines etwa fünfzigjährigen Mannes erschien, den er vorher noch nie gesehen hatte.

„Guardian Harris. Welche Tageszeit haben Sie gerade?", fragte der Mann lachend.

„Wir haben immer Nacht, Sir, ich entnehme Ihrer Frage, dass Sie das wissen, oder?" Sein Gegenüber lachte erneut.

„Harris, ich werde es kurz machen. Obwohl... es ist eher eine lange Geschichte, die ich versuche kurz zu halten. Danach werde ich die Kommunikation beenden und Sie sich selbst überlassen. Sie allein entscheiden, was Sie daraus machen. Haben Sie das verstanden?"

„Ja, Sir!" Eric hatte kein Wort von dem verstanden, was dieser fremde Captain wollte, aber in Erics Job stellte man keine Fragen. Entweder man erhielt die Informationen die man brauchte oder es ging einen einfach nichts an. Er lief schon eine Weile auf Automodus. Seit dem Moment als er sich für diese Mission entschieden hatte.

„Das wird jetzt sehr privat was ich zu sagen habe und ich baue auf Ihre absolute Verschwiegenheit. Ich selbst habe einst einen großen Fehler gemacht und irgendwie habe ich das Gefühl Sie vor demselben bewahren zu müssen."

„Okay...", die Sache wurde immer verrückter.

„Wir waren Mitte Zwanzig als mein bester Freund die Liebe seines Lebens traf. Oder sagen wir eher, ich traf seine Liebe, aber... *damn*... ich schweife ab...", Eric versuchte keine Miene zu verziehen.

Dieser Anruf war das Skurrilste was er je in seinem Leben erlebt hatte und er fragte sich, ob das ein blöder Scherz von Robert war, der ihn nur verarschen wollte. Aber da hier vor ihm ein ranghoher Vorgesetzter saß, wollte er ganz sicher keinen Fehler machen, den er später bereuen würde. Er hörte sich also die Geschichte an und behielt sein Pokerface bei.

Andrews war gerade an dem Punkt der Story, als er mit seinem Freund Deutschland verlassen musste, um nach Kuwait zu gehen. Augenblicklich fiel bei Eric langsam der Groschen. Ihm wurde heiß. Das konnte nicht sein. Woher sollte dieser Fremde etwas über Julia wissen. Andrews hatte sie zwar noch mit keiner Silbe erwähnt, aber das was dieser Mann da von sich gab, deutete genau darauf hin. Der Captain erzählte gerade wie er und sein Freund auf eine Mission gingen und dieser Arthur, wie Andrews ihn nannte, den Kontakt zu seiner Freundin in Deutschland abbrach und sie dann nie wieder kontaktierte. Fast dreißig Jahre lang. Erics Herz begann so heftig zu klopfen, dass ihm schwindlig wurde.

„Harris. Ich fühle mich schuldig, weil ich meinen Freund nicht abgehalten habe den größten Fehler seines Leben zu machen. Weil ich dachte, dass Frauen nicht wichtig sind. Weil ich dachte, dass unser Dienst am Vaterland und die Abenteuer wichtiger sind als das. Ich habe damals nicht nachvollziehen können, was Liebe ist. Ich war so dumm diese Frau wegzuwerfen und habe dafür gesorgt, dass es auch mein bester Freund tut.

Nennen Sie es Schicksal oder Karma, jedenfalls hat Gott die beiden nach all diesen verfluchten Jahren wieder zusammen geführt. Durch mich. Es gibt keine Zufälle, Harris. Ich habe Nikki nach über zwei Dutzenden von Jahren an einem völlig banalen Ort wieder getroffen. Ich habe meinen Freund für tot gehalten, doch dann tauchte Nikki auf und er hat wie durch ein Wunder überlebt. Nun sind die beiden wieder vereint. Das alles kann nur göttliche Intervention sein, mein Freund.

Ihre Julia hat Ihre Geschichte der Freundin meines Kumpels erzählt, als sie sich durch Zufall getroffen haben. Glauben Sie wirklich das war Zufall? Wie viele Zufälle benötigt man um zu verstehen, dass es mathematisch unmöglich ist?

Zeitgleich haben wir Ihren Bruder getroffen, der mir erzählte, dass Ihre Familie Sie dazu gedrängt hat sich für die Karriere zu entscheiden statt für die Liebe. Glauben Sie noch immer das war alles Zufall? Als wir die Punkte verbunden haben, konnten wir kaum glauben, dass das alles irgendwie zusammen hängt. Es war keine Frage für mich alles in Bewegung zu setzen, um Sie zu finden und zu kontaktieren. Was ich hiermit getan habe.

Ich erwarte von Ihnen keine Antwort, das überlasse ganz ich Ihrem freien Willen. Schlafen Sie drüber. Haben ja genug Nachtstunden dafür", das erste Mal lachte Graig wieder und holte tief Luft, nachdem er geredet hatte wie ein Wasserfall. Das Ganze hatte ihn Überwindung gekostet, doch er fühlte sich schuldig und hatte das Gefühl all das wieder gut machen zu müssen, indem er nun ein weiteres Paar davor bewahrte unglücklich zu sein.

„Ach, und Harris. Die Lady wartet nun schon über zwei Jahre auf Sie. Schönen Gruß von meiner Frau: Das ist nicht lustig. Aber das ist Ihr Gewissen mit dem Sie leben müssen. Falls Sie mich kontaktieren wollen, ich hinterlasse Ihnen meine ID. Andrews, Ende."

Graig hatte die Verbindung unterbrochen. Eric saß schweigend vor seinem Screen, unfähig sich zu bewegen oder überhaupt zu denken. Die Gedanken überschlugen sich und lieferten sich einen Krieg mit seinem Herzen.

Julia ging gerade am Rhein spazieren, als ihr Handy klingelte und sie aus ihren Gedanken riss.

„Süße, wo bist du? Ich steh vor deiner Tür mit ein paar Donuts und wollte dich besuchen!?", Sonja hatte sich nach langer Zeit mal wieder auf den Weg gemacht nach ihrer Freundin zu schauen.

„Oh, was für ´ne coole Überraschung, kannst du warten? Bin in sieben Minuten da, ich beeil mich", rief sie freudig.

„Neh, mach langsam, ich lauf schon nicht weg." Sonja setzte sich auf die Treppenstufen vor Julias Haustür, den Karton mit den Donuts auf den Knien und ließ sich die Sonne auf die Nase scheinen. Seit dem Abend bei Nikki hatte Julia neue Hoffnung geschöpft. Leider empfand Sonja diese Tatsache nicht als positiv, da ihre Freundin nun wieder wartete, dass Eric sich irgendwann schon melden würde. Dabei hatte Sonja gehofft, Julia würde diesen Geist endlich vergessen und wieder zu der lebenslustigen, coolen Julia werden wie vor dem Liebeskummer. Julia war in den letzten zwei Jahren komplett von einer coolen Socke zu einem Häufchen Elend mutiert. Heute hatte Julia einen besonderen Auftrag, denn Nikki hatte die beiden in ihr Haus auf der Basis in Stuttgart eingeladen. Sie war sich nicht sicher, ob Julia zusagen würde, obwohl Nikki ihr ja gut getan hatte. Nikki hatte was von Heilung und wichtiger Mission erzählt. Und sie war immerhin der Profi, also hatte Sonja zugestimmt es zumindest zu versuchen.

„Nach Stuttgart? Zu Nikki? Also ich kenn´ die doch gar nicht, oder will die ihre Djembé wiederhaben?", Julia lachte nervös.

„Ach Quatsch, aber lass uns doch hinfahren, das wird bestimmt gut. Du warst beim letzten Mal auch skeptisch, und dann war es viel besser als du dachtest."

„Stimmt auch wieder, die Djembé hat mir manchmal echt die Laune gerettet in den letzten Wochen. Also gut, wann fahren wir?"

„Morgen", Sonja zog den Kopf ein.

„Morgen? Wie soll ich das mit dem Büro... okay, hab verstanden, keine Widerrede?"

„Exakt. Morgen ist Blaumach-Tag. Punkt. Ich fahre."

Es war aufregend in eine militärische Basis hineinzufahren, sie hatten ihre Ausweise abgeben müssen und das Auto wurde mit einem komischen Elektrogerät untersucht, das piepte. Es war wie in einem Film.

„Ich komm´ mir vor wie bei dem Film *Independence Day*", lachte Julia nervös.

„Jaaa, oder wie bei *Man in Black* und gleich fahren wir mit dem Aufzug siebzehn Stockwerke tiefer und sehen viele Außerirdische", die beiden kicherten.

Ein Jeep fuhr vor, dem sie folgen mussten und dann sahen sie Nikki bereits vor ihrem Haus stehen und winken.

„So schön, dass ihr da seid", Nikki umarmte beide Frauen fröhlich. Dieses Mal nahm Julia der neuen Freundin das ab, was sie sagte. Bei ihr war es keine Floskel, sie meinte es tatsächlich so, darin war Julia sich sicher.

Sie setzten sich aufs Sofa, kurz drauf lernten sie auch Graig und Arthur kennen. Nikki fragte wieder nach Sekt oder Tee, doch seltsamerweise stellte sie allen beides hin. Obwohl niemand nach einem Sekt gefragt hatte. Es war ja auch erst Mittag.

„Manchmal ist es gut, Alkohol griffbereit zu haben", zwinkerte Nikki und Julia runzelte die Stirn. Auch Sonja wusste nicht so recht, was das sollte.

Dann stellte Craig plötzlich einen futuristisch aussehenden Laptop auf den Wohnzimmertisch und klappte ihn auf. Er drehte den Bildschirm in Julias Richtung und Nikki setzte sich aufgeregt auf die Sessellehne neben ihren Freund Arthur. Alle schienen auf etwas ganz gespannt zu warten. Julia verstand die Welt nicht mehr und blickte Sonja fragend an.

„Was kuckst du mich an? Ich weiß hier genauso wenig wie du!" Sie blickten von den Männern zu Nikki und wieder auf das Gerät.

„Abwarten", sagte Graig trocken. Julia kam sich vor, als wäre sie bei einem Verbrechen erwischt worden und man würde ihr gleich die aufgenommen Beweise liefern, um sie zu verhaften. Sie kicherte nervös.

„Wir haben Eric gefunden", sagte nun Arthur mit seiner dunklen Stimme, die Julia sofort eine Welle wie Feuer durch den Körper schickte. Es kam irgendwie nicht in ihrem Verstand an, weil ihr so schwindelig wurde. Sie spürte wie Sonja ihre Hand griff, die die Augen aufgerissen hatte, weil sie kaum glauben konnte, was sie hörte.

„Was?", Julias Augen füllten sich mit Tränen, ihre Hände zitterten und sie war froh, dass Sonja eine ihrer Hände fest hielt. Das war wie Erdung, sonst wäre sie vielleicht ausgerastet oder weggerannt.

„Ja, wir haben eine gute und eine schlechte Nachricht!", Graig verzog mitleidig das Gesicht.

„Die wäre?", Julia hatte einen Kloß im Hals, sie krächzte.

„Jungs, jetzt seit nicht so gemein", schimpfte Nikki und schlug Graig leicht gegen den Oberschenkel.

„Naja, die gute ist, du kannst gleich mit Eric sprechen", sagte Arthur.

„Was?", Julia war fast aufgesprungen. Sie verstand nun wofür das Gerät war oder zumindest schätzte sie, es war für den Anruf. Vielleicht nach Amerika?

„Was ist die schlechte?", fragte Sonja, die die Spannung kaum aushalten konnte.

„Naja... er ist nicht auf diesem Planeten", gluckste Graig.

„Was?", wiederholte Julia und war verwirrt.

„Nicht auf diesem Planeten?", fragte Sonja. „Jetzt wird's mir zu abgespaced. Ich bin raus." Für Sonja war das zu hoch.

„Jetzt starte halt die Kommunikation, bitte", Nikki wurde ungeduldig. Sie wollte einfach, dass Julia und Eric endlich wieder miteinander reden konnten. Sie konnte sich noch gut an den Moment erinnern, als sie vor der Tür des Krankenhauszimmers warten musste und nicht zu Arthur rein dufte.

Graig startete die Verbindung und Julia drückte Sonjas Hand so fest, dass diese kurz ein kleines, leises *„Au"* ausstieß. Dann, nach einem kurzen Ablauf von Daten und Zahlen, das Julia an Matrix erinnerte, sah sie Eric.

„Oh mein Gott", war das einzige, was ihr einfiel und sie war starr vor Schreck.

„Hi Rapunzel", Eric hatte sich so lange überlegt wie er sie begrüßen würde, er würde da anknüpfen wo sie sich immer gut verstanden hatten – mit gegenseitigen Märchennamen. Als dieser Andrews damals nach seinem Call die Verbindung gekappt hatte, hatte es keine zwei Stunden gedauert in denen Eric einen Entschluss gefasst hatte. Es folgte auch ein heftiger Streit mit Robert, der ihn für bescheuert hielt. Aber die Worte von Andrews hatten ausgereicht. Das, was er über die Liebe gesagt hatte. Robert hatte noch nie seine wahre Liebe gefunden, aber Eric hatte das und das war Julia. Keinen Tag war er mehr glücklich gewesen, seit dem er sich nicht mehr bei ihr gemeldet hatte. Er hasste sich selbst dafür, aber er hatte sich einreden lassen, dass es das Richtige wäre und nun, sah er sie endlich wieder. Er hoffte, dass sie ihm verzeihen würde, dass er sie über zwei Jahre hat warten lassen.

„Rapunzel?", fragte Graig.

„Shut up", flüsterte Nikki und schlug ihm erneut auf den Oberschenkel. Arthur zog ihn hinunter auf den Sessel neben sich. „Lass die beiden."

Julia berührte mit ihren Fingern Erics Gesicht auf dem Bildschirm. Sie war unfähig ein Wort zu sagen. Auch Sonja hörte man schluchzen, da sie ein schlechtes Gewissen hatte, weil sie Julia nie geglaubt hatte. Sie wollte den beiden etwas Zweisamkeit gönnen, stand auf und ging auf Toilette. Sie war ergriffen und außerdem knabberte ihr

Gehirn noch an der Information, dass Eric sich nicht auf der Erde befand...

„Es tut mir so leid, dass ich dich so lange hab´ warten lassen...", die Stimme des Soldaten klang heiser.

Arthur griff Nikkis Hand. Er wusste, wie Eric sich fühlte. Nikki rutschte von der Lehne auf Arthurs Schoss und nahm ihn in den Arm.

„Ich bin so wütend auf dich...", flüsterte Julia.

„Ich weiß...", Eric legte ebenfalls seine Finger auf den Screen, als würden die beiden sich dadurch näher sein.

„Wo bist du?", fragte Julia.

„Nicht auf der Erde", Eric lachte nervös, weil er wusste, dass es sich für Julia total bescheuert anhören musste.

„Ich verstehe das nicht", sie hatte Mühe durch die Tränen klar zu sehen. Sie konnte kaum glauben, dass das da wirklich Eric war.

„Ich weiß, das ist... etwas über das wir auch nicht viel reden können... aber das ist der Grund, warum ich mich nicht sofort aufgemacht habe, um bei dir zu sein, nachdem mich Captain Andrews hier unten kontaktiert hatte."

„Hier unten?", Julia hatte tausend Fragen, doch sie hatte auch verstanden, dass Eric das wahrscheinlich nicht beantworten könnte.

„Er ist noch nicht hier, weil er mir nicht glauben wollte, dass du tatsächlich auf ihn wartest", mischte sich Graig in die Zweisamkeit. Wieder schlug Nikki ihn, dieses Mal gegen den Arm und blickte ihn böse an.

„Das stimmt so nicht ganz...", wollte sich Eric verteidigen.

„Ein Soldat ist ein Soldat. Er bricht seine Mission nur ab, wenn er sich zu 100 % sicher ist", Arthur wollte ihm etwas Unterstützung zukommen lassen.

„Männer", Nikki verdrehte die Augen.

„Ich habe gesagt, dass ich verstehe, dass du mich nicht mehr zurück nimmst, wenn du weißt, dass ich es absichtlich getan habe – mich nicht bei dir zu melden." Eric senkte beschämt seinen Blick.

Es entstand ein Moment der Stille. Julia wusste nicht was sie sagen sollte. Sie war wütend auf ihn. Unglaublich wütend. Das spürte sie ganz deutlich. Ihre Sehnsucht war groß und ihre Liebe ging so tief, dass es wehtat, und die Wut brannte wie Feuer.

„Ich bin so wütend...", das war das, was sie fühlte, es kochte in ihr. Er hatte sie warten lassen, über zwei Jahre lang. Und das mit voller Absicht.

„Ich verstehe das. Ich bin ein Idiot. Ich dachte ich tue das Richtige. Ich wusste, wenn ich deine Stimme höre, mit dir schreibe, könnte ich diesen Schritt nicht gehen. Es ist eine faule Ausrede, ich bin erwachsen, ich hätte meine eigenen Entscheidungen treffen sollen... mein Gott, ich bin über dreißig, aber ich habe mich von meiner Familie dazu drängen lassen auf meinen Verstand zu hören..."

„Aber warum jetzt? Warum meldest du dich jetzt und bist nicht hier, um mir das persönlich zu sagen und warum... was zur Hölle machst du da wo du bist? Ich weiß ja nicht mal ob du wieder auf die Erde kommst... mein Gott, wie sich das anhört... *Mein Freund ist nicht auf der Erde, er schwirrt da oben... ach neee, da unten... irgendwie im Universum rum. Wann er zurück kommt? Oh keine Ahnung, wenn der WarpAntrieb repariert ist oder vielleicht ist er nicht einmal mehr in unserem Sonnensystem, wer weiß das schon, er darf mir ja nichts sagen...",* Julia wurde hysterisch und verlor die Fassung.

„Okay, das reicht... ich will zurück...", Eric kappte die Verbindung. Nikki war aufgesprungen und hatte Julia in den Arm genommen. Die beiden Männer blickten überfordert Löcher in die Luft. So hatten sie sich das nicht vorgestellt.

Julia war schockiert über ihren Ausraster. Hatte sie ihn jetzt verjagt? Hatte sie überreagiert? Was bedeutete das, dass er zurück will? Wann? Tausend Gedanken schrien in ihrem Kopf, sie war froh, dass Nikki sie fest hielt, während Julia weinte wie noch nie in ihrem Leben. Sie war überfordert. Von ihren Gefühlen, von dem Wiedersehen, von den skurrilen Tatsachen.

Graig erhielt einen Anruf, er müsste zurück in die Kasernen zu einem Meeting und Arthur gleich mit.

„Kannst du ein paar Tage frei nehmen und hier bleiben?", fragte Arthur an Julia gewandt.

„Heute ist Mittwoch, ich kann drei Tage krank machen ohne Bescheinigung vom Arzt, heute ist der erste Tag, also ja", wie automatisch legte Julia diesen Bericht ab und Sonja war verdutzt. „Soll ich alleine zurück fahren?"

„Du kannst auch hier bleiben", bot ihr Nikki an.

„Nein, ich hab´ Dienst im Krankenhaus, ich kann die Kollegen nicht im Stich lassen. Aber wie kommt Julia nachhause?"

„Ich kann sie fahren. Ich könnte eh mal wieder meine Töchter besuchen am Wochenende", beschloss Nikki.

Zurück blieben Nikki und eine völlig fertige Julia. Nun verstand sie, warum die Dunkelhaarige den Sekt auf den Tisch gestellt hatte. Julia kippte zwei Gläser hintereinander weg.

„Wusste ich´s doch", lachte Nikki. Sie strich Julia über den Rücken. „Alles wird gut, du wirst sehen!"

„Es ist doch alles total verrückt, ich kann das alles einfach nicht glauben. Bin ich im falschen Film?"

„Na, also deine Geheimagenten-Lovestory im Urlaub war doch schon ein Bestseller. Hast du gedacht, da gäbe es keine Steigerung mehr? Anscheinend hast du dir das genauso in dein Leben gezogen und du fandest diese Story so cool, dass das Universum noch einen drauf setzen wollte. Gefällt einem manchmal nicht so, was das Universum auf Lager hat und man möchte dem Regisseuren gerne eins auf die Mütze geben, aber hey, ich glaube immer an ein Happy End. Immer!"

„Woher nimmst du nur diese Positivität her?", fragte Julia.

„Weil ich gemerkt habe, dass mir Negativität nichts bringt. Und als ich das verstanden hatte, kam Arthur zurück in mein Leben. Und das ist das beste Happy End, was ich mir je hätte vorstellen können. Du wirst sehen, dein Ende wird auch Happy und wenn nicht, ist es noch nicht das Ende." Nikkis hohe Schwingung war ansteckend. Julia atmete tief durch und steckte sich Lakritze in den Mund.

„Ich brauch Zucker, mein Kreislauf ist im Keller. Was bedeutet das, er sei nicht auf der Erde? Ich glaub´ das alles nicht... das ist mir too much..."

„Jaha, daran wirst du dich gewöhnen müssen. Wir sind hier bei der Space Force, hier gibt es nichts, was es nicht gibt. Das Problem ist nur, dass unsere Männer uns nichts sagen dürfen. Wir bekommen nur Bruchteile mit von dem, was sie sehen, durchmachen und erleben. Manchmal wäre ich gerne dabei und manchmal will ich es lieber nicht so genau wissen..."

„Aber wie lange dauert es denn bis Eric zurück ist. Kommt er überhaupt zurück? Wenn er im All ist, fährt da ja nicht grad mal ein Taxi, oder? Oder warte, er sagte *unten*. Wo ist bitte schön *unten*?" Julia lachte nervös.

„*Es gibt jetzt Technologien, die nie ein Mensch zuvor gesehen hat*, sagt Arthur immer, wenn ich nachfrage. Mehr sagt er nicht und ich denke mir meinen Teil. Ich kann dir das nicht sagen, wann und ob überhaupt dein Eric vom Himmel oder aus unter der Erde kommt. Oben ist unten und unten ist oben, das habe ich mittlerweile schon begriffen in all den neuen Wahrheiten. Aber vielleicht versucht er´s und immerhin weißt du jetzt, dass er kommt. Aber es liegt an dir, ob du ihm überhaupt noch eine Chance gibst."

„Naja, hab´ ich denn eine Wahl? Ich bin zwar wütend, aber mein Leben ohne ihn war so scheiße. Ich will einfach, dass er wieder da ist..."

„Ich verstehe dich", Nikki nahm die wieder weinende Julia in den Arm. „Und ich würde ihn auch nicht wegstoßen. Zwei Jahre sind schon zu lange."

„Zweieinhalb", korrigierte Julia. „Aber warum ist er denn nicht sofort gekommen, warum muss er erst sicher wissen, dass ich das will..."

Nikki drückte Julia etwas von sich und blickte ihr ernst in die Augen. „Weißt du, nicht nur er riskiert gerade seinen Job, auch Arthur und Graig könnten eine Menge Ärger bekommen. Und eigentlich darf ich dir das nicht sagen..." Nikki senkte ihren Blick.

„Was?", fragte Julia. Das klang nach nichts Gutem.

„Eric riskiert gerade sein Leben."

„Was?", diese Frage schien seit ihrer Ankunft ihren ganzen Wortschatz zu beherrschen.

„Ja, er ist schon eine Weile dort wo er ist und für eine Rückkehr benötigt es eine gewisse Prozedur..."

„Ich verstehe nicht...", Julias Herz klopfte gewaltig.

„Dieser Prozess dauert normalerweise einige Wochen. Deswegen wollte Eric dich erst über das Intercom sehen, um sicher zu gehen, dass er sein Leben nicht einfach so riskiert."

„Aber was hat das zu bedeuten, ich verstehe es einfach nicht...", Julias Gehirn schlug Purzelbäume der Verwirrung.

„Um es kurz zu machen: Eric geht durch einen verkürzten Prozess. Für dich. Deshalb sind Graig und Arthur eben gefahren. Man hat alles vorbereitet, dass wenn Eric diese Entscheidung trifft, man ihn sofort zurückholt, aber...", Nikki konnte Julias Blick nicht standhalten.

„Aber? Jetzt bitte, mach es doch nicht so spannend, könnte er dabei sterben?"

Nikki sagte viel zu lange nichts. „Ich weiß es nicht, ja, vielleicht, aber glaub´ einfach an ein Happy End. Mehr können wir gerade nicht..."

Julia sprang auf. „Aber ich würde doch auch noch ein paar Wochen warten. Er muss das nicht tun. Oh Gott, können wir ihn aufhalten? Können wir...", sie war außer sich und rannte im Wohnzimmer hin und her.

„Nein, ich glaube Eric war ungeduldiger als du. Und glaub´ mir, Arthur würde dasselbe tun und ich auch. Wenn man so eine Entscheidung trifft, will man nicht noch warten, Süße. Vernunft hat hier einfach nichts mehr zu sagen..."

„Habt ihr mich deshalb hier bleiben lassen?"

„Ja, sicher. Wenn alles gut geht, kannst du ihn in ein paar Tagen schon sehen."

Julia rannte aufs Klo und übergab sich. Das war too much. Zu viele Informationen, zu viel Aufregung, zu viel Sekt und too much Lakritze.

♚
♡

Erst zwei Tage später kam Arthur wieder nach Hause. Er sah aus, als würde er sich Sorgen machen. Julia schlief, es war schon spät.

„Babe, sag mir nicht, dass etwas schief gegangen ist?", Nikki küsste ihren Mann und nahm ihm seine Jacke ab, als er das Haus betrat.

„Nein, nein, er ist noch in einer Chamber. Die Ärzte können ihn noch nicht zurückholen, er hat's noch nicht überstanden."

„Was meinst du mit *zurückholen?*", Julia hatte doch nicht geschlafen und stand plötzlich an der obersten Treppenstufe des offenen Flures.

Arthur seufzte. Er traf eine Entscheidung, bei der er wusste, dass auch das Probleme geben könnte und verboten war. Aber wozu waren Dienstgrade da, wenn man sie nicht nutzte. Er hatte sich immer, sein ganzes Leben lang, an seine Vorgaben und Richtlinien gehalten, es war Zeit für Abenteuer.

„Willst du zu ihm?" Nikki blickte ihren Freund überrascht an, Julia kam die Treppe herunter gestürmt.

„Ist das möglich?", fragten beide Frauen zeitgleich.

„Ich tu es jetzt einfach. Und wenn dich jemand fragt. Du bist seine Frau", wandte Arthur sich an Julia. „Zieh dir aber lieber was ordentliches an", er zeigte auf den Schlafanzug, den Julia trug.

Sie gingen später einen langen, hellen Flur entlang. Julia hatte alles nur im Nebel wahrgenommen, wie sie zu einem großen weißen Gebäude gefahren sind, das sie an einen Science Fiction Film erinnerte und dann, wie in *Man in Black* sind sie tatsächlich einige Stockwerke tief in die Erde gefahren. Ihr wäre lieber gewesen Nikki dabei zu haben, sie hatte eine so beruhigende Art, doch Arthur wollte nicht zu viel Aufsehen erregen. Das hier war riskant genug, aber vielleicht würde Julias Anwesenheit dem Guardian dabei helfen den Übergang zu schaffen.

Die junge Frau wurde von Arthur durch zwei große Schleusen geführt. Die erste war eine Sicherheitskontrolle. Julia musste alles ablegen, was metallisch war. Auch ihr Handy musste sie da lassen, jeden Ohrring ausziehen und auch das Piercing im Bauchnabel. In der zweiten Schleuse wurden sie von einer Art Luftwirbel gereinigt oder vielleicht auch entstaubt. Julia kannte sowas nur aus Filmen. Sie zogen Schutzhüllen über ihre Schuhe, weiße Kittel und desinfizierten sich die Hände. Bisher waren sie nicht vielen Menschen begegnet, alle waren sehr still, vielleicht lag es an der späten Uhrzeit. Und auch daran, dass alle vor Arthur Respekt zeigten. Dieser nickte den meisten nur zu und wanderte mit ihr durch die Räume und Schleusen und Gänge, als wäre es das Normalste der Welt. Julia konnte die Eindrücke überhaupt nicht fassen oder verarbeiten.

Und dann betraten sie einen Raum, der wirklich nicht filmreifer hätte sein können. In der Mitte des Raumes stand eine Art technologisches Wunder. Julia erinnerte es an einen Computertomographen nur viel moderner. Ein Mensch war durch eine Art Glaskuppel darunter verdeckt, in dieser befand sich eine gelartige Masse, die aber durchsichtig war. Julia hielt die Luft an, als sie begriff, dass es Eric war, der dort drin lag.

„Oh mein Gott", flüsterte sie leise.

„Du kannst hier ruhig normal sprechen, wir sind alleine und ob Eric dich hört, weiß ich nicht. Geh ruhig", Arthur schob Julia vor sich her zur Chamber.

„Darf ich...", fragte sie und zeigte auf die Glaskuppel, ob sie sie anfassen dürfte.

„Sicher. Du kannst hier fast nichts kaputt machen. Alles reagiert nur auf Experten, das funktioniert alles mit Quanten...", Arthur sprach seinen Satz nicht zu Ende, denn seine Begleiterin hörte ihm eh nicht mehr zu.

Julia ging näher und legte leicht ihre Finger auf das Glas, durch das sie Eric dort unten liegen sah.

„Ich...", Arthur zeigte auf den Ausgang, er würde sie alleine lassen. Julia nickte, während sich ihre Augen schon wieder mit Tränen füllten.

„Hey Dornröschen", flüsterte sie lachend. Glücklich ihn zu sehen. „Ich glaub´ das einfach nicht... Ich bin in einem Traum gefangen, es ist wie im Märchen, nur verkehrt herum. Eigentlich müsste ich da liege und du müsstest mich küssen... aber ich komm ja gar nicht dran, selbst wenn ich es versuchen würde..", sie plapperte und quasselte leise, während Eric völlig regungslos und friedlich dort vor ihr, unter der Glaskuppel zu schlafen schien. „Oh mann, was hast du nur getan? Ich hätte auch noch ein paar Wochen auf dich gewartet." Sie wischte sich ihre Tränen vom Gesicht und vom Glas der Chamber, auf die sie getropft waren.

„Ah, Sie sind das", ohne dass Julia etwas mitbekommen hatte, war ein Mann in den Raum getreten, der etwas jünger war als Julia. Er betrachtete sie voller Mitgefühl und reichte ihr die Hand.

„Ich bin Mitch, Erics Bruder..." Julia riss ihre Augen auf.

„Sie... sie kennen mich?"

„Ja, Eric hatte Bilder von ihnen immer dabei und... sie waren der Grund warum er eigentlich nicht auf diese

Mission wollte. Aber unsere Familie... wissen sie...", er räusperte sich.

„Oh okay, schön sie kennen zu lernen", sie nahm seine Hand und entdeckte, dass er fast dieselben Augen hatte, wie Eric.

„Er ist noch nicht ganz wieder da", Mitch stellte sich auf die andere Seite der Glaskuppel und blickte auf Eric.

„Was bedeutet das?"

„Naja, da sie schon mal hier sind, kann ich ihnen auch was dazu erzählen. Aber reden sie nicht drüber. Mit Niemandem bitte." Julia nickte. „Das wo Eric war, nennt man andere Dimension oder eine Welt in einem anderen Multiversum. Also er war die letzten zwanzig Monate nicht nur *nicht* hier auf der Erde, sondern in einer anderen Sphäre sozusagen. Und er war ja auch ziemlich lange da. Sich wieder an diese hier anzupassen, gestaltet sich immer sehr schwierig. Eigentlich ist so ein Weggang auch nicht mit einem Enddatum versehen, man geht und weiß, dass man vielleicht nicht mehr zurückkehrt. Also man kann schon, aber der Prozess..."

„...dauert normalerweise länger, ich weiß", beendete Julia seinen Satz. Sie war bewegt, Erics Bruder hier zu treffen und doch war es auch eine etwas bedrückte Stimmung. Sie fühlte sich schuldig an Erics Zustand.

„Wird er... wird er...", Julias Stimme stockte, sie fand die passenden Worte nicht.

„Ja, das wird er", Mitch lachte. Auch das erinnerte sie an Eric. Sein Lachen war ähnlich. „Er ist ein harter Brocken, sonst wäre er nie gegangen und wegen ihnen jetzt wieder zurückgekehrt. Er gibt doch nicht so kurz vor dem Ziel auf, da kennen sie ihn aber schlecht."

„Ja, ich kenne ihn ja nicht wirklich gut..."

„Ich weiß, das war auch der Grund warum die Familie... naja und auch ich und Robert... so dagegen geredet haben, dass er für sie diese Chance abschlagen wollte. Es war immer sein Traum und dann kommen sie im Urlaub und machen das alles zunichte", er hielt seine Hand hoch, damit Julia nichts sagen sollte. „Nein, nein, sie haben keine Schuld, ich mache ihnen Gott weiß keine Vorwürfe. Ich habe lange mit Captain Williams gesprochen. Ich bin es eher, der ein schlechtes Gewissen haben muss und meine Familie. Ich meine, er riskiert gerade sein Leben und seine Karriere, nur um sie wieder zu sehen – was bedeutet, dass wir ihn davon abgehalten haben sein wirkliches Glück zu finden. Und was wir hier tun...", Mitch zeigte auf die ganze Umgebung. „Ist sowas von gegen die Regeln. Aber das macht die neue Welt aus, auf die wir zusteuern. Nicht immer Befehle befolgen und alle helfen mit. Fast die ganze Mannschaft hier deckt die Aktion von Andrews, Williams und meinem Bruder. Sonst wäre das gar nicht möglich. Sie glauben gar nicht, was Williams für Hebel in Bewegung gesetzt hat, um das hier zu ermöglichen." Mitch war sichtlich begeistert und Julia fühlte sich überwältigt von all den Informationen. Sie blickte auf den schlafenden Eric.

„I will wait for you...", flüsterte Julia, und küsste das Glas über dem Gesicht von Eric.

Die Tür ging auf und Graig trat mit einem weiteren Mann und einer Frau in den Raum, Julia erschrak und trat zurück. Graig grinste und seine Augen glänzten. Julia blickte ihn fragend an. Auch Mitch schien nicht zu wissen, was das zu bedeuten hatte, denn er schaute genauso überrascht.

„Ich weiß ja nicht, was sie gemacht haben, junge Dame, aber die Gehirnaktivitäten haben plötzlich enorm zugenommen", der fremde Mann drückte auf einige Symbole auf dem Touchscreen der Chamber und die geleeartige Masse darin begann sich langsam zu verflüssigen.

„Was heißt das?", fragte Julia verängstigt.

„Dass er aufwacht", antwortete die Frau lächelnd und Julia sprang ihr um den Hals. Völlig egal, dass sie die gar nicht kannte.

„Oh mein Gott, oh mein Gott", jubelte sie leise. Mitch hatte seine Hände vor das Gesicht genommen, man sah ihm an, dass er den Tränen nah war. Graig klopfte ihm aufmunternd auf den Rücken.

„Wir haben doch gesagt, wir holen ihn wieder zurück", sagte er selbstsicher. „Wir haben die besten Ärzte aller Welten hier bei uns."

Die Frau schob Julia etwas zur Seite, Mitch nahm einen Platz neben ihr ein und sie beobachteten, was nun passierte. Während die Gelmasse sich auflöste und in einem kleinen Schlauch am Fußende zu verschwinden schien, öffnete die Ärztin langsam die Glaskuppel und fühlte Erics Puls, während der Arzt ihm das Gesicht säuberte. Das schlürfende Geräusch eines kleinen Luftsaugers war unangenehm, aber sicherlich musste die Gelmasse aus den Körperöffnungen des Gesichts entfernt werden. Julia schaute lieber nicht hin. Es war aufregend, so unwirklich und sie hatte Schmerzen im Nacken, weil sie sich total verspannt hatte, es folgte Kopfweh. Und plötzlich verlor sie die Besinnung. Sie spürte nicht einmal mehr den Aufprall auf dem Boden.

Was sie als Nächstes spürte war ein Kuss auf ihrer Stirn. Sie lag auf einem weichen Bett, fühlte sich benommen. Julia fühlte sich wie in einem Traum. Sie wollte nicht aufwachen, weil sie nicht mehr wusste, was in ihren Erinnerungen Wahrheit oder Traumzustand gewesen war. Hatte sie alles nur geträumt?

„Hey Dornröschen", flüsterte Eric. Julia riss die Augen auf. Da saß er an ihrem Bett. Lächelnd. Etwas müde und mit eingefallenen Wangenknochen, doch er lächelte und strich ihr über ihre Wangen.

„Oh mein Gott", Julia richtete sich ruckartig auf und umschlang Eric mit ihren Armen und drückte ihn fest. „Oh mein Gott, du bist aufgewacht, oh mein Gott!", sie war wie hysterisch aber in Anbetracht der Umstände war das wohl verständlich.

„Dieses Mal hast du mir das Leben gerettet", flüsterte er. Julia atmete seinen Geruch ein, auch wenn er chemisch und künstlich roch, doch es war sein Körper, sein Atem den sie spürte und einatmete.

„Ich hab´ doch gar nichts gemacht."

„Doch, mein Bruder meinte, du hättest der Glasscheibe einen Kuss aufgedrückt, wie im Märchen und dann bin ich langsam zurückgekommen. Das heißt, du hast mir das Leben gerettet", Eric lachte leise. „Und außerdem hast du eine neue Masche, das gefällt mir nicht."

„Eine neue Masche?"

„Früher bist du weggelaufen, jetzt fällst du einfach in Ohnmacht. Ist auch ´ne Form von Weglaufen, weißt du." Eric strich ihr liebevoll eine Strähne hinters Ohr.

„Können wir unserem Märchenzeugs mal bitte ein Ende setzen? Das ist mir alles zu viel Aufregung", flehte Julia glücklich.

„Na, ich werde jetzt dafür sorgen, dass es ein Happy End hat und auch so bleibt, du Meerjungfrau." Eric strich Julia sanft durch die Haare und legte seine Stirn auf die ihre.

Beide nahmen den Atemrhythmus des anderen an.

„Es fühlt sich so unwirklich an", flüsterte Julia.

„Das ist es auch. Vor ein paar Tagen war ich noch ganz woanders und hab versucht dich zu vergessen und heute... Julia, ich werde nie wieder gehen, dich nie wieder zurück lassen, dich nie wieder verlassen. Das verspreche ich dir. Verzeihst du mir?"

Eric wartete nicht auf eine Antwort, sondern küsste seine Freundin. Sie hatte lange genug gewartet.

Diese Geschichte widme ich...
Johanna, weil Du es Dir so sehr gewünscht hast,
dass Eric zurückkommt, hat das Universum mich
tagelang nicht schlafen lassen, bis ich ihn zwischen
Zeit und Raum gefunden habe ;)

When
you *focus*
on
love,
the love
increases.

unknown

Epilog

Nachwehen

Ja, nach der Geschichte *Arthur* hatte ich Nachwehen, weil sie mir persönlich sehr nahe geht. Mehr als je eine andere Geschichte zuvor. Ich war schon lange nicht mehr auf dem Dachboden...

Manche von uns sehnen sich nach solchen Geschichten, dass sie real werden. Jemand sagte mal zu mir: „Du wartest auf deinen Märchenprinzen, da wirst du lange warten müssen!" und doch, kann ich es nicht ändern. Vielleicht lebe ich meine Romantik statt im wahren Leben in meinen Geschichten aus, doch wie immer in meinen Büchern, *sind* die Geschichten aus dem wahren Leben.

Bis zu einem gewissen Punkt, wurden sie tatsächlich so erlebt. Ich habe den Erinnerungen nur etwas Feenstaub und Poesie in Form von Romantik und Dramatik hinzugefügt. Das alles passierte irgendwie wirklich, nur hat nicht jede wahre Geschichte ein Happy End, aber ich steh eben drauf. Ich könnte noch eine ganze Menge mehr Bücher füllen mit diesen Lovestories. Werde ich ja vielleicht auch.

Die kürzeste die ich je gehört habe, war die von meinen Freunden Sylvia & Christian.

„Wie habt ihr euch kennen gelernt?", fragte ich neugierig. Ich will immer wissen, wie Paare sich getroffen haben, denn immer gibt es da Magie, Zauber, Romantik, irre Geschichten und manchmal auch Dramatik. Das Paar blickte sich lachend an und fast gleichzeitig sagten sie.

„Jo, wir waren halt Kollegen und sind seit dem zusammen!" – typisch Dortmunder Herzlichkeit würde ich mal sagen. Ihre 30 Jahre Ehe sprechen für sich.

Jemand sagte zu mir, ob ich nicht einmal „normale" Protagonisten benutzen könnte, statt filmreife Figuren mit perfekten Körpern und perfekten Leben.
Schönheit der Personen in meinen Romanen hat rein gar nichts mit Optik zu tun, mit Perfektion oder mit Makellosigkeit. Schönheit kommt für mich von innen und ist zudem Geschmackssache.
All diese Personen haben reale Vorbilder aus meinem Leben. Dabei gibt es einige, die sehr viel Wert auf gesunde Ernährung, Sport und überhaupt ihren Körper legen – so wie auch ich in gewissem Maße. Und doch bin ich fernab von Perfektion oder Makellosigkeit. Ich beurteile niemanden nach seinem Aussehen, wenn allerdings auch ich meinen „Geschmack" habe was mir gefällt und was nicht. Jedem obliegt selbst, was er für seinen Körper tut und wie viel. Wenn sich jemand durch meine Helden schlechter fühlt, weil er denkt er wäre nicht gut genug, so ist das ein wichtiges Indiz für mangelnde Selbstliebe – denn jeder Mensch ist schön so, wie er ist, solange er sich selbst so liebt wie er ist. Aber auch anzunehmen, wie andere sind.
Schöne Menschen mit toller Figur und Ausstrahlung tun eine Menge dafür. Genauso gibt es Menschen, die sich gehen lassen und auf Optik, Kleidung und Körperbewusstsein Null Fokus legen. Jeder wie er meint.

Anziehungskraft zwischen zwei Menschen hat aber nichts mit Aussehen zu tun, rein gar nichts mit dem Äußeren. Es sei denn ein Mensch ist total oberflächlich und wird zum Beispiel von Geld und Macht angezogen.
Aber wahre Anziehung ist ein Gefühl, eine Magie, eine Kraft gegen die man sich manchmal nicht oder nur schwer wehren kann. Diese Anziehung trifft einen manchmal ob

man will oder nicht, aber wir sind es, die daraus etwas entstehen lassen oder es im Keim ersticken. Wir sind es die diese Kraft nutzen oder sie zu verhindern versuchen.

Dieses *Aynil 2022* hat mehr männlichen Einfluss, als ich es erwartet hatte. Der Mann meiner Freundin erzählte mir, dass er meine Bücher mit großer Begeisterung liest. Sein erstes war *Spirituelle Vollmeise* gewesen und ich war wirklich begeistert, dass ein Mann mir ein so positives Feedback gab. Ich hielt meine Bücher immer für „Frauenbücher" und hab selten Feedback von Männern erhalten. Christian ist eine große Leseratte, ich sah in seiner Bibliothek dicke Schinken bekannter Literatur, eher Thriller. Ich war überrascht, als er mir mitteilte, dass er gerne Korrektur lesen würde. Und so haben Conny, meine Kommaqueen, und ich ein zweites Paar Augen dazu bekommen. Bei der Endbearbeitung dieses Bandes habe ich deutlich gemerkt, wie viel das ausmacht, wenn sechs statt vier Augen über die Seiten lesen. Das hat mir das Lektorat zum Schluss wirklich sehr erleichtert.

Auch meine Tochter Cheyenne hat wieder alles gegeben. Von ihr sind die Aynil-Anagramme. Ich bin auch wieder völlig begeistert von ihrer Idee für das Coverbild. Sie malt intuitiv die meisten meiner Cover und drückt damit oft meine eigene Seele aus. **Danke mein Schatz!**

Last but not least natürlich ein wichtiger Faktor in einigen der Geschichten. Ich bin wirklich sehr dankbar, dass meine Intuition mir diese Eingebung zugeflüstert hat auf die Suche zu gehen und Hans diesem Ruf gefolgt ist. Es wird nicht unsere letzte Zusammenarbeit sein, davon bin ich überzeugt.

Danke *Hans Phoenix*
für diese Erfahrung und unsere gemeinsamen
Geschichten in *AYNIL 2022*.

Love is all you need

Sometimes you *learn* sometimes you *grow* sometimes *both.*

unknown

Übersetzungen

Englisch-Deutsch

Für mich ist Englisch wie eine zweite Muttersprache. Ich bin immer davon ausgegangen, dass alle Englisch in der Schule gelernt haben. Deshalb war es für mich durch meine englischen Posts in meinem Telegramkanal ungewohnt zu hören, dass manche Menschen wirklich gar kein Englisch können. Nicht einmal ein bisschen. Und so übersetze ich das Meiste, was ich poste.

Der Authentizität wegen habe ich in *Aynil 2022* nicht auf die englische Sprache verzichten wollen. Für die Nicht-Englischen Leser habe ich aus diesem Grund hier die Übersetzungen eingefügt. Und zwar alles was man übersetzen kann, denn ich möchte nicht, dass man sich doof fühlt, weil man nicht alles versteht. Dafür kann ich zum Beispiel kein Wort Russisch oder Französisch, wäre also total aufgeschmissen einen Roman zu lesen, wo jemand plötzlich wörtliche Rede in diesen Sprachen einbaut.

„I´ll be back"   Ich werde zurückkommen

„What´s that?"   Was ist das?

„Bah, no lemon, no salt? Are you kidding?"

Pfui, keine Zitrone, kein Salz? Willst du mich verarschen?

„Where´s Graig?"   Wo ist Graig?

„What the fuck is this? A cigarette?"
                     Was zum Henker ist das?
                     Eine Zigarette?

„You failed the test!"   Du hast den Test nicht bestanden.

„Did you see Graig?"   Hast du Graig gesehen?

„Yess, I am here, such a surprise?!
                     Ja, ich bin hier, ist das so eine Überraschung?

„You´d better not go in here!"
                     Du gehst da lieber nicht rein.

„This is nothing..."   Das hat nichts zu bedeuten.

„You´d know that?"   Du wusstest davon?

„No, just went into the room seconds before you did! Nikki, I am just as shocked as you are."
                     Nein, ich bin kurz vor dir in den Raum gegangen! Nikki, ich bin genauso schockiert wie du.

„Okay, Nikki, just don't stress around, it's embarrassing!"
                     Okay Nikki, stress hier nicht so rum, das ist peinlich!

"Don´t talk german, you know I do not understand!"
>Sprich kein Deutsch, du weißt ich verstehe das nicht.

"It´s enough now, Nikki! Cool down, lets get some drinks…"
>Genug jetzt, Nikki! Komm mal runter, lass uns was trinken...

„Shut up, asshole. Shame on you!"
>Halt die Klappe, Arschloch. Du solltest dich schämen.

„But there is no worm in it, right?"
>Aber da ist jetzt kein Wurm drin, richtig?

„Promised" Versprochen.

„Home? Your car? Or what?"
>Nachhause? Zu deinem Auto? Oder was?

„Or what, please" Oder was, bitte.

„You know he is… ahm…"
>Du weißt, dass er ein... ähm...

„You don´t have to say anything, it´s okay Arthur."
>Du musst nichts sagen, Arthur, es ist okay.

"No, No, let me explain, he's not worth your tears. He never was"

> Nein, Nein, lass es mich erklären. Er ist Deine Tränen nicht wert. Er war es nie.

"I love him, I really do, he is my best friend and always will be.

> Ich liebe ihn, das tue ich wirklich, er ist mein bester Freund und wird es auch immer bleiben.

Don't get me wrong Nikki, but you are worth so much more than that.

> Versteh´ mich nicht falsch, Nikki, aber du bist so viel mehr wert als das.

You deserve more than that asshole macho guy Graig.

> Du verdienst mehr als diesen Arschloch-Macho-Typen Graig.

I hate him for what he did to you. He was never the man you thought he was."

> Ich hasse ihn dafür was er dir angetan hat. Er war nie der Mann von dem du dachtest, er wäre es.

"He is not worth your tears, Nikki!!"

> Er hat deine Tränen nicht verdient, Nikki.

"Nikki? Are you in there?"

> Nikki? Bist du da drin?

„We had a german worker on my parents´ ranch who taught me for years."

> Wir hatten einen deutschen Arbeiter auf der Ranch meiner Eltern, der mir das jahrelang beigebracht hat.

„Okay, lets make a deal – you speak german, I´m trying to learn it, okay?"

> Okay, lass uns einen Deal machen – Du sprichst Deutsch, ich versuche es zu lernen, okay?

„Yes, but it´s worth it"

> Ja, aber das ist es wert.

„You wanna touch it?"

> Willst du es anfassen?

„Baby, we have to go to Kuwait"

> Baby, wir müssen nach Kuwait gehen.

„I can´t do that, Babe!"

> Ich kann das nicht tun, Babe!

„But tell me, please. Is there another man?"

> Aber sag mir bitte. Ist da ein anderer Mann?

„No, only my difficult father..."

> Nein, nur mein schwieriger Vater.

„I'll be waiting for you, Nikki.

> Ich werde auf dich warten, Nikki.

I love you with all my heart and will write to you every week.
> Ich liebe dich von ganzem Herzen und ich werde dir jede Woche schreiben.

I hope you will wait for me, too."
> Ich hoffe, dass du auch auf mich wartest.

„Nikki? Aren´t you Nikki?"
> Nikki? Bist du nicht Nikki?

„Yes, but please help me…"
> Ja, aber hilf mir bitte auf die Sprünge.

„Graig! It´s me, Darlin´! Oh wow, you are just as pretty as you were thirty years ago"
> Graig! Ich bin´s, Darling. Oh wow, du bist genau so hübsch wie du vor dreißig Jahren warst.

„Oh my god, can´t believe it, du sprichst Deutsch?"
> Oh mein Gott, ich kann es kaum glauben...

„Ah what am I talking about, sorry.
> Ach, was red´ ich denn, sorry.

Damn, thats crazy, thirty years later…
> Verdammt, das ist verrückt, dreißig Jahre später...

Tom, thats an old friend from the past, just a minute.
> Tom, das ist eine alte Freundin von früher, nur eine Minute.

„Du musst uns unbedingt besuchen kommen, so we can talk a lot. Not enough time now. Okay?"
>...,dann können wir eine Menge bequatschen. Hab jetzt nicht genug Zeit. Okay?

„Hellweek" — Höllenwoche

Healing Chamber — Heilungskammer (Med Bed)

„Nikki. This is a sign." — Nikki, das ist ein Zeichen.
Every day — Jeden Tag
this moment — in diesem Moment
at the same time — zur selben Zeit
same city — selbe Stadt

This is god in action, Nik!
>Das ist Gott in Aktion, Nik!

Wait — Warte

„Who are you talkin to, Bro?"
>Mit wem redest du, Kumpel?

„Captain, I found your girl, Sir"
>Captain, ich habe Ihr Mädchen gefunden, Sir.

„How are you?" — Wie geht´s dir?

„I am so sorry…" — Es tut mir so leid

„You are beautiful" — Du bist so hübsch

„that´s weird!" — Das ist verrückt!

Thank you

SHEILA – **CHEYENNE** – AYKUT –
HANS PHOENIX - YOGA**SPIRIT**PEOPLE –
JOHANNA – **SYLVIA** & CHRISTIAN – **PETRA** –
CARMEN - BIRGIT – **JUDITH** – DUNJA,
MARTIN & CHRISTIANE, **UTE**, NATALIA

MEINE YOGASCHÜLER & ALL DIE USER IM
TELEGRAMKANAL

DANKE vor allem auch meinen
beiden Korrekturlesern
Conny & Christian

Conny hat schon einige Geschichten korrigiert und mir
wieder den Komma-Arsch gerettet.

Christian ist eine weitere männliche Energie, die das
Universum als Unterstützung hinzugefügt hat. Er hat eine
neue ungekannte Passion für Satzbauten entdeckt.
DANKE!

You MADE MY *days* 2021/22

DANKE AUCH AN ALLE LESER UND LESERINNEN, DIE MIR BISHER SO **WUNDERVOLLES** FEEDBACK GEGEBEN HABEN – **DANKE** AN DIE **LICHTWESEN** IN MEINEM KANAL AUF TELEGRAM, DIE MICH **UNTERSTÜTZEN** UND DEREN AUSTAUSCH MIR **UNENDLICH** VIEL BEDEUTET!

IDEE & ZEICHNUNG COVERBILD BY

ART WITH **LOVE** & LIGHT
BY *Cheyenne*

LOVE
is
All
YOU
need

katebono.com
katebono@gmx.de
t.me/KateBono

Weitere bereits erschienene Bücher

AYNIL – Lovestorys (2016)
ISBN 978-3-7412-1084-6

AYNIL 2020 – Lovestorys
ISBN 978-3-7526-0818-2

In Wahrheit gelogen – Band I (2018)
ISBN 978-3-7528-4313-2
In Wahrheit gelogen – Band II (2019)
ISBN 978-3-7494-3597-5
In Wahrheit gelogen – Band III (2020)
ISBN 978-3-7519-0126-0

Babyseelen (2019)
ISBN 978-3-7504-0596-7

Spirituelle Vollmeise (2021)
ISBN 978-3-7534-6225-7

Wichtige Hinweise

Alle Theorien über aktuelle Zeitgeschehnisse, Techniken, Erwähnungen und Meinungen sind nur Fiktion und als Roman und freie Erzählung zu werten.

Das Werk einschließlich aller Teile ist urheberrechtlich geschützt. Es gelten die Lizenzbestimmungen des Verlags - BoD – Books on Demand, Norderstedt.

Alle Rechte vorbehalten. Reproduktion jeglicher Teile wie Kopieren, Auszüge, Fotografien, Zitate, etc und/oder Verbreitung auch durch Funk, Fernsehen und sonstige Kommunikationsmittel, sowie Nach-/Vertonung nur mit ausdrücklicher Genehmigung der Autorin Kate Bono und des Verlags..